田村 和之 編

在外被爆者裁判

信山社

は し が き

　最初の在外被爆者裁判とみられる韓国人被爆者の孫振斗（ソン・ジンドゥ）による被爆者健康手帳交付を求める行政訴訟の提起が 1972 年であるから，すでに 40 年以上の年月が経過した。そして，2015 年 9 月 8 日，最高裁は，在韓被爆者が被爆者援護法の医療援護関係の規定の適用を求める裁判において，原告の在韓被爆者を勝訴させる判決を出し，これらの規定が日本国外に居住する被爆者（在外被爆者）に対して適用されることが確定した。この結果，被爆者援護法は，日本国内に居住する被爆者だけでなく，在外被爆者に対しても，ほぼ全面的に適用されることになった。

　1960 年代の後半，日本政府・厚生省は，当時の原爆二法は国外に居住する被爆者には適用されないという態度をとっていたが，今やこれは完全に破たんした。これを可能にしたのが在外被爆者裁判であった。原告が国外に居住し，日常的には日本国内にいないこの裁判を担い，支えたのは，代理人の弁護士および裁判支援グループである。原告の被爆者は高齢化し，また，日本国内の裁判所への道のりは遠いため（とりわけブラジルやアメリカに居住する被爆者を想起されたい），「本来であれば，たたかいの先頭に立つべき原告が目の前にいない」のである。こんな裁判闘争を支援者と弁護士が献身的に支えた。

　「空白の 10 年（12 年）」という言葉がある。原爆医療法が制定され，被爆者援護が開始されたのは 1957 年であったが，それまでの 10 年間（12 年間），被爆者は無援護のまま放置されたことを指している。この表現になぞらえれば，在外被爆者にとっては「空白の 58 年」である。郭貴勲裁判敗訴を受け入れた日本政府が，曲がりなりにも在外被爆者に対する援護を始めたのは 2003 年であるからである。半世紀を超える歳月，在外被爆者は放置され続けたのである。

　ここに至るまでの道のりは長く，険しいものであった。この時点で本書を刊行するのは，上記の最高裁判決によって，在外被爆者裁判は一つの結末を見たと思われるからである。

iii

はしがき

　在外被爆者裁判とはどんなものであったのか，20件以上にのぼる裁判（判決の数でいえば40以上）のそれぞれはどのような内容であったのか，代理人の弁護士は法廷でどのようにたたかったのか，この裁判を支えた支援グループはどのような活動を行ったのか。また，在外被爆者裁判は，政府・厚生労働省の施策を全面的に変更させる成果をあげたといえるが，それはどのようなものであったのか。これらを総括・記録した上で，多くの人々に知っていただくことができればと考えた次第である。

　本書は在外被爆者裁判を提訴してたたかった立場，この裁判の原告である在外被爆者を支援する観点から書かれている。つまり，本書は，在外被爆者裁判の一方の当事者の側に立って作られていることになる。読者には，このことを承知し，理解していただくようお願いしたい。

　2016年11月

田 村 和 之

目　　次

はしがき

序　　論 ……………………………………………………………………… *3*

 1 2015 年 9 月 8 日最高裁判決 ……………………………………… *3*

 2 被爆者に対する援護 ………………………………………………… *5*

 3 在外被爆者を除外した被爆者援護 ……………………………… *7*

 4 在外被爆者問題の胎動 …………………………………………… *8*

 5 本書の構成 …………………………………………………………… *9*

 在外被爆者裁判一覧表（*11*）

第 1 編　在外被爆者裁判 総説 ————————〔田村和之〕— *15*

第 1 章　在外被爆者裁判の萌芽──孫振斗裁判，三菱重工広島・

元徴用工被爆者裁判 …………………………………………………… *17*

 1 孫振斗被爆者健康手帳裁判，402 号通達 …………………… *17*

 2 孫振斗裁判の影響 ………………………………………………… *19*

 3 控訴審福岡高裁判決 ……………………………………………… *20*

 4 孫振斗裁判最高裁判決──複合的性格の原爆医療法 ……… *20*

 5 原爆被爆者対策基本問題懇談会（基本懇） ………………… *22*

 6 渡 日 治 療 …………………………………………………………… *23*

 7 韓国への 40 億円支援 …………………………………………… *24*

 8 被爆者援護法の制定 ……………………………………………… *24*

 9 三菱重工広島・元徴用工被爆者裁判の提起 ………………… *26*

第 2 章　被爆者援護法の国外適用へ──郭貴勲裁判を中心に ………… *29*

 1 郭貴勲裁判へ至る過程 …………………………………………… *29*

 2 郭貴勲裁判の提起 ………………………………………………… *33*

 3 大阪地裁判決の影響 ……………………………………………… *41*

v

目　　次

　　4　郭貴勲裁判大阪高裁 ………………………………………… *44*

第3章　国外からの手当等支給申請を認めさせる裁判 ………… *59*
　　1　在外被爆者支援団体の要望 ……………………………… *59*
　　2　新たな裁判の提起の検討 ………………………………… *60*
　　3　国外からの手当等支給申請却下処分取消訴訟 ………… *61*
　　4　崔李澈関係裁判長崎地裁判決 …………………………… *63*
　　5　広島地裁判決 ……………………………………………… *64*
　　6　崔李澈裁判福岡高裁判決 ………………………………… *64*
　　7　被爆者援護法施行令・施行規則の改正 ………………… *66*

第4章　在ブラジル被爆者健康管理手当裁判 …………………… *69*
　　1　継続された在ブラジル被爆者健康管理手当請求裁判 ………… *69*
　　2　勝訴つづく在外被爆者裁判 ……………………………… *70*
　　3　広島高裁で逆転勝訴── 在ブラジル被爆者健康管理手当裁判 … *71*
　　4　最高裁判決 ………………………………………………… *72*
　　5　最高裁判決をめぐる国会質疑 …………………………… *73*
　　6　未払いの被爆者手当の支給 ……………………………… *75*

第5章　三菱重工広島・元徴用工被爆者裁判最高裁判決 ……… *77*
　　1　広島高裁判決 ……………………………………………… *77*
　　2　最高裁判決 ………………………………………………… *79*
　　3　違法性の判断についての従前の判決との違い ………… *82*
　　4　精神的損害 ………………………………………………… *83*
　　5　被爆者健康手帳を所持しない者へも損害賠償を命じる ………… *84*
　　6　裁判上の和解による損害賠償の支払い ………………… *85*

第6章　被爆者健康手帳裁判と被爆者援護法の改正 …………… *89*
　　1　在外被爆者に対し被爆者援護法の適用を求める認識の拡大 …… *89*
　　2　被爆者健康手帳交付請求裁判の提起 …………………… *91*

目　次

　　3　被爆者健康手帳裁判と原告の死亡 ················· 92

　　4　被爆者健康手帳裁判（本案）における当事者の主張 ················· 93

　　5　広島地裁判決 ················· 94

　　6　長崎地裁判決 ················· 96

　　7　大阪地裁判決 ················· 97

　　8　3判決の特徴 ················· 98

　　9　被爆者援護法の改正 ················· 99

　　10　被爆者援護法改正法附則2条 ················· 101

　　11　国外からの原爆症認定申請 ················· 102

　　12　被爆者健康手帳裁判の終結 ················· 104

第7章　医療費裁判 ················· 107

　　1　は じ め に ················· 107

　　2　医療費裁判の提起 ················· 109

　　3　大阪地裁における当事者の主張 ················· 110

　　4　大阪地裁判決 ················· 112

　　5　大阪高裁判決 ················· 117

　　6　広島地裁判決 ················· 120

　　7　最高裁2015年9月8日判決【42】 ················· 123

　　8　政府・厚生労働省の動き ················· 125

　　9　医療援護規定の在外被爆者への適用 ················· 126

第8章　小　　　括 ················· 129

第2編　在外被爆者裁判 各説 ───────── 135

第1章　在韓被爆者・郭貴勲裁判 ··············〔永嶋靖久〕··· 137

　　1　郭貴勲裁判提訴以前の状況 ················· 137

　　2　郭貴勲裁判提訴の経緯 ················· 139

　　3　郭貴勲裁判が目指したもの ················· 140

vii

目　次

　　4　どこで手当打切りの違法性を確信できたか……………………… *141*

　　5　裁判における双方の主張………………………………………… *143*

　　6　大阪地裁判決…………………………………………………… *144*

　　7　大阪高裁判決…………………………………………………… *145*

　　8　上　告　断　念………………………………………………… *147*

　　9　郭貴勲裁判の意義と残された課題……………………………… *147*

第2章　三菱重工広島・元徴用工被爆者裁判…………〔在間秀和〕… *151*

　　1　は じ め に……………………………………………………… *151*

　　2　提訴に至る経過………………………………………………… *152*

　　3　訴訟の概要と広島地裁判決…………………………………… *154*

　　4　広島高裁の一部逆転勝訴判決………………………………… *156*

　　5　高裁判決は何をどう認定したか？…………………………… *159*

　　6　高裁判決は何故に画期的であるか？………………………… *166*

　　7　最高裁で確定…………………………………………………… *167*

　　8　最高裁判決その後……………………………………………… *169*

　　9　容易ではない在外被爆者全てに対する救済………………… *171*

　　10　韓国に引き継がれた日本の闘い……………………………… *173*

　　11　お わ り に……………………………………………………… *178*

第3章　在ブラジル被爆者裁判……………………………〔足立修一〕… *181*

　　1　在ブラジル被爆者訴訟（手帳・手当訴訟）とは…………… *181*

　　2　在ブラジル被爆者の置かれてきた状況……………………… *181*

　　3　原告のとの出会い……………………………………………… *183*

　　4　提訴に至るまで………………………………………………… *183*

　　5　裁判がはじまってから，郭貴勲裁判高裁判決により一定の
　　　解決を見た……………………………………………………… *184*

　　6　一審判決では時効によって権利は消滅するとして敗訴した…… *185*

　　7　控訴審では逆転勝訴した……………………………………… *186*

　　8　上告審判決はどんな判決だったのか………………………… *187*

目　次

9　お わ り に………………………………………………………… *187*

第4章　崔季澈裁判——身動きできない在韓被爆者救済訴訟

………………………………………………〔中鋪美香〕… *189*

1　は じ め に…………………………………………………………… *189*

2　健康管理手当認定申請却下処分取消訴訟……………………… *191*

3　葬祭料支給申請却下処分取消請求訴訟………………………… *195*

4　不支給健康管理手当支給等請求訴訟…………………………… *196*

第5章　在韓被爆者医療費裁判………………………〔永嶋靖久〕… *203*

1　被爆者援護の根幹としての医療費支給………………………… *203*

2　提訴に至る経緯…………………………………………………… *204*

3　一般疾病医療費支給申請の却下と医療費裁判の提訴………… *206*

4　大阪地裁における双方の主張と判決…………………………… *208*

5　大阪高裁における双方の主張と判決…………………………… *212*

6　最高裁判決………………………………………………………… *216*

7　最高裁判決の意義………………………………………………… *217*

8　医療費裁判の困難………………………………………………… *217*

9　一連の訴訟を終えて……………………………………………… *218*

第3編　在外被爆者支援と裁判───────── *219*

第1章　在韓被爆者の闘いにおける在外被爆者裁判の意義

………………………………………………〔市場淳子〕… *221*

1　在韓被爆者問題とは何か………………………………………… *221*

2　在韓被爆者の裁判闘争史Ⅰ──戦後補償裁判期──………… *225*

3　援護法と在外被爆者──在外被爆者裁判前史──…………… *229*

4　在韓被爆者の裁判闘争史Ⅱ──在外被爆者裁判期──……… *233*

5　在韓被爆者の裁判闘争史Ⅲ──韓国裁判期………………… *241*

6　韓国で原爆被害者法が制定……………………………………… *249*

ix

目　次

　　7　アメリカ政府に対する補償要求……………………………… 250

　　8　在韓被爆者支援運動の方向性 ……………………………… 251

第2章　長崎における在韓被爆者（在外被爆者）の支援活動

　　　　　　　　　　　　　　　　　　　　　　〔平野伸人〕… 255

　　1　長崎原爆の被害者と在外被爆者……………………………… 255

　　2　在韓被爆者支援の活動のきっかけ…………………………… 255

　　3　韓国の被爆者調査……………………………………………… 256

　　4　長崎における支援活動の内容………………………………… 256

　　5　金順吉（キム・スンギル）徴用日記の存在と金順吉裁判 ………… 257

　　6　その後の長崎における裁判の取り組み……………………… 258

　　7　台湾の被爆者…………………………………………………… 263

　　8　捕虜の被爆者たち（オランダ・オーストラリア）………… 264

　　9　お わ り に……………………………………………………… 266

第3章　三菱重工広島・元徴用工被爆者裁判支援活動

　　　　　　　　　　　　　　　　　　　　　　〔夏原信幸〕… 267

　　1　裁判提訴と支援する会の結成 ……………………………… 267

　　2　地裁での闘いと支援運動 …………………………………… 268

　　3　高裁での闘いと支援運動 …………………………………… 270

　　4　国と三菱を解決に向かわせること…………………………… 272

　　5　最高裁判決とその後 ………………………………………… 274

第4章　在ブラジル・在アメリカ被爆者裁判支援活動

　　　　　　　　　　　　　　　　　　　　　　〔田村和之〕… 275

　　1　は じ め に……………………………………………………… 275

　　2　在ブラジル被爆者裁判（健康管理手当）の提起…………… 276

　　3　在アメリカ被爆者裁判（国外からの手当等支給申請）……… 278

　　4　在ブラジル被爆者件被爆者健康手帳交付請求裁判………… 279

　　5　国家賠償請求・和解の取組み………………………………… 279

目　次

　　6　在米被爆者医療費裁判 ……………………………………………… *280*

　　7　お わ り に ……………………………………………………………… *281*

補　論　在外被爆者に援護法適用を実現させる議員懇談会
　　　　…………………………………………………〔金子哲夫〕… *283*

お わ り に──残された問題…………………………〔田村和之〕… *289*

あ と が き（*295*）

xi

略語などの使用について

本書では，しばしば，次のような「略語」が用いられている。

① 原子爆弾被爆者に対する援護に関する法律 → 被爆者援護法

② 原子爆弾被爆者の医療等に関する法律 → 原爆医療法

③ 原子爆弾被爆者に対する特別措置に関する法律 → 原爆特別措置法，原爆特措法

④ ②及び③の法律を合わせて「原爆二法」という。

⑤ ①，②及び③の法律を合わせて「原爆三法」または「被爆者法」という。

⑥ 1974（平成49）年7月22日，衛発第402号，厚生省公衆衛生局長通達「原子爆弾被爆者の医療等に関する法律及び原子爆弾被爆者に対する特別措置に関する法律の一部を改正する法律等の施行について」 → 402号通達

⑦ 402号通達の「なお，特別手当受給権者は，死亡により失権するほか，同法は日本国内に居住関係を有する被爆者に対し適用されるものであるので，日本国の領域を越えて居住地を移した被爆者には同法の適用がないものと解されるものであり，従つてこの場合にも特別手当は失権の取扱いとなること。」は，2003（平成15）年3月1日，健発0301002号，厚生労働省健康局長通達「原子爆弾被爆者に対する援護に関する法律施行令の一部を改正する政令等の施行について」によって削除された。この削除を「402号通達の廃止」という。

⑧ 被爆者健康手帳 → 手帳

⑨ 健康管理手当 → 手当

⑩ 「被告」について

　本書で取り上げた在外被爆者裁判では，2005年3月までに提訴された取消訴訟や義務付けの訴えの場合，被告は広島県知事，同市長，長崎県知事，同市長，大阪府知事であったが，同年4月以降の提訴の場合，広島県，広島市，長崎県，長崎市，大阪府である（行政事件訴訟法の改正による）。また，これらの行政訴訟と同時に，しばしば国家賠償請求訴訟が提起され，併合審理されたが，この場合の被告は行政主体である広島県，広島市，長崎県，長崎市，大阪府であり，国（日本国）であった。以上の被告の「指定代理人」には法務省所属の「訟務検事」がなり，訟務検事が被告側の訴訟活動を全面的に担ったようである。そのため，本書では，被告側の主張を厚生省・厚生労働省の主張と表記することがある。なお，在外被爆者裁判では，厚生大臣，厚生労働大臣の訴訟参加（行政事件訴訟法23条）は行われなかったようである。

xii

在外被爆者裁判

序　論

1　2015 年 9 月 8 日最高裁判決

　2015(平成 27)年 9 月 8 日，最高裁は，大阪府（被告，控訴人）が上告した在韓被爆者医療費裁判（在韓被爆者 3 名が原告，被控訴人，被上告人）において，原審大阪高裁判決を支持して大阪府の上告を棄却した【42】。これによって，一般疾病医療費の支給を定める被爆者援護法 18 条 1 項は，在外被爆者（被爆者であって国内に居住地及び現在地を有しない者）にも適用されることが確定した。

　最高裁は次のようにいう。

　　「被爆者援護法は，原子爆弾の放射能に起因する健康被害の特異性及び重大性に鑑み，被爆者の置かれている特別の健康状態に着目してこれを救済するという目的から被爆者の援護について定めたものであって（同法前文，最高裁昭和 50 年(行ツ)第 98 号同 53 年 3 月 30 日第一小法廷判決・民集 32 巻 2 号 435 頁参照），日本国内に居住地又は現在地を有する者であるか否かによって区別することなく同法による援護の対象としている。」

　　「一般疾病医療費の支給について定める同法 18 条 1 項は，その支給対象者として被爆者と規定するにとどまり，被爆者が日本国内に居住地若しくは現在地を有すること又は日本国内で医療を受けたことをその支給の要件として定めていない。また，同項は，同法 19 条 1 項の規定により都道府県知事が指定する医療機関（以下「一般疾病医療機関」という。）以外の者から被爆者が医療を受けた場合の一般疾病医療費の支給を定めるところ，同法 18 条 1 項にいう一般疾病医療機関以外の者につき，日本国内で医療を行う者に限定する旨の規定はない。」

　　「在外被爆者が日本国外で医療を受けた場合に一般疾病医療費の支給を一切受けられないとすれば，被爆者の置かれている特別の健康状態に着目してこれを救済するために被爆者の援護について定めた同法の趣旨に反することとなるものといわざるを得ない。」

　以上の判示で，最高裁は，被爆者援護法は特別の健康状態に置かれている

序　論

被爆者を救済する目的で援護について定めており，日本国内に居住地・現在地を有することや国内で医療を受けたことを要件としていないにもかかわらず，在外被爆者が国外で医療を受けた場合に一般疾病医療費を受給できないとすることは，被爆者援護法の趣旨に反すると判断している。これに続けて，最高裁は「医療の安全を確保するための医療法等による各種の規制」「支給の適正を確保するため（の）……厚生労働大臣による医療に関する報告や診療録の提示の命令等」の「各規制が日本国外で医療を行う者に及ばないからといって，在外被爆者が日本国外で医療を受けた場合に同項の規定の適用を除外する旨の規定がないにもかかわらず」，同法18条1項にいう一般疾病医療機関以外の者は日本国内で医療を行う者に限定されるとする「解釈を採ることは，同法の趣旨に反するものであって相当でないものというべきであ」ると結論づける。

　このような被爆者援護法の解釈，すなわち，被爆者援護法に規定されていないにもかかわらず在外被爆者に対し同法を適用しないとの解釈は，同法の趣旨に反し許されないことは，在外被爆者裁判で原告である在外被爆者が一貫して追求してきたことであった。そのことが，この最高裁判決により明確にされた。

　日本政府・厚生労働省は，ただちに最高裁判決に反応した。9月10日，参議院厚生労働委員会において，塩崎恭久厚生労働大臣は次のように答弁した。

　「最高裁におきまして，9月8日，韓国在住の被爆者の方が受けられた医療費に関して，被爆者援護法を適用し，大阪府に対して医療費の支給を行うべきとの判決が言い渡されたわけでございまして，この判決については，私どもとして重く受け止めているところでございます。

　現在，判決の趣旨に従って，大阪府において，原告の方々に対して法の規定に基づいて医療費の審査支払手続を進めております。また，現在係争中の同種の事案である福岡高裁，広島高裁の二事案につきましても，原処分の取消し，医療費の審査支払に向けて，長崎県，広島県において対応を始めていると承知をしております。

　さらに，訴訟外の在外被爆者の方々に対しましても，法に基づいて円滑に医療費を支給できますよう，厚生労働省において年内をめどに必要な政省令

改正等を行ってまいりたいと思っております。」（『189回国会参議院厚生労働委員会会議録』32頁）

　政府・厚労省は，被爆者援護法18条1項および原爆症認定被爆者に対する医療費の支給について定める同法17条の規定は在外被爆者には適用されないとする従来の見解を改め，在外被爆者に対し一般疾病医療費あるいは医療費を支給することにし，2015年12月28日に厚生労働大臣は被爆者援護法施行規則を改正し（2015年厚生労働省令174号），2016年1月1日より施行した。

2　被爆者に対する援護

　広島・長崎の原子爆弾被爆者（以下では「被爆者」という）に対する援護は，1957年制定の原子爆弾被爆者の医療等に関する法律（法律41号。以下では「原爆医療法」という）により開始された。この法律は，被爆者に対する一定の医療援護および健康診断の実施等を定めるものにとどまったが，11年後の1968年には，原子爆弾被爆者に対する特別措置に関する法律〈法律53号。以下では「原爆特別措置法」という。以上の2法律を合わせて「原爆二法」という〉が制定され，被爆者に対する手当の支給が行われるようになった。そして，1994(平成6)年に，原爆二法を統合するとともに援護内容を拡充した，現行法の原子爆弾被爆者に対する援護に関する法律（法律117号。以下では「被爆者援護法」という）が制定された。

　被爆者援護法は，その前文で被爆者援護の趣旨・目的について次のように謳う。

　　「国の責任において，原子爆弾の投下の結果として生じた放射能に起因する健康被害が他の戦争被害とは異なる特殊の被害であることにかんがみ，高齢化の進行している被爆者に対する保健，医療及び福祉にわたる総合的な援護対策を講じる。」

　また，同法6条では，「国は，被爆者の健康の保持及び増進並びに福祉の向上を図るため，都道府県並びに広島市及び長崎市と連携を図りながら，被爆者に対する援護を総合的に実施するものとする。」と定めて，被爆者援護

序　論

についての国の責任を明らかにしている。

　この法律の施行から 20 年余が経過した現在，被爆者援護法は次のような援護等を定めている。

　①　この法律による援護を受けることができる者は「被爆者」である。被爆者とは，同法 1 条 1 号〜4 号（いわゆる直接被爆，入市被爆，救護・看護等被爆，胎児被爆）のいずれかに該当するものとして，都道府県知事・広島市長・長崎市長から被爆者健康手帳の交付を受けたものをいう（同法 1 条）。

　②　すべての被爆者を対象にした健康診断が毎年行われる（同法 7 条）。健診の結果によって，さらに精密検査が行われる（同法施行規則 9 条。いずれも被爆者の費用負担はない）。

　③　医療援護として，原爆症であると厚生労働大臣が認定した被爆者（11条）を対象とする医療の給付（10 条，被爆者の負担なしで国により行われる現物給付）または国による医療費の支給（17 条），および，すべての被爆者を対象とする一般疾病医療費の支給（18 条）がある。一般疾病医療費は，被爆者が医療を受けた場合，自己負担部分について国費による金銭給付が行われる（公的医療保険による給付が優先し，被爆者の負担部分を対象に国費により医療費が支払われるので，結果的に被爆者は医療費を自己負担せずに医療を受けることができる）。

　④　被爆者に支給される手当として，医療特別手当（24 条），特別手当（25条），原子爆弾小頭症手当（26 条），健康管理手当（27 条），保健手当（28条）および介護手当（31 条）がある。また，被爆者が死亡したとき，葬祭を行う者に対して葬祭料が支給される（32 条）。これらの手当等の支給権者は都道府県知事，広島市長，長崎市長である。なお，現在，手当受給に所得制限は付けられていない。

　⑤　被爆者を対象とした福祉事業として，相談事業（37 条），居宅生活支援事業（38 条），養護事業（39 条）が行われる。

　以上の援護・事業は，国または都道府県・広島市・長崎市が実施する。その費用は，基本的には国が負担するが，一部は都道府県・広島市・長崎市が負担する。

序　論

3　在外被爆者を除外した被爆者援護

　1957 年制定の原爆医療法および 1968 年制定の原爆特別措置法は，この時代の多くの社会保障立法とは異なり，受給権（または受給権喪失）の要件に日本国籍を有することや日本国内に住所・居住地があることを求めていなかった。そのような立法政策がとられた経緯や理由については必ずしも明らかでないが，原爆医療法の制定時において，日本国内に被爆者の中に少なからざる在日朝鮮人・韓国人がいたことが意識されたのかも知れない。

　原爆医療法の施行後，同法の適用について，被爆者の国籍が問題になったことはない。それがいずれであれ，日本国内に居住・現在していれば被爆者健康手帳交付の対象となり，被爆者として扱われた。原爆医療法は日本国内に居住・現在する被爆者を対象として実施された。

　ところが，日本国外にも広島・長崎で被爆した者（在外被爆者）が存在した。原爆に被爆した朝鮮人の数は，広島で約 5 万人（うち被爆死数は 3 万人），長崎で約 2 万人（同前約 1 万人），生存被爆者のうち帰国者数は広島で 1 万5,000 人（日本在留数は 5,000 人），長崎で 8,000 人（同前 2,000 人）と推定されている。したがって，帰国した朝鮮人被爆者数は，合計で 2 万 3,000 人である[1]。また，戦後，南北アメリカ大陸の諸国に移住または帰国した被爆者が相当数いる。アメリカ在住の被爆者数は 1981 年の時点で 1,000 人以上といわれている[2]。

　原爆二法・被爆者援護法は，これらの在外被爆者を除外して実施されていた。しかし，そのことが問題として認識されることは，ほとんどなかったようである。

　こうして，日本国外に居住する被爆者は，日本国籍を有するかいなかにかかわらず，原爆二法の適用対象とされず，援護の対象外とされた。

───────────────

(1)　市場淳子『ヒロシマを持ちかえった人々（新装増補版）』凱風社，2005 年，29〜30頁。
(2)　広島市衛生局原爆被害対策部編『広島市原爆被爆者援護行政史』広島市，1996 年，227 頁。

序　論

4　在外被爆者問題の胎動

　在外被爆者の問題が動き始めるのは，大まかにいえば日韓基本条約が締結
された 1965（昭和 40）年頃からである。この頃より韓国内において被爆者の
動きが出てきたようである。1964 年に韓国原子力院放射線医学研究所が 203
人，翌年には大韓赤十字社が 462 は被爆者の調査を行い，652 人の名簿を作
成している[3]。1965 年，在日大韓民国居留民団広島県地方本部は在韓被爆
者実態調査団を韓国に派遣し，日本の被爆者援護の状況を伝えるとともに，
在韓被爆者の実態が日本に伝えられた。1967 年，韓国において広島・長崎
の原爆被爆者により構成される韓国原爆被害者援護協会（後に「韓国原爆被
害者協会」に名称変更）が結成され，同協会による日本政府への補償要求運
動がなされるようになる。

　そのような中で，1968 年に結成された民間団体の被爆者救援日韓協議会が，
広島で医療を受けさせる目的で在韓被爆者 2 人を招き，被爆者健康手帳の交
付を広島市長に申請したところ，同市長は厚生省の方針に従ってこれを認め
ず，拒否した[4]。同じ頃，1 人の広島被爆の韓国人が密入国して治療を求め
たが，強制送還された[5]。

　このようなことを背景として，1969 年 5 月 8 日，衆議院社会労働委員会で，
外国に居住している被爆者が来日した場合に原爆二法の適用があるかとの質
問が行われたところ，村中俊明厚生省公衆衛生局長は，原爆二法は社会保障
立法であり，居住の本拠が日本にあることが前提条件である，属地主義の建
前をとっているので，一時的に日本を訪れた外国人には適用されないと答弁
し，胎動を始めた在韓被爆者の援護要求を退けている。

　同じ頃，アメリカでも被爆者が動き始める。1965 年頃，ロサンゼルスに
被爆者の親睦会ができたようであり，やがて 1971 年に南カリフォルニア被

---

(3)　平岡敬『偏見と差別』未来社，1972 年，125 頁。市場・前掲注(1) 41 頁。

(4)　広島市衛生局原爆被害対策部編『広島市原爆被爆者援護行政史』広島市，1996 年，
　　231-232 頁。

(5)　市場・前掲注(1) 47-48 頁。

8

爆者協会が，1973 年に北カリフォルニア被爆者協会が発足し，その後，両組織が一体となって全米組織の米国原爆被爆者協会が設立された（1976 年）。アメリカ在住の被爆者は，当初，カリフォルニア州政府や米政府に対して援護施策を樹立することを求めることに力を注ぎ，あるいは，日本から派遣される医師による検診の受入れに尽力するが，その後，日本政府へ向けた運動を行うようになる[6]。

　ブラジルに被爆者の組織である在ブラジル原爆被爆者協会が結成されたのは，1984 年であり，日本政府や政党・政治家に対し，ブラジル在住の被爆者への支援を要求するようになる[7]。

5　本書の構成

　本書は 3 編構成である。

　第 1 編は，在外被爆者裁判を通観する，通史的な叙述になっている。おもな裁判については，比較的くわしくその内容を紹介している。この裁判は，在外被爆者の救援・援護を求めるたたかいを背景にしてたたかわれてきたので，裁判とこれらのたたかいとの関係に目配せしている。また，在外被爆者裁判により，国外に居住する被爆者に原爆二法・被爆者援護法を適用せず，在外被爆者を放置する政策をとり続けてきた日本政府（厚生省・厚生労働省）の施策を変更させることができたので，各裁判の結果と政府の施策の変更の関係を説明するようにしている。

　第 2 編は，在外被爆者裁判を原告代理人としてたたかった弁護士の「裁判レポート」である。この編では，原告側の弁護士が相手方（形のうえでの被告は広島県・市，長崎県・市，大阪府などであった）の代理人（法務省所属の訟務検事，つまりは国）と法廷でどのようにたたかったか，興味深い実践的な

---

(6)　以上につき，倉本寛司『在米 50 年私とアメリカの被爆者』日本図書刊行会，1999 年を参照。なお，米国原爆被害者協会のアメリカ連邦政府・議会などへ向けた運動については，袖井林二郎『私たちは敵だったのか』岩波書店（同時代ライブラリー），1995 年に詳しい。

(7)　ブラジルの被爆者の動きについては，森田隆・森田綾子『ブラジル・南米被爆者の歩み』「ブラジル・南米被爆者の歩み」刊行委員会，2001 年を参照。

序　論

報告がなされている。

　第3編は，在外被爆者とその裁判をささえた運動のレポートである。執筆者は，運動の中心になったになったものである。ここで描かれている運動と裁判が緊密にからみあって，在外被爆者は大きな成果を得たのである。

（田村和之）

序　論

【在外被爆者裁判一覧表】（2016.10.30 現在）

＊読者の便宜のため，この表に掲載している裁判の通し番号（1〜42）を，本文中で，【 】内に番号を入れて（例：【3】【15】のように）表記している。必要に応じ本一覧表を参照・利用していただきたい。

	裁判の通称	裁判所・判決年月日	勝敗	掲載誌	備　考
1	孫振斗被爆者健康手帳裁判	福岡地裁 1974.3.30（控訴）	○	行集 25 巻 3 号 209 頁 判例時報 736 号 29 頁	在韓被爆者の孫振斗が密入国し，不法滞在中に行った手帳交付申請の却下処分を取り消した。
2	同　前（1 の控訴審）	福岡高裁 1975.7.17（上告）	○	行集 26 巻 7・8 号 879 頁，判例時報 789 号 11 頁，判例タイムズ 1084 号 85 頁	被告の福岡県知事の控訴を棄却し，原告の孫振斗が勝訴。
3	同　前（2 の上告審）	最高裁 1978.3.30	○	民集 32 巻 2 号 435 頁 判例時報 886 号 3 頁 判例タイムズ 362 号 196 頁 訟務月報 24 巻 3 号 665 頁	福岡県知事の上告を棄却し，原告の孫振斗の勝訴が確定した。原爆医療法は社会保障の性格と国家補償の配慮を併有すると判断した。
4	三菱重工広島・元徴用工被爆者裁判	広島地裁 1999.3.25（控訴）	×	訟務月報 47 巻 7 号 1677 頁	三菱広島の元徴用工（在韓被爆者）が行った，原爆三法の不適用等による損害賠償請求を棄却した。
5	郭貴勲裁判	大阪地裁 2001.6.1（控訴）	○	判例時報 1392 号 31 頁 判例タイムズ 1084 号 85 頁 判例地方自治 223 号 58 頁 訟務月報 49 巻 7 号 1983 頁 裁判所 website	在韓被爆者の郭貴勲が帰国により打ち切られた手当の支払い等を請求した裁判。帰国後も被爆者健康手帳は有効であり，手当受給権も失権していないとして，未払い分の支払いを命じた。
6	李康寧裁判	長崎地裁 2001.12.26（控訴）	○	民集 60 巻 5 号 1934 頁 判例タイムズ 1113 号 134 頁 裁判所 website	在韓被爆者の原告が帰国による手当支給打ち切りは違法であるとして，未支給分の支払いを国に対して命じた。
7	郭貴勲裁判（5 の控訴審）	大阪高裁 2002.12.5（確定）	○	判例タイムズ 1111 号 194 判例地方自治 244 号 68 頁 訟務月報 49 巻 7 号 1954 頁 裁判所 website	大阪府知事の控訴を棄却し，原告の郭貴勲が勝訴
8	李康寧裁判（6 の控訴審）	福岡高裁 2003.2.7（上告）	○	民集 60 巻 5 号 1960 頁 判例タイムズ 1119 号 118 頁 裁判所 website	6 の長崎地裁の判断を支持し，原告を勝訴させた。
9	廣瀬方人裁判	長崎地裁 2003.3.19（控訴）	○	TKC LEX/DB	日本人被爆者の原告が出国した期間打ち切られた手当の支払いなどを求めた裁判。消滅時効の適用を否定した。
10	李在錫裁判	大阪地裁 2003.3.20（確定）	○	判例地方自治 258 号 89 頁	在韓被爆者の原告・李在錫が被爆者たる地位にあることを確認し，また，帰国により打ち切られた特別手当の支払いを命じた。
11	廣瀬方人裁判（9 の控訴審）	福岡高裁 2004.2.27（上告）	○×	裁判所 website	提訴より 5 年以上前の不払い手当は，消滅時効制度が適用されるとして 9 判決を取り消す（その後 28 最高裁判決により長崎市は 5 年以上前の手当を支払った）。
12	崔季澈裁判（健康管理手当申請却下処分取消訴訟）	長崎地裁 2004.9.28（控訴）	○	判例タイムズ 1228 号 153 頁 判例地方自治 267 号 82 頁 賃金と社会保障 1404 号 15 頁 裁判所 website	在韓被爆者の原告が韓国の居住地からした健康管理手当認定申請の却下処分を取り消した。

II

序　　論

13	在ブラジル被爆者裁判	広島地裁 2004.10.14 （控訴）	○×	民集61巻1号144頁 判例地方自治267号89頁 裁判所website	在ブラジル被爆者が出国により打ち切られた手当の支払いを請求。提訴前5年までのものは判決をまたず被告が支払う。5年以上前のものは消滅時効の成立を認める。
14	三菱重工広島・元徴用工被爆者裁判 （4の控訴審）	広島高裁 2005.1.19 （上告）	○	民集61巻8号2805頁 判例時報1903号23頁 判例タイムズ1217号157頁 訟務月報51巻12号3101頁 裁判所website	4の判決について在外被爆者に関する部分を取り消し，原爆三法不適用による損害の発生を認め，原告の在韓被爆者1人当たり120万円の損害賠償を命じた。
15	在韓被爆者葬祭料支給申請却下処分取消訴訟	長崎地裁 2005.3.8 （控訴）	○	判例時報1930号85頁 判例タイムズ1214号169頁 裁判所website	12の原告（崔季澈）の遺族が，韓国国内から行った葬祭料支給申請の却下処分取消訴訟。原告の請求が認められた。
16	在アメリカ被爆者裁判	広島地裁 2005.5.10 （確定）	○	賃金と社会保障1404号30頁 裁判所website	在アメリカ被爆者4名がアメリカの居住地から行った健康管理手当等の申請の却下処分の取消訴訟。原告全員勝訴。被告の広島市長は控訴したが，後に取り下げた。
17	崔季澈裁判 （12の控訴審）	福岡高裁 2005.9.26 （確定）	○	判例タイムズ1228号150頁 判例地方自治282号51頁 賃金と社会保障1404号13頁 裁判所website	被告・長崎市長の控訴を棄却し，原告の崔季澈の勝訴が確定した。
18	在韓被爆者葬祭料支給申請却下処分取消訴訟 （15の控訴審）	福岡高裁 2005.9.26 （確定）	○	判例タイムズ1214号168頁 賃金と社会保障1404号22頁 裁判所website	12の原告（崔季澈）の遺族が，韓国国内から行った葬祭料支給申請の却下処分取消訴訟。1審原告の勝訴が確定した。
19	崔季澈裁判（不払健康管理手当支給請求）	長崎地裁 2005.12.20 （控訴）	○	判例タイムズ1250号147頁	原告が1980年に出国したため打ち切られた手当の支払いを請求した。消滅時効は成立しないとされた。
20	在ブラジル被爆者裁判 （13の控訴審）	広島高裁 2006.2.8 （上告）	○	民集61巻1号166頁 裁判所website	在ブラジル被爆者に対する不払い健康管理手当について，消滅時効制度の適用することは，信義則に違反し，許されないとし，原告の逆転勝訴。
21	在韓被爆者葬祭料支給申請却下処分取消訴訟・損害賠償請求訴訟	大阪地裁 2006.2.21 （確定）	○×	裁判所website	在韓被爆者の遺族が葬祭料支給申請の却下処分の取消しと損害賠償を請求した。被告は裁判の途中で却下処分を取り消し，葬祭料を支給した。損害賠償請求は原告敗訴。
22	李康寧裁判 （8の上告審）	最高裁 2006.6.13	−	民集60巻5号1910頁 判例時報1935号50頁 判例タイムズ1213号79頁 訟務月報53巻10号2780頁 裁判所website	上告審の争点は，在外被爆者に対する手当の支給主体のみ。最高裁は国でなく，都道府県・広島市・長崎市であるとした。
23	廣瀬方人裁判 （11の上告審）	最高裁 2006.6.13	−	訟務月報53巻10号2802頁	上告審の争点は，在外被爆者に対する手当の支給主体のみ。最高裁は国でなく，都道府県・広島市・長崎市であるとした。
24	在韓被爆者被爆者健康手帳申請却下処分取消訴訟・損害賠償請求訴訟	広島地裁 2006.9.26 （控訴）	×	判例タイムズ1239号148頁 裁判所website	裁判中に原告が渡日して手帳を取得したことにより取消しの利益が消滅したとして取消請求は却下。損害賠償請求についても請求棄却。

序　　論

25	崔季澈裁判 （19 の控訴審）	福岡高裁 2007.1.22 （上告）	×	判例タイムズ 1250 号 141 頁	19 判決を取り消し消滅時効が成立したとした。その後、本判決は 28 最高裁判決により取り消された。
26	在ブラジル被爆者裁判 （20 の上告審）	最高裁 2007.2.6	○	民集 61 巻 1 号 122 頁 判例時報 1964 号 30 頁 判例タイムズ 1237 号 164 頁 訟務月報 54 巻 4 号 865 頁 裁判所 website	違法な行政を行って在外被爆者の権利行使を困難にしたものが、消滅時効により未支給の手当の支給義務を免れることは信義則に反し許されないとした。
27	三菱重工広島・元徴用工被爆者裁判 （14 の上告審）	最高裁 2007.11.1	○	民集 61 巻 8 号 2733 頁 訟務月報 55 巻 2 号 169 頁 裁判所 website	在外被爆者への原爆二法の不適用は違法であり、402 号通達の発出の以降は国賠法上も違法であり、過失も認められるとして、上告を棄却した。
28	崔季澈裁判 （25 の上告審）	最高裁 2008.2.18	○		26 の最高裁判決を踏襲し、消滅時効により未支給の手当の支払義務を免れることは信義則に反し許されないとした。
29	在ブラジル被爆者被爆者健康手帳交付申請却下処分取消訴訟	広島地裁 2008.7.31 （確定）	○	判例時報 2046 号 59 頁	2 名の在ブラジル被爆者が居住地から行った被爆者手帳交付申請に対する広島県知事の却下処分は、裁量権濫用であるとして取り消すとともに、国に対し損害賠償の（合計 165 万円）の支払いを命じた。被告の広島県が控訴したが、09 年 7 月に取り下げた。
30	在韓被爆者被爆者健康手帳申請却下処分取消訴訟・損害賠償請求訴訟 （24 の控訴審）	広島高裁 2008.9.2 （上告）	×	裁判所 website	控訴人（原告）が控訴審の最中に死亡したため、取消訴訟は終了したとした。損害賠償請求訴訟では、被爆者援護法は在外被爆者の国外からの被爆者健康手帳の交付申請を許していないと解することはできないとして、申請却下処分は違法であるとしたが、国家賠償法上の違法があったとまではいえないとして、一審の結論を支持した。
31	在韓被爆者被爆者健康手帳交付申請却下処分取消訴訟・同義務付け訴訟	長崎地裁 2008.11.10 （確定）	○	判例時報 2058 号 42 頁	在韓被爆者の居住地からの被爆者手帳交付申請及び健康管理手当支給申請を却下した処分は、いずれも違法であるとして取り消すとともに（取消訴訟で原告勝訴）、被告の長崎県に手帳の交付を命じた（義務付けの訴えでも原告勝訴）。被告は控訴したが、09 年 6 月に取り下げた。
32	在韓被爆者被爆者健康手帳交付申請却下処分取消訴訟・同健康管理手当認定申請却下処分取消訴訟	大阪地裁 2009.6.18 （確定）	○×	判例時報 2072 号 3 頁 判例タイムズ 1322 号 70 頁 裁判所 website	在韓被爆者が居住地からした被爆者健康手帳交付申請及び健康管理手当支給申請を却下した処分は違法であるとして、7 人の原告中 6 人について取り消した（原告 1 人については、健康管理手当支給申請をしていなかったため、遡って手帳申請却下処分を取り消す利益はないとして、却下）。
33	在韓被爆者被爆者健康手帳交付・健康管理手当支給認定申請却下処分取消訴訟・同義務付け	長崎地裁 2012.9.18 （控訴）	○	訟務月報 61 巻 3 号 584 頁	在韓被爆者 1 人が証人なしで居住地からした被爆者健康手帳申請・健康管理手当支給認定の却下処分を取り消すとともに、被爆者健康手帳の交付を命じた。

序　　論

	訴訟				
34	在韓被爆者被爆者健康手帳交付申請却下処分取消訴訟・同義務付け訴訟	長崎地裁 2013.7.9 (確定)	○	TKC LEX/DB	被爆時8か月の在韓被爆者1人が証人1人（実弟）だけで居住地からした被爆者健康手帳申請の却下処分を取り消すとともに，被爆者健康手帳の交付を命じた。
35	在韓被爆者医療費裁判	大阪地裁 2013.10.24 (控訴)	○	民集69巻6号1640頁 賃金と社会保障1601・02号23頁，裁判所website	3人の在韓被爆者に対して大阪府知事が行った一般疾病医療費支給申請却下処分を取り消した。
36	在韓被爆者被爆者健康手帳交付申請却下処分取消訴訟・同義務付け訴訟	長崎地裁 2013.10.29 (控訴)	×	TKC LEX/DB	2人の在韓被爆者に対してなされた被爆者健康手帳申請却下処分取消訴訟。1人の原告は裁判中に死亡したこことにより裁判終了宣告。他の1人の原告については，被爆の事実が明らかにされていないとして棄却。
37	33の控訴審	福岡高裁 2014.1.23 (確定)	×	訟務月報61巻3号571頁	一審勝訴の原告が死亡したため，訴訟承継は認められないとして，一審判決を取り消し，訴訟の終結を宣言した。
38	36の控訴審	福岡高裁 2014.2.27 (確定)	×	TKC LEX/DB	原告の控訴が棄却され，36の一審判決が維持された。
39	在韓被爆者被爆者医療費裁判	長崎地裁 2014.3.25 (控訴)	×	TKC LEX/DB	3人の在韓被爆者に対してなされた医療費支給申請却下処分・一般疾病医療費支給申請却下処分取消訴訟について，請求を棄却した（その後，42の最高裁判決により，被告の長崎県は職権で申請却下処分を取り消した）。
40	在韓被爆者被爆者医療費裁判（35の控訴審）	大阪高裁 2014.6.20 (上告)	○	民集69巻6号1689頁 判例地方自治402号103頁 裁判所website	35の大阪地裁判決に対する被告・大阪府の控訴は棄却された。
41	在米被爆者医療費裁判	広島地裁 2015.6.17 (控訴)	×	TKC LEX/DB	13人の在米被爆者に対して広島県知事が行った一般疾病医療費支給申請却下処分の取消訴訟について，請求を棄却した（その後，42の最高裁判決により，被告の広島県は職権で申請却下処分を取り消した）。
42	在韓被爆者医療費裁判（40の上告審）	最高裁 2015.9.8	○	民集69巻6号1607頁，判例時報2283号23頁 判例タイムズ1420号75頁 判例地方自治402号83頁 賃金と社会保障1653号65頁 裁判所website	上告を受理したうえで，大阪府の上告を棄却。被爆者援護法18条1項の規定は，在外被爆者が日本国外で医療を受けた場合にも適用される。

(1) 「勝敗」欄の○は原告（在外被爆者）勝訴（一部勝訴を含む），×は原告敗訴，「－」はどちらともいえない場合，である。

(2) 「掲載誌欄」には，当該判例を掲載する判例雑誌等の巻号を記載した。なお，判例データベースのTKC LEX/DBは，判例番号【28】を除きすべての判例を収録している。

(3) 本表掲載の判例の，内容，形式などによる分類・整理は，第1編第8章を参照されたい。

◆ 第1編 ◆
在外被爆者裁判 総説

第1章　在外被爆者裁判の萌芽
—— 孫振斗裁判，三菱重工広島・元徴用工被爆者裁判

1　孫振斗被爆者健康手帳裁判，402号通達

　在外被爆者裁判第1号は，密入国した在韓被爆者の孫振斗（ソン・ジンドゥ）が提起した被爆者健康手帳裁判である。

　孫は1927年生まれで，広島市皆実町の専売局（当時）構内で被爆した。両親や家族は1945年10月に朝鮮に帰るが，孫は日本にとどまっていたところ，1951年，外国人登録をしていなかったために韓国に強制送還された。その後，日本への密入国と強制送還を繰り返すが，裁判につながるのは1970年12月に佐賀県でとらえられた密入国である。孫は原爆症に苦しみ，日本で治療を受けたいとの希望をもっていたが，刑事訴追され，1971年6月の福岡高裁判決により有罪が確定し，収監された。

　収監中の同年10月，孫の支援者たちは被爆者健康手帳の取得を勧め，孫は福岡県知事に対し被爆者健康手帳の交付申請を行った。1972年7月14日，同知事はこれを却下したので，同年10月，孫は，同知事を被告とする被爆者健康手帳申請却下処分取消訴訟（以下では「孫振斗裁判」という）を福岡地裁に提起した[1]。こうして，適法な居住関係にない者に原爆医療法が適用されるかどうかが法廷で争われることになった。

　福岡県知事が示した申請却下の理由は，次のとおりである。

　「原子爆弾被爆者の医療等に関する法律の趣旨は，法定の措置を行なうことにより地域社会の福祉の向上を図ることにあり，同法の適用を受ける者は，地域社会との結合関係（居住関係）があることが要件とされているのである

---

(1)　孫の行った被爆者健康手帳交付申請に対して福岡県知事は応答しないため，孫はまず1972年3月に不作為の違法確認の訴えと義務付けの訴えを提起したが，提訴後，同知事が申請却下処分を行ったので，新たに取消訴訟を提起したとのことである。中島竜美『朝鮮人被爆者孫振斗裁判の記録』在韓被爆者問題市民会議，1998年，68～79頁。

第1編　在外被爆者裁判　総説

が，あなたの日本国内在留の事実は，同法が予定している居住関係ではなく，したがってあなたには，同法の適用はありません。」

つまり，原爆医療法は「地域社会の福祉の向上を図る」ことを目的とする社会保障立法であるから，国内「居住関係」が必要であり，孫の場合は，同法の予定する居住関係でないから，同法は適用されないというのである。

被告（福岡県知事，実際は厚生省）は，第一審で，却下の理由について，孫は適法な国内居住関係にないとし，次のように主張した。

　　原爆二法は「いわゆる社会保障法であるところ，本来社会保障制度はその社会の構成員の福祉の増進をはかることを目的とするものであるから，外国人が右二法の適用を受けるためには，当該外国人が日本国内に現在するというだけでは足りず，少なくとも適法に在留する者で，かつ，日本社会の構成員として社会生活を営んでいること，換言すれば日本国内に居住関係を有することが必要である。したがつて，一時的旅行者のように日本国内に居住関係を有しない外国人については，前記二法は適用されないと解すべきである。」孫は「不法入国に伴う刑の執行を受けるために日本国内に滞在していたにすぎないのであって……日本国内に居住関係を有しない点においては前記の一時的旅行者の場合と少しも異なるところはない。」

福岡地裁 1974(昭和 49)年 3 月 30 日判決【1】(判例時報 736 号 29 頁) は，被告の主張を退けて，申請却下処分を取り消した。その理由は次のとおりである。

　　原爆医療法は，「権利主体を日本国籍を有する者に制限する趣旨の規定を設ける……他の戦争犠牲者救済のための一連の法律とも明らかに異なるところがあり，このように同法が特に国籍による適用制限の規定を有しないことからすれば，同法は本来，日本人被爆者のみならず外国人被爆者に対しても適用されることを予定した法律である，と解するのが相当である。」同法は他の社会保障法とも「類を異にする特異の立法というべき側面を有する」から，「いわゆる社会保障法たる一面を有することの一事から，同法において外国人被爆者が権利主体たりうるためには，当該外国人が日本国内に適法に在留し，かつ，日本社会の構成員たることを要するとの制限的解釈が当然に導かれるわけのものではなく，結局のところ，同法固有の立法目的や法文に則して，外国人被爆者に対し被告主張のような居住関係による制約があるかどうかを確定すべきこととなる。」

同法には「直接的にも間接的にも原爆医療法の適用要件としての権利主体た

第1章　在外被爆者裁判の萌芽——孫振斗裁判，三菱重工広島・元徴用工被爆者裁判

る地位を，『原子爆弾の被爆者のうち日本社会の構成員である者に限る』法意で
あるとうかがわせるものは何も存しない。」

　同法の「建前は，原子爆弾の被爆者でさえあれば，たとえその者が外国人で
あつても，その者が日本国内に現在することによつて同法の適用を受けうると
するものと解するのが相当である。／その結果として，わが国に観光を目的と
して一時的に入国した外国人旅行者や不法入国した者についても，その者が原
子爆弾の被爆者である限り，その者に同法は適用されることとなる。」

2　孫振斗裁判の影響

　孫の治療目的での密入国と裁判は，在韓被爆者の問題を顕在化させた。社
会保障制度審議会は，1972 年 1 月 25 日の答申「原子爆弾被爆者の特別措置
に関する法律の一部を改正する法律の制定について」において，諮問事項に
はなかったが，「在外被爆者に対しても何らかの措置を考究することが望ま
しい」と答申した。同年 8 月，来日した韓国原爆被害者協会の辛泳洙（シ
ン・ヨンス）会長は三木武夫副首相に原爆二法の適用などを求める要望書を
手渡した。同年 10 月，大平正芳外相が「韓国人被爆者だけでなく外国人被
爆者全体を救済するために政府は特別立法措置をとる必要がある」との見解
を表明し[2]，外務省は韓国政府を通じて被爆者の実態調査を始めた[3]。1973
年 1 月，駐日韓国大使が外相に医療協力を要請した。

　第一審判決の直後の 1974 年 7 月 25 日，東京都知事は，政府・厚生省の消
極的な姿勢を押し切って，治療目的で来日し入院中の辛泳珠（前述）に対し
被爆者健康手帳を交付した。厚生省は，短期滞在の外国人被爆者について，
①治療を目的とした入国であること，および，②滞在期間が 1 か月以上ある
こと，の 2 要件を満たせば「居住関係」が認められるとして，被爆者健康手
帳の交付を認めるようになった[4]。しかし，もう一方で，来日して治療を受
けようとする在韓被爆者が増加することを恐れた政府・厚生省は，同年 7 月
22 日付けで厚生省公衆衛生局長通知・衛発 402 号通達（以下では「402 号通

---

(2)　『朝日新聞』1972 年 10 月 9 日付。

(3)　『朝日新聞』1972 年 12 月 15 日付。

(4)　『中国新聞』1974 年 8 月 6 日付。

第1編　在外被爆者裁判　総説

達」という）を発し，原爆特別措置法は「日本国内に居住関係を有する被爆
者に対し適用されるものであるので，日本国の領域を越えて居住地を移した
被爆者には同法の適用がないものと解されるものであり，従ってこの場合に
も特別手当は失権の取扱いになる」と指示した。402 号通達のこの部分の趣
旨は原爆二法に共通のものとされ，在外被爆者が渡日して日本国内で被爆者
健康手帳の交付を受けても，出国（帰国）すれば被爆者としての地位は失わ
れ，手当等の受給権は失権するとしたものであり，その後長い間，在外被爆
者に対する原爆二法・被爆者援護法の適用を拒否する根拠となった。

3　控訴審福岡高裁判決

　控訴審の福岡高裁 1975（昭和 50）年 7 月 17 日判決【2】（判例時報 789 号 11 頁）
は，被告の福岡県知事の控訴を棄却し，再び孫が勝訴した。判決は次のよう
に判示して，被爆者健康手帳の交付申請をする者が「日本社会に居住関係」
を有しなければならないとする同知事の主張を退ける。

　　「原爆医療法は一面社会保障法の性格をもちながらも，他面，被爆者に対する
　国家補償法的性格をも併有する一種特別の立法というべく，この点，同法を純
　然たる社会保障法として性格つける控訴人の所論は採用しがたい。そして，原
　爆医療法の法文中に，同法の適用を日本社会に居住関係を有する構成員にかぎ
　る趣旨の規定がないことは原判決の判示するとおりであるから，控訴人のこの
　点の主張は結局においてその理由がない。」

　控訴審でも敗訴した厚生省は，1975 年 9 月 1 日広島市長あて公衆衛生局
長回答（衛発 500 号）で，国内滞在中の在外被爆者に対する被爆者健康手帳
の交付について，ⓐ適法な入国であれば，必ずしも入国目的を問わない，ⓑ
「おおむね 1 か月以上滞在するものであれば居住関係があるものと判断して
差し支えない」とした。

4　孫振斗裁判最高裁判決──複合的性格の原爆医療法

　最高裁 1978（昭和 53）年 3 月 30 日判決【3】（判例時報 886 号 3 頁）は，次のよ

20

第1章　在外被爆者裁判の萌芽——孫振斗裁判，三菱重工広島・元徴用工被爆者裁判

うに，原爆医療法（ひいては原爆特別措置法）は社会保障法としての法的性格を有するとともに，国家補償的配慮が制度の根底にあり，また，人道的目的の立法であると判示した。

　「原爆医療法は，被爆者の健康面に着目して公費により必要な医療の給付をすることを中心とするものであつて，その点からみると，いわゆる社会保障法としての他の公的医療給付立法と同様の性格をもつものであるということができる。しかしながら，被爆者のみを対象として特に右立法がされた所以を理解するについては，原子爆弾の被爆による健康上の障害がかつて例をみない特異かつ深刻なものであることと並んで，かかる障害が遡れば戦争という国の行為によつてもたらされたものであり，しかも，被爆者の多くが今なお生活上一般の戦争被害者よりも不安定な状態に置かれているという事実を見逃すことはできない。原爆医療法は，このような特殊の戦争被害について戦争遂行主体であつた国が自らの責任によりその救済をはかるという一面をも有するものであり，その点では実質的に国家補償的配慮が制度の根底にあることは，これを否定することができないのである。」

　「このような原爆医療法の複合的性格からすれば，一般の社会保障法についてこれを外国人に適用する場合には，そのよつて立つ社会連帯と相互扶助の理念から，わが国内に適法な居住関係を有する外国人のみを対象者とすることが一応の原則であるとしても，原爆医療法について当然に同様の原則が前提とされているものと解すべき根拠はない。かえつて，同法が被爆者の置かれている特別の健康状態に着目してこれを救済するという人道的目的の立法であり，その3条1項にはわが国に居住地を有しない被爆者をも適用対象者として予定した規定があることなどから考えると，被爆者であつてわが国内に現在する者である限りは，その現在する理由等のいかんを問うことなく，広く同法の適用を認めて救済をはかることが，同法のもつ国家補償の趣旨にも適合するものというべきである。」

　こうして最高裁は，原爆医療法は社会保障法の性格を有するとともに，国家補償の趣旨をも有するとし，国内に居住地を有しない在外被爆者に対しても原爆医療法は適用されると判断した。

　この判決の直後の1978年4月4日，厚生省は「わが国に現在する者がある限りはその現在する理由等のいかんを問わず」原爆医療法を適用すると指示した（衛発228号公衆衛生局長通知）。また，当時，小沢辰夫厚生大臣は，国会において「今後の取り扱いにつきましては，今回の最高裁判所の判決の

21

趣旨を踏まえまして，日本国内に現在する限りは，その理由のいかんを問わず被爆者対策の対象として，その適正な運用に努めてまいりたい」と答弁している。

このような原爆医療法の適用のあり方は，国内に適法な居住関係があるかいなかを捨象し，単にその者が日本国内に「現在」しさえすれば法を適用するというものである。言い換えれば，国内に適法な居住関係にない者（つまり国外に居住関係がある者＝在外被爆者）を国内に現在する者ととらえることにより，これまでと同じように原爆二法は国内でのみ適用されるとしたのである。政府・厚生省は在外被爆者に対する原爆二法の適用の範囲を幾分広げはしたが，それはあくまでも日本国内に限るとしたのであり，402号通達を貫徹しようとしたことに変わりはない。

5 原爆被爆者対策基本問題懇談会（基本懇）

1979(昭和54)年1月，社会保障制度審議会は，「昭和53年3月の最高裁判所の判決の趣旨をふまえて，すみやかに，この問題に関する基本理念を明確にするとともに，現行二法の再検討を行なうべきである」と答申した。これを受けて厚生省は，同年6月，7人の委員からなる原爆被爆者対策基本問題懇談会を設置した。同懇談会は，1980年12月，「原爆被爆者対策の基本理念及び基本的在り方について」と題する意見書を提出した。この意見書は，孫裁判最高裁判決を踏まえて，「国は原爆被爆者に対し，広い意味における国家補償の見地にたって被害の実態に即応する適切妥当な措置対策を講ずべきものと考える」と述べるが，在韓被爆者などの在外被爆者については一言も触れていない。無視した形となった。

孫振斗裁判は，外国に居住する被爆者に対する原爆二法の適用のあり方について，問題提起していたはずであるが，基本懇は「わが国に現在する」被爆者（国内被爆者）に適用される原爆二法の趣旨・目的，法的性格をどのように理解し，国内被爆者対策はどのようなものであるべきか，という問題に転換させたのである。

第 1 章　在外被爆者裁判の萌芽——孫振斗裁判，三菱重工広島・元徴用工被爆者裁判

6　渡 日 治 療

　勝訴した孫裁判の具体的な「成果」は在韓被爆者を日本に来させて治療を
受けさせる「渡日治療」の実施であった。日韓政府間合意に基づくこの事業
により，1980 年 11 月から 1986 年 9 月まで，合計 349 人の在韓被爆者が広島，
長崎で治療を受けた[5]。この事業は，外国居住の被爆者も来日すれば「国内
に現在する」ことになるので原爆二法を適用できるという考え方のもとに実
施された。この意味で，これは原爆二法の国内適用という枠組みの中で行わ
れた。すなわち，渡日した在韓被爆者は病院に入院し，その病院を国内の現
在地として被爆者健康手帳が交付され，医療費には原爆医療法による一般疾
病医療費（公的医療保険未加入であるため，医療費全額が一般疾病医療費として
支給される）が充てられた。したがって，渡日した在韓被爆者は医療費を自
己負担せずに入院治療が受けられた（渡日・帰国のための交通費は自己負担
だった）。また，入院中に原爆特別措置法による手当の支給申請をし，多く
の者がこれを受給した（中には受給できなかった者もいたようである）。手当は
支給申請をした月の翌月から支給されることになっていたため，2 か月の渡
日期間の 2 か月目に支給された[6]。

　政府間合意の渡日治療事業の終了後，在韓被爆者渡日治療広島委員会
（1984 年結成）などの民間団体が在韓その他の在外被爆者を広島に招き，治
療を受けさせる渡日治療が行われている[7]。

　渡日治療のために来日して被爆者健康手帳を取得し，また，健康管理手当
などを受給することができた在韓・在外被爆者は，帰国（日本出国）と同時
に手帳は無効とされ（「被爆者」という法的地位の消滅），手当は支給が打ち切

---

(5)　広島市衛生局原爆被害対策部編『広島市原爆被爆者援護行政史』広島市，1996 年，
　　233 頁。

(6)　日本弁護士連合会『在外被爆者問題第一次報告書』（1986 年）によれば，認定被
　　爆者として特別手当（当時）の支給対象になったのは，広島では 1 名のみとのことで
　　ある（105 頁）。

(7)　前掲注(5)234 頁。なお，在韓被爆者渡日治療広島委員会は，その任務を終了した
　　として，2016 年に解散した。

23

第1編　在外被爆者裁判　総説

られる（受給権の消滅）。のちに，これが在外被爆者裁判として争われるように
なる。

7　韓国への40億円支援

　日韓政府合意による渡日治療事業の終了後の1987年，韓国原爆被害者協
会は日本政府に対して23億ドルの補償要求を行うなど運動を強化していた。
日本政府は，1989年度および1990年度に在韓被爆者の治療費支援として各
4,200万円を支出した。また，1990年の盧泰愚韓国大統領の訪日に際し，日
本政府は40億円の医療支援を行うことを約し，1991年度に17億円，92年
度に残りの23億円が韓国に支払われた。これには，「治療費，健康診断費，
原爆被害者健康福祉センター建設費などを支援するために使用する」という
条件が付けられていた。
　以上の支援は，在韓被爆者に対する原爆二法の適用とは無関係であり，ま
た，原爆被害に対する補償的なものではなく，人道的な観点からのものであ
ると説明された。

8　被爆者援護法の制定

　1990年代に入り，被爆者援護および在外被爆者について，新たな動きが
みられる。
　1994（平成6）年12月，原子爆弾被爆者に対する援護に関する法律（法律
117号。被爆者援護法）が制定された（1995年7月施行）。
　被爆者団体や平和運動団体などの長年の要求は，国家補償の原理にたった
被爆者援護法の制定であったが，政府および与党の自由民主党はこれを拒ん
でいた。ところが，1993年8月の政界再編成により細川内閣（非自民・非共
産8党派連立）が成立すると，状況は変化する。連立与党内に被爆者援護法
に関するプロジェクトチームが発足し，1994年4月の羽田連立内閣に引き
継がれたが，同年6月の村山連立政権（自民・社会・新党さきがけ）は戦後
50年問題プロジェクトチームを設置して被爆者援護法について検討を行い，

24

第 1 章　在外被爆者裁判の萌芽——孫振斗裁判，三菱重工広島・元徴用工被爆者裁判

同年 11 月，内閣は前文と本則 54 条からなる被爆者援護法案を国会に提出した。この法案は，それまでの原爆二法を統合し，特別葬祭給付金の新設[8]，手当支給要件に付けられていた所得制限（特別手当，健康管理手当，保健手当，介護手当に所得制限がつけられていた）の撤廃などを盛り込んでいた。前文には「国の責任において，原子爆弾の投下の結果として生じた放射能に起因する健康被害が他の戦争被害とは異なる特殊の被害であることにかんがみ，高齢化の進行している被爆者に対する保健，医療及び福祉にわたる総合的な援護対策を講じ」と記されたが，国家補償の原理の明文化はされなかった。

　政府は，この法律は在外被爆者への適用は認めらないという説明に終始した。次のとおりである。

　　「これは現行二法でも同じでございますけれども，現在御審議をいただいております新法の適用におきましても，同法に基づきます給付が，いわゆる社会保険と違いまして拠出を要件とせず，公的な財源により行われるということ，また他の制度との均衡というようなことから，日本国内に居住する者を対象とするという立場をとっているわけでございまして，我が国の主権の及ばない外国において，日本の国内法である新法を適用することはできないというふうに考えております。」[9]

　このように，政府・厚生省は，新法の被爆者援護法においても在外被爆者に適用されないという態度を堅持した。なお，この答弁は，その後の在外被爆者裁判において，立法者意思を表すものであるとし，しばしば争点とされることになる。

　ついでながら，ここで 1990 年代の在外被爆者の動きについて述べておこう。この頃になると，アメリカ在住の被爆者団体は，日本政府へ向けた要求運動に着手する。また，ブラジル在住の被爆者は 1984 年に在ブラジル原爆被爆者協会（現ブラジル被爆者平和協会）を結成し，日本政府に対する要求運動を行ってきた。両国の被爆者団体は，互いに連携して活動し，また，日本

---

(8)　特別葬祭給付金（10 万円）とは，被爆者 33 条に定められた，被爆者の遺族であって，原爆特別措置法による葬祭料の支給を受けていない者を対象に，被爆者援護法の施行後 2 年以内（1997 年 6 月 31 日まで）に請求された場合に支給された。

(9)　谷修一厚生省保健医療局長の 1994 年 11 月 29 日の答弁（『第 131 回国会衆議院厚生委員会議録』9 号 30 頁）。

第1編　在外被爆者裁判　総説

原水爆被害者協会とも連帯して行動するようになり，日本国外に居住する被
爆者に対して平等に原爆二法・被爆者援護法を適用して，援護を強化するこ
とを求めるようになる[10]。

9　三菱重工広島・元徴用工被爆者裁判の提起

　1990年代に入ると，いわゆる戦後補償裁判が活発に争われる。そのよう
な状況を背景としながら，在韓被爆者およびその他の在外被爆者を原告とす
る在外被爆者裁判が，提起されるようになる。

　三菱重工広島の元徴用工やその遺家族は，1974年以降，韓国において組
織をつくり，未払い賃金や補償金の支払いを日本政府や三菱重工に求めてい
た。1990年代に入り，韓国，中国をはじめアジア諸国の人々から「戦後補
償」を求める裁判が各地の裁判所に提起されるようになるが，これを背景に
して，1992年，三菱重工長崎造船所の韓国人の元徴用工が国と三菱重工業
に対して未払い賃金の支払いと損害賠償を求める訴えを長崎地裁に提起した。
これに触発され，紆余曲折を経て，1995年12月，広島地裁に三菱重工広
島・元徴用工被爆者裁判が提起された。この裁判で原告の韓国在住の元徴用
工被爆者は，日本国および三菱重工株式会社を被告として，強制連行・強制
労働等の補償，未払い賃金の支払いを求めるとともに，在韓被爆者に対し原
爆二法・被爆者援護法を適用せず放置してきたとして，被告日本国に対して
損害賠償を請求した。その主張を訴状から紹介しよう。

　　「原爆二法及び被爆者援護法が，被爆という事実に着目し国家補償を行うこと
　を定めた国家補償立法であることは明らかである。／そして，原爆二法及び被
　爆者援護法の右趣旨からは，被爆者に対しては，平等に補償を行うことが憲法
　やB規約の要請である。」
　　「被爆朝鮮人のうち生存した者の多くは，祖国朝鮮が日本の植民地支配から解
　放された後帰還し，大韓民国・朝鮮民主主義人民共和国に居住するようになっ
　たのであるから，右在韓・在朝鮮被爆者に対しても平等に補償を及ぼす義務が

---

(10)　倉本寛司『在米50年　私とアメリカの被爆者』日本図書刊行会，1999年，森田
　　　隆・森田綾子『ブラジル・南米被爆者の歩み』「ブラジル・南米被爆者の歩み」刊行
　　　委員会，2001年など参照。

26

第1章　在外被爆者裁判の萌芽――孫振斗裁判，三菱重工広島・元徴用工被爆者裁判

被告日本国にあったといわなければならない。／ところが，被告日本国は，韓国に在住する被爆者に原爆二法を適用せず，その他何等援護措置をとることなく韓国に在住する被爆者を放置し，原告ら在韓被爆者を差別してきた。これは，日本国憲法14条及びB規約26条に違反する違法行為である。」

　被告日本国は402号通達において「日本国の領域を越えて居住地を移した被爆者には同法の適用がないものと解される」と都道府県知事等に通達した。「これにより原告らは被爆者健康手帳の交付を受けた被爆者であり，原爆二法により医療費の支給や各種手当の支給を受ける権利を有していたにもかかわらず，右権利の行使を妨げられてきた。」被告日本国は「被爆者援護法が制定された後も右取扱を変更していない。このため，原告らは……医療費の支給や各種手当を受ける権利の行使を妨げられている。」

　この裁判は，国外居住の被爆者が原告となって原爆二法および被爆者援護法の国外不適用の違法性を問う最初の裁判であった。だが，訴状の主張の限りでは，その理由は憲法14条および国際人権規約B規約の違反をいうにとどまっていた。

　1999（平成11）年3月25日に出された広島地裁判決【4】（訟務月報47巻7号1677頁）は，原告らの主張する在外被爆者に対する原爆二法・被爆者援護法不適用の違法性について，これらの法律には日本国内に居住も現在もしていない者を適用対象とする旨の規定は存在せず，また，そのような被爆者に対する各種給付の方法を定めた規定，あるいはそのようなことなど被爆者が各種給付を受けるための手続を定めた規定はまったく設けられていないことなどを理由に，同法の国外居住被爆者者への適用は予定されていないとして，請求を棄却した。この判決は政府・厚生省の主張をそのまま受け入れたものであり，被爆者援護法の在外被爆者への適用を否定するものであった。

　だが，その後，この裁判は，控訴審で原告の見事な逆転勝訴となり，最高裁でも勝訴し，大きな影響を与えることになる（第2編第1章）。

（田村和之）

第2章　被爆者援護法の国外適用へ
——郭貴勲裁判を中心に

　本章では，日本の国外に居住する被爆者が，その居住地で被爆者援護法の定める援護を受給できるかどうか，言い換えれば，被爆者援護法は国外居住の被爆者に適用されるかどうかを，初めて真正面から争った，在韓被爆者の郭貴勲が原告となった裁判について述べる。

1　郭貴勲裁判へ至る過程

(1)　は じ め に

　1980年代にあっては，在韓被爆者（在外被爆者）に対して，国内法である原爆二法の適用を図ることは，韓国における被爆者の運動および日本国内における在韓被爆者の支援運動ともに，念頭に置いていなかったようである。

　在韓被爆者問題に関心を寄せていた日本弁護士連合会は，1986年10月に「在韓被爆者問題第1次報告書」を発表した。その最後の部分で2項目の「提言」を行っている。ひとつは「渡日治療制度の延長」であり，もうひとつは「在韓被爆者に対する抜本的対策」である。後者の該当部分を全文紹介しよう。

　　「日韓両国政府は，未だに在韓被爆者のなお多くが救済されないまま放置されていることにかんがみ，早急に原爆被害の実態を調査しなければならない。
　　さらに，収入がなく，医療保険制度も整備されていない在韓被爆者にとって，通常の治療さえ受けられないので，治療費問題はまさに死活かつ緊急な問題である。したがって，日本国内の被爆者と同様に，韓国内の被爆者に対して医療給付や手当を支給されるべきである。
　　これと並行して，日本政府は在韓被爆者の治療のために，韓国内に充実した医療設備を有する原爆専門病院を建設し，一定期間の運営費も負担しなければならない。この医療機関は一か所では不十分である。被爆者の多い地域ごとに専門医療機関が設置されなければならない。

第1編　在外被爆者裁判　総説

　これらを実現するために，日韓両国政府は直ちに検討し，交渉を開始された
い。」

　この報告書は，在韓被爆者に対し国内居住被爆者と同様の医療援護や手当
支給が必要であると提言しているが，その具体化策を用意していたわけでな
い。当時の一般的な認識によれば，原爆二法の国外適用は困難であるとされ
ていたから，それは日韓両国政府間の検討・交渉に委ねられると考えられて
いたようである。

(2)　手当支給の打ち切り，原爆二法研究会の検討

　前述のように，日韓政府間合意による渡日治療事業，および，その終了後
に民間で行われた同様の事業により渡日し，原爆二法の適用を受けて被爆者
健康手帳を取得し，自己負担をせずに入院治療を受け，また，各種の手当を
受給した在韓被爆者が，日本を出国・帰国すると，402号通達により被爆者
健康手帳は失効したとされ（法律上の被爆者たる地位を失う），また，手当支
給は打ち切られた（手当受給権の失権）。手帳や手当のこのような扱いについ
て，帰国した在韓被爆者は不満感を抱いていたが，1980年代後半当時，韓
国原爆被害者協会が取り組んでいた日本政府に対する要求運動は，補償要求，
渡日治療の継続要求，医療支援要求などであり，この帰国被爆者の不満には，
必ずしも関心が寄せられなかったようであった。また，日本国内の在韓被爆
者支援運動においても，この問題はほとんど意識されていなかったようであ
る。

　これが問題として意識されるようになるのは，1991年が過ぎるころである。
そのころ，広島の弁護士数名は，被爆者相談員若干名とともに「原爆二法研
究会」（後に「被爆者援護法研究会」）を行い，毎月1回程度の例会を開いてい
た（筆者も参加していた）。この例会に，「広島で治療を受けた被爆者が韓国
に帰ると，手当が打ち切られるが，なぜなのか，どうにかならないか」とい
う問題が提起された。

　同研究会のメンバーにとって，この問題は初耳であり，はじめは質問に
まったく答えられない状況であった。参考文献は皆無といった状態であり，
少しずつ事情を調べていくほかなかった。手当支給が打ち切られるだけでな

30

第 2 章　被爆者援護法の国外適用へ——郭貴勲裁判を中心に

く，手帳も無効扱いとされていること，その根拠とされているのが402号通達であることなどが分かった。やがて，原爆二法には402号通達の法的根拠は存在しないのではないかと認識されるようになる。

　この研究会における問題の検討は遅々としていたが，1996年に入るころには，次のように問題点を整理していた[1]。

①　原爆医療法，被爆者援護法は，日本国籍を有することを「被爆者」の要件としていない。また，法律上の「被爆者」は，被爆者援護法1条の4か号に該当する者であるが，402号通達によれば，日本国を出国し，あるいは，外国に居住している者は「被爆者」に該当しないとするのであるから，同通達は，事実上，国内居住を「被爆者」の5つ目の要件としている。

②　被爆者健康手帳の交付を受けようとする者は，居住地または現在地の都道府県知事に申請しなければならないという被爆者援護法2条（当時）の規定は，同手帳の交付に関する手続を定めたものであり，これをもって国内居住（現在）者でなければ「被爆者」に当たらないと解すべきでない。

③　身体障害者福祉法，戦傷病者特別援護法など，他法の手帳制度をみても，出国すれば手帳は失権・失効するという扱いはなされていない。

④　各種の公的年金は外国にいても受給できる（年金受給権は失われない）。

⑤　児童関係の3手当は，国内に住所を有することが受給資格を得るために必要であるが，この旨が法律に明記されている。

⑥　各種の公的医療保険制度によれば，加入者が外国で医療を受けた場合，帰国後に医療費が支給される。

　以上のようなことから，当時の原爆二法研究会の認識の到達点は，被爆者健康手帳の出国による失効，手当受給権の失権（消滅）などについての，当時の厚生省の取扱いには違法の疑いがある，その是正は被爆者援護法の解釈の変更により可能である，というものであった。

　率直のところ，当時の厚生省が，在韓被爆者の被爆者健康手帳や手当受給

————————————
(1)　在韓被爆者渡日治療広島委員会1996年度総会における筆者の講演の要旨。「在韓被爆者渡日治療広島委員会ニュース」24号（1996年）。

31

について以上のように扱った理由や法的根拠がはっきりとしなかった（序論で述べた 1969 年 5 月 8 日衆議院社会労働委員会での村中俊明厚生省公衆衛生局長の答弁，および，第 1 編第 1 章で紹介した谷修一厚生省保健医療局長の 1994 年 11 月 29 日の答弁以上のことは明らかでなかった）。そのため，厚生省の見解を批判できるが，その論拠にさかのぼって分析，検討するには，材料不足であった。

(3) 沈載烈による審査請求

　1996 年 1 月，在韓被爆者の沈載烈（シム・ジェヨル）は，在韓被爆者渡日治療広島委員会の招きで来日し，広島の病院に入院し，治療を受けていた。その間，広島市から支給されている健康管理手当は帰国すれば打ち切られるので，どう対処すればよいかについて，同委員会のメンバーが二法研に相談を持ち掛けた。駄目で元々と考え，行政不服審査法による審査請求をしてみようということになった。その狙いは，一つには法的な手続を利用して広く世の中に問題提起をしようということであり，もう一つは請求が認められなくてもその理由が具体的に明らかにされるのではないか，ということにあった。しかし，後者の狙いは達成できなかった。というのは，広島県知事の裁決，厚生大臣の再審査請求の裁決のいずれも，健康管理手当の「支給停止」は，請求人の出国により失権したものであり，行政不服審査法の対象となる行政庁の処分に当たらないとし，請求却下とされたためである。

　この段階で，渡日治療委員会と二法研のメンバーは，沈に対する健康管理手当の支給打ち切りについて，さらに行政訴訟を提起して争うかどうかを検討したが，「すでに三菱重工広島・元徴用工被爆者裁判をたたかっており，今の広島には，新たな裁判を支える力がない」という結論に至り，提訴を見送った。

(4) パンフレットの作成

　1997 年 7 月 7 日，被爆者援護法研究会（原爆二法研究会を名称変更した）と「韓国の原爆被害者を救援する市民の会」は，「在外被爆者にも被爆者援護法を求める集い」を広島市内で開催した。この集会には，米国原爆被爆者協会

の倉本寛司名誉会長，韓国原爆被爆者協会の鄭相石（チョン・サンソク）会長も参加し，それぞれの国における被爆者の実情と日本政府による支援の必要性を訴えた。また，筆者は，集会のテーマに関するこの時点における被爆者援護法研究会の見解をまとめて述べた。

　この集会における各報告および沈載烈の行政不服審査法による不服申立ての資料などを整理し，さらに集会後に来日した在ブラジル原爆被爆者協会の森田隆理事長からの寄稿を得て，1998年1月，パンフレット『在外被爆者にも被爆者援護法の適用を』を自主出版物として刊行した。

　このパンフレットでは，それまで外国居住の被爆者の問題といえば在韓被爆者の問題であったが，アメリカ，ブラジル，朝鮮（北朝鮮），中国に在住する被爆者，つまり広く「在外被爆者」が取り上げられた。また，在外被爆者が日本から出国すると被爆者健康手帳が失効し，手当支給が打ち切られることの問題性に焦点が当てられていることにおいて画期的であった。パンフレットは1,000部発行されたが，広く関心を呼んだようであり，比較的早い時点で在庫がなくなった。そして，このパンフレットの提起を踏まえて，次に述べる郭貴勲裁判が開始される。

2　郭貴勲裁判の提起

(1)　被爆者健康手帳・健康管理手当裁判

　三菱重工広島・元徴用工被爆者裁判の提起の3年後の1998（平成10）年10月，在韓被爆者の郭貴勲（クァク・クィフン）が新たな在外被爆者裁判を大阪地裁に提起する。

　郭は韓国原爆被害者協会の設立にかかわり，早くから日本国内の在韓被爆者支援グループの人たちとの交流があった。1990年代の戦後補償を求める裁判や三菱重工広島・元徴用工被爆者裁判の提起などに触発された郭は，自分も被爆者としての裁判を提起したいと考えるようになり，「在韓被爆者の救援を求める市民の会」のメンバーと相談し，大阪地裁に提訴することを決意した。

　郭は来日して大阪府知事から被爆者健康手帳の交付を受け，また，健康管

第1編　在外被爆者裁判　総説

理手当を受給し，出国（帰国）すれば，402号通達により，被爆者たる地位は失われたとされ（被爆者健康手帳の失効），手当支給を打ち切られた（健康管理手当受給権の失権）。このことをとらえて，郭は被爆者たる地位の確認，および，未払い手当ての支給等を求めて大阪地裁に提訴した。被告は大阪府知事，大阪府および国である[2]。

　本裁判の原告は，「請求の趣旨」について工夫したふしが窺われる。すなわち，その第1項は，被告大阪府知事がした被爆者たる地位と健康管理手当受給権者たる地位を失権させる（失わせる）処分の取消請求であり，第2項は，ⓐ被爆者たる地位の確認，および，ⓑ原告の出国により支給を打ち切られた健康管理手当の未支給分の支払い請求である。前者は行政訴訟（取消訴訟）で争われ，後者は金銭の支払い請求であり，通常の民事訴訟である。この2つの請求は一方が認められれば他方は認められないという関係にあるが，原告は，いずれか一方が認められれば，目的を達することができると考えて，2項目を請求の趣旨としたとみられる。

　被告の大阪府知事（およびその背後にいる厚生省）は健康管理手当の支給打ち切りは受給権の失権によるものであり，失権は行政処分に当たらないとの見解をとっていたが，健康管理手当の受給権は同手当支給決定処分により成立するものであり，これを失わせる失権も行政処分と解する余地もあった。ことが法律問題であり，裁判所がいずれの見解を採用するか必ずしも明らかでない。そのような状況において，原告は，いずれの見解（請求）が妥当であるかの判断を裁判所に委ねたと思われる。

　大阪地裁は，第1項の請求のうち，被爆者たる地位と健康管理手当受給権の失権は，行政処分と認められないとして請求を却下し[3]，第2項の請求を

---

(2)　提訴の事情について，原告の郭は　回想録『被爆者はどこにいても被爆者』（井下春子訳），2016年で次のように述べている。「訴訟を起こす裁判所をどこにするかについて，私は当然被爆の場所である広島を考えていた。ところで，『市民の会』の豊永恵三郎広島支部長は，三菱広島徴用工裁判を続行しているので，ほかの裁判を重ねて支援する余裕がないという。私は手帳を取得した大阪でこの訴訟を提起することにした。」（201頁）

(3)　第1項の請求を却下した理由は，次のとおりである。「原告は，被告大阪府知事が，原告に対し，平成10年7月23日ころまでに，失権の取扱いをするとの行政処分を行ったものと主張するが，被爆者援護法上，『被爆者』が日本に居住も現在もしなく

いずれも認めた。以下では，第2項の請求ⓑ健康管理手当の支払い請求に係る論点を取り上げる。

(2) 被告側の主張

三菱重工広島・元徴用工被爆者裁判では，原爆二法・被爆者援護法の国外不適用そのものの違法性が争われていたが，郭貴勲裁判では，日本国内で交付された被爆者健康手帳の有効性（原告は出国後も被爆者たる法的地位を有するかいなか），および，被爆者援護法に基づき手当受給権を確立した被爆者に対し出国にともなって行われた手当支給の打ち切りの違法性に絞って争われる。

被告側は次のように主張した。

「被爆者援護法は，日本に居住又は現在する者のみを適用対象とするものであり，被爆者が日本に居住も現在もしなくなった場合には，法律上当然に『被爆者』たる地位を喪失する。すなわち，日本に居住又は現在することは，『被爆者』たる地位の効力発生要件であるのみならず，効力存続要件でもある。」

この主張の理由として，次の5点があげられた。ここで示された考え方は，その後の在外被爆者において，部分的には変容しながら，繰り返し主張されることになるので，やや詳しく紹介する。

① 行政法の適用範囲

被爆者援護法は行政法に属する法規であるから，日本国内においてのみ効力を有するのが原則である（いわゆる属地主義の原則）。同法には，日本に居住も現在もしない者に対する給付を認める明文規定や手続規定はなく，明文規定なくして

なったことを理由として，行政庁が何らかの行為をなし失権の取扱いをする旨の規定ないしそれを窺わせる規定は存在せず，下位規定にもかかる規定は存在しない。／しかも，本件においては，被告大阪府知事は，『被爆者』が日本に居住又は現在していることがその地位の効力存続要件であるという解釈のもとに，原告の本邦からの出国という事実により，同人は健康管理手当の受給権を喪失したという法律効果が発生したものであるとして，その結果として，原告に対する同手当の支給停止が行われたものにすぎないのであるから，『失権の取扱いをする』という何らかの具体的行為を観念できたとしても，それは，『直接国民の権利義務を形成またはその範囲を確定することが法律上認められているもの』とはいえず，行政処分には当たらないというべきである。」

第1編　在外被爆者裁判　総説

海外適用を認めるべき特段の根拠もないから，属地主義の原則にかかわらず海外適用を認めることはできない。

②　被爆者援護法の性格

被爆者援護法は社会保障法として性格を有し，いわゆる非拠出制の社会保障法に属する。社会保障法は，よって立つ社会連帯と相互扶助の理念から，それを制定する主体（国又は地方公共団体）の権限の及ぶ全地域に効力を有し，その地域に効力の限界を有するものである。非拠出制の社会保障法である被爆者援護法は，社会連帯の観念を入れる余地のない，当該社会の構成員でもない海外居住者に対しては，給付を認める明文規定がない限り適用されない。

③　被爆者援護法の構造

被爆者援護法は，「被爆者」がわが国に居住又は現在していることを予定する規定を置く一方，わが国の領域内に居住も現在もしていない被爆者に対する各種給付の方法や各種給付を受けるための手続を定めた規定は，まったく設けられていない。また，被爆者健康手帳の交付や健康管理手当の支給の申請を審査する際には，都道府県知事は書面だけでなく，申請者本人や専門家の意見聴くことも必要であるから，申請者本人がわが国に居住・現在するは不可欠である。

被爆者援護法は，被爆者に対する手当等の給付を行う実施主体を都道府県知事とし，都道府県知事とは，「当該被爆者が居住又は現在する地を管轄する都道府県知事」を意味するから，日本に居住も現在もしない者について，同法は実施主体たる都道府県知事を定めていない。したがって，同法がこれらの者に対する給付を予定していないことは明らかである。また，国外に居住地・現在地を移転した者に対して給付を継続することもまったく予定していない。健康管理手当は，支給要件に該当しなくなれば支給を打ち切らなければならないので，知事は受給者の健康状況の確認を行うことになっているが，受給者が日本に居住も現在もしていないのであれば，正確な確認を行うことができない。

④　立法者意思

被爆者援護法は，日本に居住も現在もしない者に対して適用されないことを前提に，国会で可決・成立している。すなわち，政府提出の同法案を審議した第131回国会衆議院厚生委員会（1994（平成6）年12月1日）に，政府委員の谷修一厚生省保健医療局長は「同法に基づきます給付というのが，拠出を要件としない公的財源によって賄われるものであるということ，それから他の制度との均衡を考慮する必要があるということから，日本国内に居住する者を対象として手当を支給するということで考えているわけでございます。したがいまして，手当であるかあるいは年金という名前であるかということを問わず，我が国の主権の及ばない

36

外国において日本の国内法である新法を適用することはできないというふうに考えております。」と答弁している。そして，政府案が両議院で可決・成立した。以上によれば，被爆者援護法の立法者が，日本に居住も現在もしない者に対する適用を予定していなかったことは明らかである。

⑤　**最高裁判決**

孫振斗裁判最高裁 1978（昭和 53）年 3 月 30 日判決は，「被爆者であってわが国内に現在する者である限りは，その現在する理由等のいかんを問うことなく，広く同法の適用を認めて救済をはかることが，同法のもつ国家補償の趣旨にも適合するものというべきである。」と判示し，「被爆者であってわが国内に現在する者である限りは」同法の適用を認める。このように，同判決は，わが国の領域内に現在する被爆者であれば，同法の適用を認めるが，わが国に居住も現在もしない者に対しては同法の適用がないことを明らかにしたというべきである。

（3）　大阪地裁判決

大阪地裁 2001（平成 13）年 6 月 1 日判決【5】（判例タイムズ 1084 号 85 頁）は，以上のような被告側の主張をすべて退ける。

■「被爆者たる地位」を喪失するか

この判決は，被爆者援護法 1 条の「被爆者」が日本に居住も現在もしなくなることにより，当然に「被爆者」たる地位を喪失するか否か（日本に居住又は現在していることは「被爆者」たる地位の効力存続要件であるか否か）」について，次のように判断した。

　「被爆者援護法 1 条によれば，『被爆者』たる要件は，同条各号のいずれかに該当する被爆者であることと，被爆者健康手帳の交付を受けたことの 2 点であり，日本に居住又は現在することは要件とされていない。」同法 2 条によれば，「被爆者健康手帳を取得して『被爆者』たる地位を取得するためには，少なくとも交付申請の時点で日本に現在することは必要である。」しかし，「被爆者援護法ないし同法施行規則の規定において，日本に居住又は現在していることが『被爆者』たる地位の効力存続要件であると解すべき直接の根拠は存在しない」

　「明文の規定がないにもかかわらず，解釈のみによってある一定の事実の存続を効力存続要件とすること（ある一定の事実の発生により行政処分の効力が当然に消滅すること）は，国民の法律上の地位ないし権利の得喪という重要な事項については，本来，疑義のないように法規上明確に規定されるべきことが要請されていることにかんがみ，一般的に許容されるものとは解されないが，解

第1編　在外被爆者裁判　総説

釈上，ある一定の事実の存続が行政処分の効力存続要件と解されるべき場合があり得ないとはいえない」。「かかる解釈を許容するためには，明確な法理論上の根拠，あるいは，当該法律の規範構造から疑義のない程度に明白であるなど，特段の合理的理由が必要である。」

　以上のように述べた後，被告側の主張を裏付けるに足りる特段の合理的理由があるか否かについて検討する。

被告の前記①の主張（行政法の適用範囲）について

　「被爆者援護法のようないわゆる給付行政に関する国法に関しては，属地主義を厳格に適用すべき必然性はなく，むしろ，性質上，給付を受ける側の人的側面に着目するこが多く，属人主義的な立場（人的範囲を限定する反面，場所的範囲を日本国内に限らない立場）を採る法制も十分合理性を有するものであって，実際，特に明文がなくとも海外適用を認める法制例は多数存在している（遺族等援護法など）。したがって，被爆者援護法が行政法であるからといって，属地主義の原則が，当然の前提として被爆者援護法の解釈に影響を与えるものではなく，法律の効力がいかなる人的場所的範囲に及ぶかは，それぞれの制度における個別的な立法政策の問題というべきである。」

被告の前記②の主張（被爆者援護法の性格）について

　「非拠出制の社会保障制度が社会連帯ないし相互扶助の観念を基礎とし社会構成員の税負担に依存しているものであることから，その適用対象者は，我が国社会の構成員たる者に限定されるとの原則論を一応肯定することができるとしても，具体的な社会保障制度においてどの範囲の者を適用対象とするかは，それぞれの制度における個別的政策決定の問題であり，被爆者援護法の社会保障としての性格から演繹的に被告らの主張する解釈を導くことはできない」

　被爆者援護法は「社会保障と国家補償の性格を併有する特殊な立法というべきものである。」「このような被爆者援護法の複合的な性格，さらに，同法が被爆者が被った特殊の被害にかんがみ被爆者に援護を講じるという人道的目的の立法であることに照らすならば，社会保障的性質を有するからといって，当然に我が国に居住も現在もしていない者を排除するという解釈を導くことは困難というほかない。」

被告の前記③の主張（被爆者援護法の構造）について

　同法の関係規定をみれば，被爆者健康手帳や各種給付の申請時に日本に居住・

現在することが必要となる。しかし，「これらの規定は，『被爆者』たる地位及び各種手当ての受給権を取得する際の問題であり，いったん取得した「被爆者」たる地位を失権させる根拠となり得ない」

「（被爆者援護法の）日本国内に居住又は現在することを前提とした規定により，国外の「被爆者」が各援護の実施を受け得ない場合等が生じ得ることはあり得るとしても，「被爆者」がそれらの援護の実施を受けることができるかどうかは被爆者側の事情や都合によるものであって，援護はその性質上『被爆者』に援護を受ける義務を課すものではないのであるから，これを享受できない者は『被爆者』として被爆者援護法の権利主体たり得ないとするのは本末転倒というべきである。」すなわち「被爆者援護法の各種規定は，日本に居住又は現在することを「被爆者」たる地位の効力存続要件と解すべき根拠とはなり得ない。」

被告の前記④の主張（立法者意思）について

被告側が引用するような国会答弁がなされただけでは，「必ずしもそれが立法者の意思そのものであるとは言い切れないし，かえって，立法当時から，すでに国外に居住する被爆者に対する対応が問題とされており，しかもその問題の解決がすでに法文の解釈上から明らかなものとなっていたとはいえない状況下において，あえて，日本に居住も現在もしなくなることにより『被爆者』たる地位を失権させる旨の規定が設けられなかったことに徴するならば，被爆者援護法は国外居住者を排除する趣旨ではないと解する方がむしろ自然であるとさえいえる。／しかも，法律の解釈はまず第一に法文の合理的解釈によるべきものであるから，立法者意思も第一次的には当該法文に表われた合理的な立法者意思を探求すべきであって，国会における答弁等を過大視することは許されず，これらは，あくまでも解釈の参考資料として位置づけられるにすぎない。／したがって，被告らの指摘する立法者意思もその主張を裏付ける合理的理由とはなり得ない。」

被告の前記⑤の主張（最高裁判決）について

「孫振斗判決は日本に現在する者に原爆医療法の適用があることを説示しているものであって，日本に居住も現在もしなくなることにより『被爆者』たる地位を失うかどうかについては，なんら明言をしていないことはその説示から明らかである。」

本判決は，以上のように判示して被告側の主張を退けるが，さらに次のような判断を付け加えている。

第1編　在外被爆者裁判　総説

　「被爆者援護法は，被爆者が今なお置かれている悲惨な実情に鑑み，人道的見地から被爆者の救済を図ることを目的としたものなのであるから，上記解釈（日本に居住又は現在することが「被爆者」たる地位の効力存続要件であるという解釈。筆者）は，その人道的見地に反する結果を招来するものであって，同法の根本的な趣旨目的に相反するものといわざるを得ないのである。また，かかる解釈に基づく運用は，日本に居住している者と日本に現在しかしていない者との間に，容易に説明しがたい差別を生じさせる（しかも，日本に居住している被爆者が長期間海外旅行に行く場合と，短期間国外に住居を移す場合との間で不合理な区別をすることにもなる。）ことになるから，憲法14条に反するおそれもある。」

　こうして，本判決は，被爆者たる地位は出国により失われないと結論づけた。

■出国により手当受給権は失権するか

　次に，本判決は，健康管理手当の受給権も失われないので，出国後も引き続き同手当を受給できると判示した。

　「（健康管理手当の支給要件）認定後になされる援護の内容は，金員の給付であり，その性質から当然に，我が国に居住又は現在することが要求されるものではなく，我が国に居住も現在もしない者への支給の具体的な方法を定めた規定は存在しないものの，これを明確に排除する規定もなく，前記のとおり，遺族等援護法や労災保険法においては，特に海外送金の手続規定がなくとも実際に海外送金が行われていることに照らすならば，我が国に居住も現在もしない『被爆者』に対しても支給されるべきものというべきである。」

　この判決は，「国内に居住も現在もしない」者にも被爆者援護法は適用しなければならないとの判断を示した。このような判示は司法判断としては初めてのものであり，政府・厚生労働省（2001年1月中央省庁再編に伴い，厚生省は労働省と統合して厚生労働省となった）に衝撃を与えた。

　郭貴勲裁判の勝訴を皮切りに，後に続く在外被爆者裁判は，勝訴判決の山を積み上げることになる。その過程で，厚生労働省は，在外被爆者に対する被爆者援護法の適用否定を根底から改めなければならないことになる。

40

第2章　被爆者援護法の国外適用へ——郭貴勲裁判を中心に

3　大阪地裁判決の影響

(1)　在外被爆者に関する検討会

　大阪地裁で敗訴した厚生労働省は大阪高裁に控訴するが，他方で在外被爆者に対する施策のあり方を検討するため，2001 年 8 月 1 日，厚生労働大臣の私的諮問機関として「在外被爆者に関する検討会」（以下では「検討会」という）を設置した。検討会の審議の開始にあたって坂口力厚生労働大臣は，在外被爆者については被爆者援護法上十分に位置付けられていない，これまで講じられてきた在外被爆者に対する施策はいずれも同法に基づくものではなかった，在外被爆者に関しては必ずしも十分な議論がなされなかったなどと述べ，「ひとつの方向性を出していただきたい」と要請した。

　検討会は，5 回の審議を経て，同年 12 月 10 日，同大臣に対して報告書を提出した。委員の意見はさまざまで，全体として一つの結論にまとめることは困難であったようであり，委員全員一致の結論として示されたのは，報告書の第 3 の 1「共通の認識」の部分の次の一文だけである。「人道上の見地からは，その現在の居住地によって援護の程度に差をみることは不合理であるというのが，各委員共通の考えである」。報告書は，この文章に続けて「よって，この際以下に述べる考え方を参考として，何らかの施策を講ずべきである」と述べる。したがって，「報告書」の第 3 の 2 以下の文章は，各委員の意見を整理したものであり，検討会として一致した見解ではない。

　ここで引用した報告書の「各委員共通の考え」は，「人道上の見地から」まとめられたものであり，必ずしも被爆者援護法の見地から述べられたものではない。検討会は，同法と在外被爆者援護との関係を明らかにすることを避け，その上で，抽象的に在外被爆者に対して「何らかの施策」を講じることを求めただけであった。

　こうして，厚生労働省は，在外被爆者への被爆者援護法の適用を回避することに「成功」したかにみえた。

41

第1編　在外被爆者裁判　総説

(2)　在外被爆者渡日支援等事業

　検討会報告書を受けた厚生労働大臣は，2001年12月18日，2002年度政府予算（案）に在外被爆者支援事業費として5億円を計上したと発表した。この事業は，在外被爆者が被爆者健康手帳の取得や医療を受けるためにする渡日の支援，海外に医師を派遣する現地健康調査，海外の医師の研修受け入れなどである。同大臣は，記者会見において「今回の措置はあくまでも第一歩に過ぎない」と強調し，本格的な在外被爆者対策はさらに検討するとした。この事業は法外事業であり，被爆者援護法に基づくものではなかった。従来から内外被爆者の平等取扱いを要求していた在外被爆者3団体（韓国原爆被害者協会，米国原爆被爆者協会，在ブラジル原爆被爆者協会）は，厚生労働省があくまでも在外被爆者には被爆者援護法を適用しないという姿勢に対して強く反発し，この事業への協力を拒む姿勢を示した。しかし，同省は在外被爆者団体の要求には耳をかさず，この事業を実施することにし，2002年5月31日，「在外被爆者渡日支援等事業実施要綱」を発表した（健発第0531003号健康局長通知。6月1日から実施）。

　この要綱によれば，事業の実施主体は広島県，長崎県，広島市および長崎市であり，主な事業内容は，①手帳交付支援事業（被爆者健康手帳または健康診断受診者証の交付を希望する在外被爆者のうち「経済的事情その他の理由により渡日が困難な者」を対象とし，渡日旅費を支給する），②現地健康診断・健康相談事業，③渡日治療支援事業（②の事業において「医師が日本での治療が必要と判断した者等」を対象とし，渡日旅費支給する），④医師等の研修受入・派遣事業，⑤被爆確認証交付事業などである[4]。

---

(4)　被爆確認証は，「在外被爆者のうち，手帳又は健康診断受診者証を所持していない者であって，手帳又は健康診断受診者証の交付要件に該当すると認められる者のうち，健康上の理由等により渡日できない者に対し」交付され，「将来，渡日した際の手帳又は健康診断受診者証の円滑な交付に役立てる」ものであり，「手帳又は健康診断受診者証の交付申請手続きに準じて申請」し，その「審査に準じて審査し，交付する」。この被爆確認証は，基本的には在外被爆者が広島県・市，長崎県・市に添付書類を付けて申請書を郵送し，これを受けて審査が行われ，交付されたようである。つまり，被爆確認証は，「渡日できない」在外被爆者に対し渡日を促し，渡日すれば「簡略な手続き・審査」により，容易に（短時間で）被爆者健康手帳または健康診断受診者証が交付することを「予約」したものである。実際，この「予約証」を持って渡日し，

第 2 章　被爆者援護法の国外適用へ──郭貴勲裁判を中心に

このように，在外被爆者渡日支援等事業は，在外被爆者を「国内に現在する被爆者にする」ためのものである。このようにすれば，被爆者援護法を適用できるというわけである。言い換えれば，それは在外被爆者に対して被爆者援護法の適用を否定するものであり，それゆえに，前述のように，在外被爆者 3 団体から強い批判と協力拒否が出たのである。その結果，この事業を利用した在外被爆者の数はごくわずかであった。

(3)　被爆者援護法施行令・同施行規則の改正

政府・厚生労働省は，2002(平成 14)年 4 月 1 日，被爆者援護法施行令を改正し（政令 148 号），また，同年 5 月 31 日，同施行規則を改正し（厚生労働省令 74 号），いずれも同年 6 月 1 日より施行した。この政省令改正は在外被爆者渡日等支援事業の実施にあわせて行われたものであり，国内居住被爆者が国外に転出するときの届出義務，および，かつて被爆者健康手帳の交付を受けたことのある在外被爆者が国内に転入したときの居住地・現在地の届出，これにより被爆者健康手帳が交付されたものとみなすことなどが規定された。

この政省令の改正にあたり，厚生労働省は「被爆者健康手帳は国内においてのみ有効である」旨の規定をおくことを検討していると伝えられたが（2001 年 12 月 19 日付各紙），最終的には断念された。この点について，伍藤忠春厚生労働省大臣官房審議官は，「被爆者手帳に，この手帳が国内でのみ有効であるということを明記するかどうかということも，従来の私どもの解釈論といいますか立場からいたしますと当然検討課題の 1 つではございましたが，御指摘のとおり，被爆者援護法の国外適用の問題につきましては現在司法上のいろいろな争いが係属している……ことを配慮いたしまして引き続き検討することが適当ということで，今回はそういう規定を明記することは見送った」と説明した[5]。このような経緯をみると，同省がいかに被爆者援護法の国外適用に否定的であったかがうかがえる。

　手帳・健康診断受診者証の交付申請手続きを行えば，直ちに手帳・健康診断受診者証は交付された。第 1 編第 6 章で述べる被爆者健康手帳裁判では，被爆確認証を所持していることが，「威力を発揮」したようである。

(5)　『第 154 回国会衆議院法務委員会議録』15 号（2002(平成 14)年 5 月 31 日）19 頁。

43

第1編　在外被爆者裁判　総説

4　郭貴勲裁判大阪高裁

(1)　大阪高裁判決

　大阪高裁における争点は，第一審のそれとほとんど同じであった。控訴人（被告）は，「被爆者援護法の給付体系（医療給付と各種手当の支給体系）」に関する次のような主張を加えた。「被爆者援護法の制定経緯，健康管理手当の趣旨，同法の前文等によれば，被爆者に対する最も基本的な援護は医療給付である。各種手当の支給は，医療給付だけでは十分でないと考えられる者に対する補完的，上乗せ的な援護として位置づけられているにすぎない。したがって，医療給付を受けることが全く予定されていない在外被爆者が各種手当の支給のみを受けるという事態は，同法の法構造に沿わず，同法の給付体系を無視するものである。」つまり，被爆者援護法による被爆者に対する基本的な援護は医療給付であり，各種手当の支給は補完的・上乗せ的な援護であるが，在外被爆者に対する医療給付はまったく予定されていないのだから，各種手当だけ受給できるとするのは，同法の法構造にそぐわない，という主張である。

　2002(平成14)年12月5日，大阪高裁判決【7】が出された（判例タイムズ1111号194頁）。この判決は，原審の大阪地裁判決を支持し，被告・控訴人の大阪府および国（厚生労働省）の主張をことごとく退け，郭の全面的な勝訴判決であった。その判示のあらましは次のとおりである。

「被爆者」たる地位について

　本判決も，第一審判決と同じように，日本に居住・現在していることが「被爆者」たる地位の効力存続要件であるか否かについて判断する。

　まず，「被爆者援護法，同法施行規則の法文上は，日本に居住又は現在している者のみをその適用対象とするとか，日本に居住又は現在することが『被爆者』たる地位の効力存続要件であるとか解すべき直接の根拠はない」とする。

　次に，「被爆者援護法は，解釈上，日本に居住又は現在する者のみをその適用対象とし，日本に居住も現在もしなくなった者については，法律上当然に『被爆者』たる地位を喪失する，すなわち，日本に居住又は現在することは，『被爆

者』たる地位にあることの効力発生要件であるのみならず効力存続要件でもある」とする被告・控訴人（大阪府・厚生労働省）の主張が，同法の法的性格，立法者意思，法律全体の法構造などに照らし，認められるかどうかについて検討する。

行政法と属地主義の原則について

「被爆者援護法が行政法規であるがゆえに，属地主義の原則が当然に妥当するとはいえない。ましてや，『被爆者』たる地位をいったん適法・有効に取得した者が，日本に居住も現在もしなくなったからといって，属地主義の原則を根拠に，当然にその地位を失うという解釈を採ることはできない」

被爆者援護法の性格について

「一般論としては，非拠出制の社会保障制度は，それが社会連帯や相互扶助の観念を基礎とし，社会構成員の税負担に依存しているがゆえに，その適用対象者をわが国社会の構成員たる者に限定するという解釈も一応妥当する。しかし，個別具体的な社会保障制度において，どの範囲の者を適用対象とするかは，それぞれの制度における政策決定の問題である。被爆者援護法の社会保障としての性格から演繹的に控訴人らの主張する解釈を導くことは相当でない。」／旧・原爆医療法について，最高裁1978(平成53)年3月30日判決は，社会保障法としての性格をもつとともに，「実質的に国家補償的配慮が制度の根底にある」と判示することなどを考慮すれば，「被爆者援護法も社会保障と国家補償双方の性格を併有する特殊な立法であると認めるのが相当である。」／「以上のとおり，被爆者援護法の複合的な性格，とりわけ，同法が被爆者が被った特殊の被害にかんがみ，一定の要件を満たせば，『被爆者』の国籍も資力も問うことなく一律に援護を講じるという人道的目的の立法であることにも照らすならば，その社会保障的性質のゆえをもって，わが国に居住も現在もしていない者への適用を当然に排除するという解釈を導くことは困難である。」

被爆者援護法の法構造について

被爆者援護法および同法施行規則の関係規定によれば，「被爆者健康手帳の交付を申請したり，各種手当支給の前提となる都道府県知事の認定を申請したりする時点では，日本に居住又は現在することが当然の前提となる。／しかし，これらの規定は，『被爆者』たる地位及び各種手当の受給権を取得する際の問題であり，それ自体は，いったん取得した『被爆者』たる地位を失わせる根拠となり得るものではない。」

各種援護の実施主体が，都道府県知事とされていることや居住地を移したときの届出義務を定めた規定は技術的規定であり，これをもって直ちに失権の根

第1編　在外被爆者裁判　総説

拠とすることはできない。医療特別手当や健康管理手当の届出義務等が国外からの届出を予定していない趣旨であるとしても，これらの届出をする際には「被爆者」は日本に現在している必要があると解すれば足り，いったん適法・有効に取得した「被爆者」たる地位を当然に失権させる根拠とはなり得ない。

　同法10条の医療の給付や同法18条の一般疾病医療費の支給は，日本に居住も現在もしない者に対する給付は予定されていないとしても，「『被爆者』たる地位に基づく権利は，医療給付の受給に尽きるものではないから，医療給付が受けられないとの一事をもって「被爆者」たる地位が失われるということにはならない」。

　日本国内に居住又は現在することを前提とした規定により，国外の「被爆者」が各援護の実施を受けることができないことがあり得るとしても，「その者が『被爆者』として同法上の権利主体たり得ないと解するのは本末転倒との誹りを免れない。」

（被告・控訴人側が控訴審で付け加えた主張について）

　「控訴人らは，被爆者援護法上，被爆者に対する最も基本的な援護は医療給付であり，各種手当の支給は，それだけでは十分でないと考えられる者に対する補完的，上乗せ的な援護であるから，医療給付を受けることが全く予定されていない在外被爆者が各種手当の支給のみを受けるという事態は，同法の給付体系を無視するものであると主張する。

　しかし，同法第3章に規定する各種の援護のうち，治療期間中に支給されると明記されている手当は医療特別手当だけであり（同法24条），他の諸手当では治療中であることが要件とはなっていない。」

　「健康管理手当（同法27条）についてみても，省令で定める障害を伴う疾病にかかっている者に対して支給するところから，指定医の健康診断書は必要とされてはいるけれども（同法施行規則51条，52条），医療給付を前提としているものではない。その趣旨は，放射能との関連性を明確に否定できない疾病にかかっている者について，日常十分に健康上の注意を払う必要があるため，このような健康管理に必要な出費に充てることを給付の本旨とするものである。そうであるならば，当該要件を充たす『被爆者』にとっては，まずは医療給付を受けることが望ましいけれども，日本に居住も現在もしないためにそれが叶わなくとも，少なくとも健康管理手当を受給し，日常の健康管理に努める意義を否定することはできない。

　『被爆者』が，日本に居住も現在もしないことにより，事実上，医療給付を受けられない状況にあるからといって，このことは健康管理手当の支給を否定する根拠とはならないというべきである。」

立法者意思について

「被爆者援護法の立法過程においては……わが国の主権の及ばない外国では国内法の適用はないという一般論が開陳されてはいるものの，少なくとも，本件で主たる争点とされているように，いったん適法・有効に『被爆者』たる地位を取得した者が，その後，日本に居住も現在もしなくなることにより当然に『被爆者』たる地位を失うかどうかという点については，およそ議論の外にあったというべきである。」

「法律の解釈は，まず第一に法文の合理的解釈によるべきものであるから，立法者意思も，第一次的には当該法文に表わされた（明文が置かれなかったことも含めて）ところによって探求されなければならない。」

「人の権利義務に直接関わる法律は，本来，疑義の残ることがないように明確に規定されるべきことが要請される」。

「本件についていえば，「少なくとも立法技術上は，日本の居住又は現在する者のみを適用対象としたり，これを『被爆者』たる地位の効力存続要件とする旨の明文規定を置いたりすることに格別の困難はなかったはずである。」「このような点に関する明文規定を置かず，解釈に委ねたというのであるならば，それは立法過程における不備ともいうべきものであり，そこに立法者意思としてとらえるべき積極的意味合いをもたせるのは相当ではない」。「このような観点からするならば，控訴人らが主張するように，明文規定を置かなかった所以が，被爆者援護法が日本に居住も現在もしない者に適用されないことを当然の前提とするものであったとし，いったん適法・有効に『被爆者』たる地位を取得した者が，その後，日本に居住も現在もしなくなることによって，当然に『被爆者』たる地位を失うということをもって合理的な立法者意思とみることは相当とはいえない。」

最高裁判決について

孫振斗裁判最高裁判決は，「日本に不法入国した在韓被爆者について，現在する理由のいかんを問わず，原爆医療法の適用があると判断した事案であり，「被爆者であってもわが国内に現在する者である限りは」との判示もその限りのものである。これを反対解釈して，わが国に現在しない被爆者には原爆医療法の適用がないと判断したということはできない。」

以上のようにして，大阪高裁は被告・控訴人側の主張をすべて退けたが，さらに次のような判示を付け加えている。

被爆者援護法に「国籍条項を置かなかった以上，適用対象となり得る外国人が日常の生活関係において日本に居住も現在もしないことは通常予想される事

第1編　在外被爆者裁判　総説

態である。したがって，その合理的解釈に当たっても，『被爆者はどこにいても被爆者』という事実を直視せざるを得ない」。

健康管理手当の支給の打ち切りについて

　被爆者援護法および同法施行規則の規定を前提とするならば，「健康管理手当の支給の開始に当たっては，わが国に居住又は現在することが必要であると解されるが，認定後になされる援護の内容は金員の給付であるから，性質上当然にわが国に居住又は現在することが要求されるものではない。／確かに，わが国に居住も現在もしない者への支給の具体的な方法を定めた規定は存在しないけれども，これを明確に排除する規定もない。そして，前記のとおり，戦争被害に関する他の補償立法である遺族等援護法においては，海外送金の手続規定がなくても実際に海外送金が行われていることに照らすならば……健康管理手当については，わが国に居住も現在もしない『被爆者』に対しても支給されるべきものと認めるのが相当である。」

　「健康管理手当については，被爆者援護法 27 条 1 項の要件に該当しなくなったときは，受給権者に失権の届出を義務づけ（同法施行規則 54 条，39 条），また，都道府県知事は，同条項の要件に該当しなくなった受給権者に対し，その旨通知しなければならない（同法施行規則 54 条，40 条），とされている。これらの規定を適切に機能させるためには，都道府県知事において，書面審査のみならず，受給権者からの聞き取りなどの調査が必要となり，その限度で，日本に居住も現在もしない『被爆者』に健康管理手当を支給する場合には，その支給の適正を害するおそれがないではない。／しかし，都道府県知事は，健康管理手当の支給を開始するに際し，厚生大臣（現厚生労働大臣）の定める期間内で当該疾病が継続すると認められる期間を定め，その期間が満了する日の属する月で支給は終わるのであるから（同法 27 条 5 項），そのような弊害の生じるおそれは少ないというべきである。／以上によれば，控訴人大阪府が，被控訴人の『被爆者』たる地位について失権の取扱いとし，平成 10 年 8 月分以降の健康管理手当の支給を停止したことには法律上の根拠がなく，被控訴人には，平成 10 年 8 月分の健康管理手当を受給する権利がある。」

(2)　上告断念

2002 年 12 月 18 日，坂口厚生労働大臣は郭裁判の上告断念を表明した。記者会見の場で同省が配布した文書[6]に記載されている「上訴しない理由」

---

(6)　この厚生労働大臣が配布した文書の全文は，「在ブラジル被爆者裁判支援ニュース」（後に「在ブラジル・在アメリカ被爆者裁判支援ニュース」と改称）4 号（2002

第2章　被爆者援護法の国外適用へ——郭貴勲裁判を中心に

によれば，被爆者援護法の性格の捉え方については大阪高裁判決と見解を異にするところもあるが，被爆者の高齢化が進み，「在外被爆者の問題に対する関心も高まりつつある中で，国際化も進んでいる」「このような環境の変化を踏まえ……被爆者の方々が，原子爆弾によって，放射能に起因する健康被害という特殊な被害に遭われ，生涯いやすことのできない傷跡と後遺症を負われたことに思いを致し，被爆者援護法が『人道的目的の立法』であるとの側面を有することを踏まえ，今回の決定を行った」とのことである。

　同省は，この文書において，「今後の対応」として，①「今後は，日本において手帳を取得し，手当ての支給認定を受けた場合には，出国した後も，手当ての支給を行うこととする。そのため，所要の政省令の改正や通知の見直しを行う」，②「過去に，いったん手当ての支給認定を受けていて，国外に出国することにより手当てが支給されなくなった方については，公法上の時効（5年）を考慮しつつ，支給認定期間の未支給期間分について，遡及して，手当てを支給する」，③「これら一連の措置は，あくまでも人道的見地から行うものであり，国家補償を前提とするものではない」，の3点を明らかにした。

　大阪高裁判決に従うことにした厚生労働省は，郭裁判で敗訴した事項に関する限りで，被爆者行政のあり方を変更することにし（①），この変更は過去に遡って行われることになった（②）。こうして，いったん国内で取得した被爆者健康手帳は出国後も有効とされ，また，手当受給権も消滅しないことになった。

　以上の限りで被爆者援護法は，在外被爆者に適用されることになった。それまで厚生労働省は被爆者援護法の在外被爆者への適用を頑強に否定してきたのであるから，このような変更は被爆者援護行政における大転換である。この転換は郭裁判大阪高裁判決の確定によりもたらされたのであり，同判決は，被爆者援護史上，画期的な意義を有するといってよい。

　なお，被爆者援護法の国家補償的性格（側面）について，同省はあくまでも受け入れない姿勢を示している（③）ことに注意しておく必要がある[7]。

　　年12月）に掲載されている。
（7）　2014年12月18日の記者会見における坂口大臣の発言は，次のようである。

49

第1編　在外被爆者裁判　総説

(3)　被爆者援護法施行令・同施行規則の改正

　大阪高裁判決に従うことにした政府・厚生労働省は，被爆者援護法施行令と同施行規則の関係規定を改正し（2003年政令14号，同年厚生労働省令16号），2003年3月1日より施行した。この政省令の改正では，国内でいったん被爆者健康手帳を取得して被爆者としての法的地位を有する者が出国してもその地位は失われていないこと（被爆者健康手帳は有効であること），また，被

　「去る12月5日の大阪高等裁判所における在外被爆者に関する判決については，上訴を行わないことといたしました。今回の判決は，在外被爆者の方が日本において被爆者健康手帳を取得をし，健康管理手当の支給認定を受けた場合には，のちに出国しても，引き続き健康管理手当を受給できるとした内容でありました。その前提となった被爆者援護法の性格のとらえ方などにつきましては，政府といささか見解を異にするところもあります。しかしながら，被災から60年近く経過をいたしまして，今日，被害者の方々の高齢化は一層進み，その平均年齢は70歳を越えるとともに，在外被爆者の問題に対する関心も高まりつつあります中で，国際化も1層進んでいるところであります。このような環境の変化を踏まえ，原告の郭貴勲さんをはじめ，被爆者の方々が原子爆弾によって，放射能に起因する健康被害という特殊な被害に遭われ，生涯いやすことのできない傷跡と後遺症を負われたことに思いを致し，さらに年齢的にも人生の総仕上げを行う段階を迎えてお見えになりますことから，被爆者援護法が人道的目的の立場であるとの側面を有することを踏まえ，今回の決定を行ったものであります。

　今回の決定に伴いまして，今後は日本において手帳を取得し，手当の支給認定を受けた場合には，出国した後も手当の支給を行うことと致します。そのため，所要の政省令の改正でありますとか，あるいは通知の見直しを行うことといたします。この場合，過去にいったん手当の支給認定を受けていて，国外に出国することにより，手当が支給されなくなった方につきましては，公法上の時効5年を考慮しつつ，支給認定期間の未支給期間分について，遡及して手当を支給することとしたいと思います。最初にも述べましたとおり，この1連の措置はあくまでも人道的見地から行うものであり，国家補償を前提とするものでないことを申し添えておきたいと存じます。」

　「この援護法というのは，我々の考え方からいたしますと，社会保障としての立場が中心だというふうに思っております。しかしそれ以外に人道的側面，あるいは国家補償的性格，こうしたものを合わせ持っているというふうに理解をいたしております。これらの考え方の下で，その中で特に人道的立場というものを尊重して今回の我々は決定をしたわけでございますが，今回の大阪の高裁判決の内容を何度も読ませていただきますと，援護法の国家補償的性格というものをかなり大きくウェートを置いて，そして判決を導き出してお見えになるように読みとれる気がするわけでございます。しかしそこは，我々は人道的立場というものを中心にして決定をしたということでございまして，そういう意味では若干考え方の違いはあるかも知れないということでございます。」

第2章　被爆者援護法の国外適用へ——郭貴勲裁判を中心に

爆者が国内で被爆者援護法に基づく手当受給権を確立した場合，その被爆者が出国しても手当受給権は消滅していないことを踏まえて，必要な手続が規定された。その主な内容は次のとおりである。

①　在外被爆者が国内に転入したときの届出義務（施行令5条）。

②　在外被爆者が国外において氏名や居住地を変更したとき，国外から届け出る義務（施行規則7条2項）。

③　在外被爆者が被爆者健康手帳を破り，汚し，または失ったとき，国外から再交付を申請できること（同前7条の2第1項）。

④　手当を受給する在外被爆者が氏名や居住地を変更したとき，国外から届け出る義務（同前34条，35条3項など）。

⑤　手当を受給する在外被爆者が国内に転入したときの届出義務（同35条の3など）。

⑥　在外被爆者が手当証書を破り，汚し，または失ったとき，国外から再交付を申請できること（同前37条（34条）など）。

⑦　手当を受給する在外被爆者が手当受給要件に該当しなくなったときの，失権の届出義務（同前39条（34条）など）。

⑧　手当を受給する在外被爆者の現況の届出義務（同前41条の2など）。

　以上のような政省令の改正は，国内において交付された被爆者健康手帳を所持する者あるいは国内において手当受給権を得た被爆者が出国しても，被爆者たる法的地位あるいは手当受給権は消滅しないという被爆者援護法の解釈を新たに採用すること（法解釈の変更）にともなって行われたものである。したがって，在外被爆者は，この改正により被爆者たる法的地位や手当受給権を新たに獲得したというわけではない。これらの地位や権利は，もともと被爆者援護法により在外被爆者にも認められていたものであり，このたびの政省令の改正は，在外被爆者にかかわる必要な手続を定めたものである。

(4)　402号通達の関係部分の削除

　この政省令の改正を契機に，長い間厚生省・厚生労働省が在外被爆者への原爆二法・被爆者援護法の適用を否定する根拠としてきた「402号通達」（1974年7月22日厚生省公衆衛生局長通知・衛発402号通達）の「（原爆特別措

51

第1編　在外被爆者裁判　総説

置法は）日本国内に居住関係を有する被爆者に対し適用されるものであるので，日本国の領域を越えて居住地を移した被爆者には同法の適用がないものと解されるものであり，従ってこの場合にも特別手当は失権の取扱いになる」とした部分は削除された（厚生労働省健康局長 2003(平成 15)年 3 月 1 日健発 0301002 号通知。この削除を以下では「402 号通知の廃止」という）。また，厚生労働省は，在外被爆者が過去に交付された被爆者健康手帳を所持している場合，その手帳を有効なものとし（2003 年 3 月 1 日健総発 03011001 号健康局総務課長通知），出国を理由に手当支給を打ち切っていた在外被爆者に対して，未払い分の手当（過去分未支給手当）を 1997 年 12 月分にまで遡って（これ以前の未支給手当については，地方自治法 236 条 1 項を適用し，時効により消滅したとする）支給することにした（2003 年 4 月 17 日健総発 0417001 号健康局総務課長通知）。

　402 号通達の廃止は，被爆者が出国しても被爆者手当等の受給権は失われないこと（失権は違法な措置であること），および，被爆者健康手帳も有効であること（出国により手帳が無効になるという取り扱いは違法であること）を厚生労働省が認めたことを意味し，その後の在外被爆者裁判は，これをあらたな立脚点としてたたかわれることになる。

　この政省令の改正および 402 号通達の廃止により，部分的ではあるが被爆者援護法の国外適用が実現したため，3 国の在外被爆者組織は，在外被爆者渡日支援等事業への非協力という態度を改めた[8]。

(5)　在外被爆者渡日支援等事業実施要綱の改正など

　2003 年 7 月 25 日，被爆者援護法施行規則が改正され（厚生労働省令 124 号），一部の疾病を除いて健康管理手当の支給認定期間の上限（5 年）が撤廃された。この改正は，在外被爆者を対象にして行われたものではないが，支給期間の付かない形で支給決定が得られれば，在外被爆者は再来日することなく，

---

(8)　3 国の在外被爆者組織による政府事業に対する非協力は，多方面に波紋を広げたようであり，そのような「戦術」をとったことの当否については，慎重な検討が必要であるかも知れない。3 組織がこのように強い態度をとった背景には，同じ被爆者であるのに居住地の内外の違いによる差別があり，まったく国外居自由の在外被爆者が被爆者援護法による援護を受けられないことに対する，強い憤りがあった。

終身，同手当を受給できることになり，その意味は小さくない。

厚生労働省は，同年 7 月 25 日，在外被爆者渡日支援等事業実施要綱を改正し（健発 0725003 号健康局長通知），8 月 1 日から適用した。この改正では，広島・長崎の 4 県市から全都道府県への事業実施主体の拡大（手帳交付渡日・渡日治療について）などが主な内容である。また，2004 年 9 月 1 日改正（健発 0901005 号健康局長通知）では，被爆確認証交付事業が全都道府県で行えるようになり，また，渡日に際して必要な介助者の旅費が支給されることになった。さらに，同年 12 月 21 日改正（健発 1221003 号健康局長通知）では，後述の在外被爆者保健医療助成事業が付け加えられる。

郭裁判大阪高裁判決の確定以後の一連の政省令改正および在外被爆者渡日支援等事業実施要綱の改正，あるいは在外被爆者団体の運動方針の変更などにより，かなりの数に及ぶ在外被爆者が来日し，被爆者健康手帳の交付や手当支給の申請を行うことになった。

(6)　在外被爆者保健医療助成事業の開始

2003 年 8 月，厚生労働省が在外被爆者に対して医療費を助成することを計画していると伝えられた。2004 年度政府予算に計上されたこの事業は，同年度下半期から実施されることになっていた。しかし，在外被爆者の居住する国によって異なる医療保険制度との調整，および，実施主体の一つに予定されていた長崎市がその住民とはいえない在外被爆者に対する施策を引き受けることに難色を示したため，2004 年 10 月を過ぎても事業が開始されなかった。厚生労働省は，ようやく同年 12 月 21 日付けで在外被爆者渡日支援等事業実施要綱を改正して在外被爆者保健医療助成事業を追加し（健発 12210003 三号健康局長通知），また，在外被爆者保健医療助成事業実施要綱と同実施要領を策定し（健発 1221004 号健康局長通知），同年 10 月 1 日から適用することとした。

同要綱によれば，この事業は被爆者援護法「第 6 条の規定を受けて実施する補助事業であり，在外被爆者がその居住国の医療機関において必要な医療を受けた場合の医療費について助成を行うこと等により，在外被爆者の健康の保持及び増進を図ることを目的とする」ものである。厚生省・厚生労働省

第1編　在外被爆者裁判　総説

の被爆者援護関係の要綱で，同法6条「国は，被爆者の健康の保持及び増進並びに福祉の向上を図るため，都道府県並びに広島市及び長崎市と連携を図りながら，被爆者に対する援護を総合的に実施するものする。」を受けて実施する事業である」旨を明記したのはこの要綱が初めてであると思われる。

　この事業は，広島県と広島市が財団法人日本公衆衛生協会（所在地東京都）に，長崎県が大韓赤十字社に委託して行い，在外被爆者に対して保健医療助成費を支給するものである。韓国在住の被爆者に対しては，委託を受けた大韓赤十字社が窓口となって保健医療助成費を支給するので，円滑な実施が期待できたが，それ以外の国に在住する被爆者については，日本公衆衛生協会が支給の窓口となるため，実務処理が円滑に行われるか懸念された。

　この事業の対象者は，被爆者健康手帳または被爆確認証を所持する在外被爆者であり，いずれをも所持しない者[9]は対象外である。助成は，在外被爆者が自己負担する医療費について1年間に13万円（入院したときは14万2000円）を上限にして行われた（以後，少しずつ上限額を引き上げる）。ただし，南米諸国在住の被爆者については，民間保険会社の医療保険の保険料について助成するという特例措置が講じられることになった。内外の被爆者を平等に援護するという視点からみたとき，この程度の助成額の事業は，国内居住被爆者が受けることができる医療の給付（被爆者援護法10条）あるいは一般疾病医療費の支給（同18条）とは比べものにならないほど低いレベルである。

　そのようなものであれ，政府・厚生労働省が在外被爆者に対する医療支援を開始したことは重要である。

(7)　**李康寧裁判**——福岡高裁判決・最高裁判決

　前述した李康寧裁判（日本出国に伴い未支給とされた健康管理手当の支給等請求訴訟）の長崎地裁への提訴は1999（平成11）年であり，2001（平成13）年12月26日に長崎地裁判決【6】（判例タイムズ1113号134頁）が，2003（平成15）年2月7日に控訴審の福岡高裁判決【8】が出されている（判例タイムズ1119号118頁）。両判決ともに，原告・李に対し未払いの健康管理手当の支払を命じ

---

(9)　『中国新聞』2004年12月26日付は，韓国原爆被害者協会の会員約2,200人のうち，被爆者健康手帳を所持していない者は約550人であると報じている。

54

たが（したがって原告の勝訴である），支払義務は被告・被控訴人の長崎市でなく，被告・控訴人の国が負うとした。国は支払義務が自らにあるとの判断に不服で，この点ついて上告した。最高裁2006（平成18）年6月13日判決【22】（判例時報1935号50頁）は，福岡高裁判決を取り消し，支払義務は長崎市にあるとした[10]。

　この最高裁判決は，控訴審判決の次のような判断，すなわち「被上告人は，平成6年7月に健康管理手当の支給認定を受け，同年8月から同9年7月までを支給期間と定められて同期間中の健康管理手当を受給する権利を取得していたところ，原爆三法上（原爆二法と被爆者援護法を合わせて「原爆三法」と呼んでいる。筆者），いったん『被爆者』たる地位を取得した者が日本国内に居住も現在もしなくなった場合に『被爆者』たる地位を失うとの解釈には実質的，合理的理由がないといわざるを得ず，被上告人は，出国により日本国内に居住も現在もしなくなってからも，『被爆者』たる地位を失わず，上記受給権を失うことはないと解されるから，引き続き健康管理手当の受給権を有していた。」という判断を是認できるとし，最高裁も同じように理解していることを明らかにした。この判断は，傍論ながら，国外に居住する在外被爆者に原爆二法・被爆者援護法が適用されることを認めた最高裁としての初めての判示で重要である。

(8)　その他の在外被爆者裁判

　郭貴勲の提訴および大阪地裁における勝訴に触発されて，ほかにも在外被爆者裁判が争われているので，簡単に触れておきたい。

　広島被爆の在韓被爆者の李在錫（イ・ジェソック）は，2001年10月に大阪地裁に提訴し，日本出国に伴い未払いになっている特別手当の支払などを

---

(10)　最高裁では，健康管理手当を支払う主体は長崎市・国のいずれかが争われた。本件当時（1994年），同手当の支払事務は都道府県知事および広島・長崎市長の機関委任事務とされ，機関委任事務の執行に要する経費の支弁は当該地方自治体の事務と理解されていた（通説）。最高裁は，この通説的な見解に従って原審・福岡高裁の判断を取り消した。ところが，表面的にみると，李康寧裁判で原告の李は最高裁で敗訴したかのように見え，そのように報じた新聞もあったが，本文で述べているように，国外居住の被爆者に原爆二法・被爆者援護法の適用を求める在外被爆者裁判としての李康寧裁判は，福岡高裁で勝利しており，最高裁もこれを認めている。

第1編　在外被爆者裁判　総説

請求した。2003(平成15)年3月20日に出された同地裁判決【10】(判例地方自治258号89頁)は，ほぼ郭貴勲裁判の大阪地裁・同高裁判決と同じ法理で原告を勝訴させた(確定)。

　長崎の被爆者である廣瀬方人(原告)は健康管理手当を受給していたが，中国の大学で教職に就くため出国していたところ，これを理由に長崎市(被告)は1994(平成6)年10月分から翌年7月分までの合計33万余円を支給しなかったので，廣瀬はその支払いなどを請求して，2001(平成13)年9月に提訴した(廣瀬裁判)。被告ら(長崎市・国)は原告の健康管理手当受給権の時効消滅を主張したが，2003(平成15)年3月19日長崎地裁判決【9】は，被告らの主張は権利の濫用であり許されないとして退け，被告・国に対して未払いの33万余円の支払いを命じた。控訴審の2004(平成16)年2月27日福岡高裁判決【11】(裁判所ウェブサイト)は，未支給手当の支給義務は被告の長崎市が負うとし(国に支払義務はないとし，国に対して支払いを命じた一審判決を取り消した)，また，地方自治法236条2項により，5年間の経過によって消滅時効の効果が発生しているとし，そして，これを主張することは信義則に反しないとして，一審原告の請求を棄却した(確定)(11)。

　2002(平成14)3月，在ブラジル被爆者の森田隆(広島被爆)は，出国に伴い未払いになっている健康管理手当の支払いなどを請求して広島地裁に提訴した(被告は広島県)。その後，在ブラジル被爆者の提訴は続き，最終的に原告は10名となった。裁判係属中の2002年12月に，前述の郭裁判が大阪高裁判決【7】により確定し，政府・厚生労働省は未払手当の支給に応じることにしたため，被告の広島県は在ブラジル被爆者裁判の原告らが請求した健康

---

(11)　李は福岡高裁判決に不服で，最高裁に上告受理申立てを行った。最高裁は，福岡高裁の健康管理手当の消滅時効に関する部分については，不受理決定をしたので，同高裁の判断が確定した。また，国が健康管理手当の支給義務者かどうかについては，上告を受理したうえで，李康寧裁判の最高裁判決言渡日と同じ2006(平成18)年6月13日に判決【23】を出し，李に対する判決と同様に，「上告人(廣瀬)が求めている健康管理手当の支給は，長崎市長の支給認定によって具体的に発生し確定した支給請求権に基づくものとして認められるのであるから，この間上告人が日本国外に居住していたとしても，その支給義務者は長崎市であると解するのが相当であり，これを被上告人が上告人に対して支払う義務はないといわざるを得ない。」として，上告を棄却した。

管理手当を支給した。ところが，提訴の時点で5年が経過している者3名については消滅時効が成立しているとして支払いに応じなかったため，裁判は継続された。2004(平成16)年10月14日に出された広島地裁判決【13】は，消滅時効の成立を認め，原告らの請求を棄却した（民集61巻1号144頁）。これは，結論として，廣瀬裁判福岡高裁判決【11】を踏襲したものであった。

　その後，この在ブラジル被爆者裁判は，控訴審の広島高裁で原告側の逆転勝訴となり（2006(平成18)年2月8日判決【20】），最高裁でも在ブラジル被爆者が勝訴し（2007(平成19)年2月6日判決【26】），大きな影響を与えることになる（第1編第4章，第2編第3章）。

（田村和之）

第3章　国外からの手当等支給申請を認めさせる裁判

1　在外被爆者支援団体の要望

　郭貴勲裁判の大阪高裁での審理が終盤に入るころより，それまで各地で独自に在外被爆者支援の活動を行っていたグループは，相互に連携をとるようになった。2003年に入ると，これらのグループは，郭裁判終了後の在外被爆者支援運動のあり方について協議を開始した。すなわち，在韓被爆者問題市民会議，李康寧・廣瀬方人裁判を支援する会，在ブラジル被爆者裁判を支援する会（後に「在ブラジル・在アメリカ被爆者裁判を支援する会」に名称変更），韓国の原爆被害者を救援する市民の会および日本原水爆被害者団体協議会の5団体は，在外被爆者支援のあり方について同年2月23日付の文書で，次の4項目について「共通の認識」として確認している。

　「2003年2月10日付けの韓国，米国およびブラジルの原爆被爆者協会連名の厚生労働大臣宛『要望書』に述べられている次の4つの『要望事項』は，われわれも共有する。

①　被爆者健康手帳の交付申請が被爆者の居住国においてできるようにすること。

②　各種被爆者手当の支給申請が被爆者の居住国においてできるようにすること。

③　被爆者の居住国において医療の給付が受けられるようにすること。

④　在外被爆者への手当支給に時効を適用する方針を改めること。」

　以上の要望事項は，その後，次々に提起されることになる在外被爆者で，順次，争われることになる。

第 1 編　在外被爆者裁判　総説

2　新たな裁判の提起の検討

　第 2 章で述べたように，2002(平成 14)年 12 月の郭裁判大阪高裁判決を受け入れた厚生労働省は，被爆者援護法に関する解釈を変更し，国内で被爆者健康手帳を取得し，あるいは，国内で手当受給権を確立した者が居住地を国外に移しても，被爆者としての法的地位と手当受給権を失わないとした。しかし，同省は，在外被爆者が国外から被爆者健康手帳の交付や同法が規定する手当等の給付を申請することはできないとの解釈は改めなかった。そのため，それまでと同じように，在外被爆者は日本に渡航し，日本国内の居住地・現在地において，これらの交付・支給の申請手続を行わなければならなかった。

　申請手続に関するこのような制約は，被爆者援護法に明文で規定されているわけでないが，それまで厚生省・厚生労働省は，同法 2 条 1 項柱書（2008年法律 78 号による改正前）に「被爆者健康手帳の交付を受けようとする者は，その居住地（居住地を有しないときは，その現在地とする。）の都道府県知事に申請しなければならない。」と定められていること（原爆医療法 3 条 1 項も同じ），また，手当等について同法 24 条 1 項などに都道府県知事が支給権者である旨が定められ，この規定を受けて同法施行規則 29 条 1 項などに申請は居住地の都道府県知事に提出することによって行う旨が定められていることを，その根拠としている。つまり，申請者が都道府県の区域内に居住地・現在地を有することを当然の前提にしているということである。以上のような理解が成立するとすれば，国内に居住地を有しない者は，実体法的に被爆者の要件に該当しているとしても，あるいは，被爆者健康手帳を所持する被爆者援護法上の被爆者であったとしても，その権利を行使する機会を有しないことになる。そのような状態は，権利の否定と同然である。

　確かに，被爆者援護法および同法施行規則には，国外に居住地を有する者が同法に規定されている諸権利を行使しようとするときの手続を定めた明文規定は見当たらない。このことが実体法上の権利を有する者の権利行使を否定する理由となるというのが厚生労働省の理解であるが，そのような理解に

60

対しては異論を提出する余地がある。

　そこで，足立修一弁護士（広島弁護士会）と筆者が中心となって，この問題について検討することを呼びかけ，2003(平成15)年4月，広島弁護士会館において検討会が開かれた。この席には，弁護士数名，国内で在外被爆者支援活動を行っている人たちのほか，来日中のアメリカおよびブラジルの被爆者団体の代表も参加した。この会合で，新たな在外被爆者裁判の提起が提案され，次のようにして行政訴訟を提起することが確認された[1]。

　被爆者健康手帳を所持する国外居住の被爆者は，それだけでは被爆者援護法に基づく給付を受けられない。そこで，国外の居住地から郵送などにより，被爆者健康手帳の交付申請や手当等の支給を求める申請を行うが，これを受け取った都道府県知事・広島市長・長崎市長は，国外居住の者に被爆者援護法は適用されないから，手当等を申請することはできない（申請権が認められない）として，申請を却下する。この申請却下処分の取消訴訟を提起することが検討され，裁判の「しやすさ」を考慮し，手当等の申請却下処分の取消訴訟を提起することになった。

3　国外からの手当等支給申請却下処分取消訴訟

　2003(平成15)年12月，在米被爆者1名（健康管理手当支給申請の却下）と在米被爆者の遺族1名（葬祭料支給申請の却下）が広島地裁に各却下処分（その後さらに2名の在米被爆者が健康管理手当および保健手当の各却下処分）の取消訴訟を提起した（被告は広島市長）。

　在韓被爆者の崔李澈（チェ・ゲチョル）が2004年2月に長崎地裁に健康管理手当認定申請却下処分取消訴訟（被告は長崎市長）を提起した。また，崔は，同年5月18日，長崎市および国に対して，1980年7月の離日以降も受給できるはずであった健康管理手当（1980年7月分から2004年1月分に至るまで）

---

(1)　2003年4月の検討会の議論の内容については，田村和之「在アメリカ被爆者裁判で勝訴──広島地裁判決について」『ヒバクシャ』（「原爆被害者相談員の会」発行）22号，2005年，2頁を参照されたい。

第1編　在外被爆者裁判　総説

総額 847 万 9,240 円の支払いなどを請求する訴えを提起した[2]。さらに，その後，崔が死亡したため，その遺族が同年 9 月に同地裁に葬祭料支給申請却下処分取消訴訟を提起した。

同年 9 月，在韓被爆者 2 名の遺族が大阪地裁に葬祭料支給申請却下処分取消訴訟および損害賠償請求訴訟（被告は大阪府知事，大阪府）を提起した。

これらの裁判では，被爆者援護法 27 条・28 条・32 条が手当等の申請先とする「都道府県知事」は，居住地ないし現在地のそれを意味するかどうか，および，同法施行規則 52 条等が申請先を「居住地の都道府県知事」と限定し，あるいは被爆者一般疾病医療機関（被爆者援護法 19 条 1 項）の診断書の添付を求めていることは同法による委任の趣旨に適合しているかどうかであった。

これらの裁判で被告は，立法の経緯（被爆者援護法は，国外からの被爆者手当等の申請を認めていなかった原爆二法を一本化して制定されたものであること），立法者意思（被爆者援護法案の国会審議において政府委員が同法案は国外に居住する者には適用されない旨を答弁したこと），法全体の趣旨（被爆者健康手帳交付や健康管理手当支給の申請先が都道府県知事とされていることなど），支給の適正確保（手当等の支給要件の存否を調査しやすい都道府県知事を申請先としていること，提出される国外の医師・医療機関の診断書は「類型的な信用性があるとはいえ」ないこと，医師の意見を聞くことなどが困難であること，申請の審査に必要な対面審査が困難であること，都道府県知事が指定した被爆者一般疾病医療機関の診断書により「類型的に診断の適正と信用性を担保しようとするものである」こと）などを主張した。

以上は，広島地裁の裁判における被告の主張のあらましであるが，長崎地裁の事件でも被告側はほぼ同じ内容の主張をした。

---

(2)　この裁判は，国外の居住地から手当等の支給申請を認めさせる裁判ではない。なお，長崎地裁 2005 年 12 月 22 日判決は，地方自治体 236 条の消滅適用制度の適用を認めず，原告（相続人が継承）の請求の一部を認めた。

第3章　国外からの手当等支給申請を認めさせる裁判

4　崔李澈関係裁判長崎地裁判決

　以上に述べた裁判は3地裁で同時並行的に争われたが，最初に判決を出し
たのは長崎地裁であった【12】(2004(平成16)年9月28日，判例タイムズ1228号
153頁)。この判決は，被爆者援護法27条2項の都道府県知事（健康管理手当
の支給要件の認定権者）は居住地または現在地の都道府県知事に限定される
かどうかについて，おおむね次のように判断した（以下は要約である）。

　　「被爆者援護法は国家補償の性格をも併有する立法であり，被爆者を広く救済
　することを目的とする。この見地から検討すると，同法の『被爆者』たる地位
　を取得した後に日本国内に居住も現在もしなくなった被爆者について，当然に
　『被爆者』たる地位を喪失させるものではないと解され，在外被爆者も同法の総
　合的な援護対策の対象に当然含まれるのであるから，これらの者について同法
　27条1項の要件に該当するのに，健康管理手当を事実上受給することが不能で
　あるといった事態を招くことは法の趣旨に反する。したがって，同法27条2項
　の『都道府県知事』は，『その居住地の都道府県知事』に限定されるものではな
　いと解するのが相当である。
　　健康管理手当支給認定の審査の適正が確保されなければならないところ，国
　外からの申請の場合，要件該当性の判断に困難を伴うことがあるが，来日する
　ことが不可能ないし著しく困難な在外被爆者の申請を一切認めないことの理由
　としては合理的なものではない。また，国外の医療機関が作成した診断書の信
　用性が劣るわけではない。
　　被爆者援護法施行規則52条1項は，来日して，現在する都道府県の知事に対
　して申請手続をしなければならないとする趣旨であるとすれば，在外被爆者は
　事実上健康管理手当の支給を受けることができないことになり，同法の立法目
　的に反し，法の実施のための手続その他その執行についての必要な細目のみを
　規則に委任することとした法52条の趣旨に反する。したがって，同施行規則52
　条1項は，来日して申請手続を行うことが不可能ないし極めて困難な在外被爆
　者に対して，申請書の提出先を居住地の都道府県知事と指定している限度にお
　いて，同法52条による委任の範囲を超えた無効なものである。」

　こうして，長崎地裁は，長崎市長が原告の崔に対して行った健康管理手当
認定申請却下処分を取り消した。

　同地裁は，2005(平成17)年3月8日，崔の死亡により遺族が行った葬祭料

63

第 1 編　在外被爆者裁判　総説

支給申請に対する長崎市長の却下処分を取り消す判決を出している【15】（判例タイムズ 1214 号 169 頁）。両判決について，長崎市長は福岡高裁に控訴した。

5　広島地裁判決

在米被爆者 4 名が原告となって広島地裁で争われた同様の裁判も原告の勝訴であった【16】（広島地裁 2005 年 5 月 10 日判決，賃金と社会保障 1404 号　裁判所ウェブサイト。広島市長は広島高裁に控訴した）。

広島地裁判決は，被爆者健康手帳の交付を受け，日本国外に居住するいわゆる在外被爆者による健康管理手当等の認定（支給）申請は，すでに被爆者健康手帳の交付を受け被爆者と認定された者の存在を前提とする手続であるから，これに被爆者健康手帳の交付申請手続と同じ手続的要件を求めること自体不合理といえなくもないこと，また，被爆者援護法の目的が，社会保障の趣旨からだけでなく国家補償の趣旨からも原爆による健康被害に苦しむ被爆者を広く救済する点にあること等を総合勘案すると，同法 27 条所定の健康管理手当認定等の申請は，国外から直接行うことができると解するのが相当であり，同申請先を「居住地（居住地を有しないときは，現在地）の都道府県知事」と限定する同法施行規則 52 条等は同法の委任の範囲を逸脱し，違法無効であり，国外からの申請は，いずれの都道府県知事，広島市長又は長崎市長に対してもすることができるとした。

このように，広島地裁判決は，「来日することが不可能ないし著しく困難な在外被爆者の申請を一切認めないことの理由としては合理的なものではない。」とする長崎地裁判決のような限定限的な違法・無効論でないところに特色がある。

6　崔李澈裁判福岡高裁判決

福岡高裁は，2005（平成 17）年 9 月 26 日，長崎市長が控訴した崔李澈裁判について，控訴を棄却した【17】（判例タイムズ 1214 号 168 頁）。この判決の理由は比較的短いものであるが，一審の長崎地裁の判決は，「（被爆者援護法）

施行規則52条1項は，来日して申請手続を行うことが不可能ないし極めて
困難な在外被爆者に対しても，健康管理手当認定申請書等の提出先を居住地
の都道府県知事と指定している限度において，法52条による委任の範囲を
超えた無効なものと判断せざるを得ない」としていた部分について，次のよ
うに改めた。

　「（被爆者援護法）の目的等に照らせば，法は，在外被爆者に対しても援護を
　行うことを想定しているというべきであるにもかかわらず，施行規則52条1項
　は，健康管理手当認定申請書の提出先を『居住地の都道府県知事』に限定する
　ことによって，在外被爆者の国外からの申請を一律に不可能にしているのであっ
　て，その限度において，同条項は，法52条の委任の範囲を超えた無効なものと
　いわざるを得ない」

　こうして，この判決は，来日が不可能またはきわめて困難な在外被爆者に
対して被爆者援護法施行規則52条1項を適用する限りで，違法無効とした
一審の長崎地裁の判断を改めた。
　同年10月7日，厚生労働省はこの判決について，長崎市長に上告を促さ
ないとする，次の報道発表を行った。

　「今回の判決は，被爆者援護法について，その前文を根拠に国家補償的な性格
　を強調しているが，政府としては，この前文の『国の責任において』とは被爆
　者援護対策に関する事業の実施主体としての国の役割を明確にしたものと考え
　ており，判決とは見解を異にしている。」
　「しかし，今回の判決の結論は，法律が明文で『居住地の都道府県知事』と規
　定していないことから導かれているものであること，また，直接の訴訟当事者
　である長崎市からは，上訴しない方向で進めたく，国もその方向で考えてほし
　い旨の強い意向が寄せられていること，そして，次に述べるとおり，国外から
　の申請についても適正に審査できる新たな仕組みを設けることが可能になった
　こと，更には，在外被爆者の方々の高齢化に思いを致す必要があることなどを
　総合的に勘案し，長崎市に上訴を促すことは行わないこととした[3]。」

　このような厚労省の要請を受けて長崎市長は上告を断念し，福岡高裁判決
は確定した。また，このような状況に至り，在米被爆者裁判で敗訴した広島

──────────
(3)　この厚生労働省の「報道発表」の全文は，「在ブラジル・在アメリカ被爆者裁判支
　援ニュース」15号（2005年10月）に掲載されている。

第 1 編　在外被爆者裁判　総説

市長は，「直ちに国と協議する」と態度表明をし，控訴を取り下げた[4][5]。

7　被爆者援護法施行令・施行規則の改正

政府・厚生労働省は手当等（葬祭料を含み，介護手当を除く）の国外からの

---

(4)　2006 年 10 月 7 日の広島市社会局原爆被害対策部の報道発表は，「在ブラジル・在アメリカ被爆者裁判支援ニュース」15 号（2005 年 10 月）に掲載されている。

(5)　在韓被爆者 2 名の遺族が原告となり大阪地裁に提訴した葬祭料支給申請却下処分取消訴訟は，崔李澈裁判の福岡高裁判決の確定を受けて，2005 年 10 月 20 日に大阪府知事が職権で却下処分を取り消したので，原告は取消請求を取り下げた。しかし，同時に提訴されていた国家賠償請求訴訟（被告は国および大阪府）は継続された。大阪地裁は 2006(平成 18)年 2 月 21 日判決【21】で国賠請求は棄却したが，判決理由において，次のように，葬祭料支給申請却下処分は違法であるとの判断を示した。

「〔1〕本件各処分時（2004(平成 16)年 7 月，筆者）においては，日本国外に居住地を移した被爆者の取扱いに関する 402 号通達が見直され（施行令及び施行規則の改正（平成 15 年政令第 14 号，平成 15 年厚生労働省令第 16 号）），日本において手当の支給認定を受けた手当受給権者が出国した場合及び日本において手当の支給申請をした者が出国した後に手当の支給認定を受けた場合であっても，その者に対し手当を支給するという取扱いがされていたこと，〔2〕法は，非拠出制の社会保障法としての性格を持つとともに，国家補償的配慮を根底にして，被爆者の特異かつ深刻な健康被害等に着目し，国籍も資力も問わずこれを広く援護し，救済しようとするものと解されること（法前文，原爆医療法に関する最高裁判所昭和 53 年 3 月 30 日第一小法廷判決・民集 32 巻 2 号 435 頁参照），〔3〕法 32 条の趣旨は，日頃から死に対する特別な不安感を抱く被爆者への国家的な関心の表明として，被爆者が死亡した場合に，その葬祭を行う者に対し葬祭料を支給することにより，被爆者の精神的不安をやわらげることにあること（乙 1），〔4〕葬祭料の支給要件は，申請者が葬祭を行う者であることと被爆者が死亡したことであり，その死亡が原子爆弾の傷害作用の影響によるものでないことが明らかである場合に限って，その支給を認めないというものである（法 32 条）から，要件の判断のためには死亡診断書等の書類審査や医療機関への照会等で足りることが多く，被爆者健康手帳の交付申請などの場合とは異なり，被爆者が死亡の際に国内に居住又は現在したことが必ずしも必要でないこと，〔5〕国外の医師・医療機関が作成した死亡診断書等は必ずしも国内のそれと同様の信用性が担保されているとはいえず，少数言語で記載された診断書が提出された場合，都道府県知事において適切に翻訳し，その内容を審査することが困難な場合もあり得るが，これらについては個別事案ごとの対応が可能であり，法 32 条の被爆者から在外被爆者を一律に除外する十分な理由とはいえないことなどに照らせば，法 32 条の「都道府県知事」を被爆者の死亡した際の居住地の都道府県知事と限定して解釈することは相当でなく，このような限定解釈に基づく本件各処分は処分要件を満たさないというべきである。」

66

申請を認めることとし，2005年11月30日，被爆者援護法施行令および同法施行規則を改正し，同日，施行した（2005年政令356号，同年厚生労働省令168号）。

この政省令改正により，手当等の国外からの申請ができることになった。申請は，在外公館を経由して，在外被爆者が最後に日本国内に有した居住地の都道府県知事・広島市長・長崎市長に提出されなければならないものとされた。国外からの申請の場合，添付しなければならない医師の診断書は被爆者一般疾病医療機関の診断書でなければならないという制約はなくなった。

介護手当の国外からの申請を認めないとした理由について，厚生労働省は介護手当の財源の2割が都道府県・広島市・長崎市の負担となっていることをあげている[6]。

原爆症認定を受けている被爆者が受給できる医療特別手当は，このたびの政省令改正により，国外から申請ができることになったが，原爆症認定の申請は，それまでと同じように国内の医師の意見書を添付しなければならないとされ，国外からの原爆症認定申請の途は閉ざされたままであったので，在外被爆者による医療特別手当の支給申請は，事実上閉ざされたままであった（国外からの原爆症認定申請が認められるようになるのは，2010年3月の被爆者援護法施行令・同法施行規則の改正による。第1編第6章）。

なお，この政省令改正を機に，厚生労働省は代理人による申請を認めることとした。

（田村和之）

---

(6)　『朝日新聞』2005年11月1日付。

第4章　在ブラジル被爆者健康管理手当裁判

1　継続された在ブラジル被爆者健康管理手当請求裁判

　この裁判は，郭貴勲裁判と同じように，出国したことを理由に支給が打ち切られた健康管理手当の支払いを請求したものである。第一審の広島地裁で審理中に大阪高裁で郭裁判の勝訴が確定したため，請求した未払い手当は，裁判外で被告の広島県から支払われることになった。したがって，この裁判は原告の在ブラジル被爆者の勝訴であり，この時点での終結もあり得た（実際，10名の原告のうち7名は，訴えを取り下げた）。

　ところが，被告の広島県は，提訴の時点より5年以上前の手当受給権は時効により消滅したとして，支払いを拒否した。すなわち，地方自治法236条によれば，金銭の給付を目的とする地方自治体の権利および地方自治体に対する権利は，5年間これを行わないときは，時効により消滅する（1項），この時効による権利の消滅は，時効の援用を要せず，また，その利益を放棄することができないものとする（2項）とされているが，この時効制度が適用されるとしたのである。これに対して原告の在ブラジル被爆者（3名）は，本件に消滅時効の制度を適用することは妥当でないとして，訴訟を継続した[1]。

　2004（平成16）年10月14日の広島地裁判決【13】（判例地方自治267号144頁）は，消滅時効が完成したとして，原告らの請求を退けた。この判決によれば，民法166条1項により「権利ヲ行使スルコトヲ得ル時」（当時の規定）から時効期間が進行するのであり，本件では原告らが「一定の法解釈に基づいて債

---

(1)　訴訟を継続した理由について，代理人であった足立修一弁護士は，『法学セミナー』638号（2008年2月号）10頁で次のように述べている。「この段階で5年間遡る期間より前に健康管理手当が発生し，時効にかかった未払手当のある原告3人は，他の原告との格差が生じたことや，この時点で長崎地裁で時効の問題を争点とした訴訟では，一審で勝訴判決を得ていたこと（廣瀬裁判長崎地裁2003年3月19日判決）もあり，訴訟を継続していくことになった。」

第 1 編　在外被爆者裁判　総説

務の履行をしなかったにとどまるのであって，権利行使の障害は債務者の意
思のみであったということができる。したがって，債権者である原告らに
とってその権利の行使を妨げる事情があったということはできない」という。
この判示が，本件最高裁判決といかに異なるかは，後述（72〜73頁）を参照
されたい。

　在ブラジル被爆者の原告らが自らの「法解釈に基づいて」債務の履行（権
利行使）をしなかったなどという広島地裁の判断は，とうてい承服しがたい
ものであった。同様の時効の問題は，長崎地裁で争われた廣瀬方人裁判でも
争点になり，同地裁2003(平成15)年3月19日判決【9】は，「原爆三法は在外
被爆者にも適用されるものと解すべきであるが，被告国においては……402
号通知によって，在外被爆者には原爆三法が適用されないとの解釈を示し，
これに従って行政実務を運用してきたものであって……そのことが主たる原
因となって在外被爆者の権利行使が妨げられていたと言わざるを得ない。こ
のような事情に照らすと」被告国による消滅時効の主張は，「権利の濫用と
して許されない」との判断を示していた。この判断は，控訴審の福岡高裁
2004(平成16)年2月27日判決【11】（裁判所ウェブサイト）で覆されたが（第1
章第2節4），原告の在ブラジル被爆者としては，消滅時効についてあらため
て裁判所の判断を問うべく，控訴した。

2　勝訴つづく在外被爆者裁判

　在ブラジル被爆者健康管理手当裁判広島地裁判決は，消滅時効問題につい
て原告らの敗訴であったものの，2005年に入り在外被爆者裁判は原告側の
勝訴を重ねていた。すなわち，三菱重工広島・元徴用工被爆者裁判広島高裁
2005(平成17)年1月19日判決【14】（判例時報1903号23頁。第1編第5章，第2
編第2章）は，原爆二法・被爆者援護法の在外被爆者への不適用の違法性と
過失を認め，被告の国に損害賠償の支払いを命じた（原告らの逆転勝訴）。ま
た，第3節で述べたが，崔李澈の死去に伴う葬祭料支給申請却下処分取消訴
訟の長崎地裁における勝訴判決【15】が2005年3月8日に出された。さらに，
在米被爆者による手当等支給申請却下処分取消訴訟では，広島地裁同年5月

70

第4章　在ブラジル被爆者健康管理手当裁判

10日判決【16】が原告らを勝訴させている。そして，第3章で述べたように，同年9月26日には，福岡高裁が崔李澈関係2事件（健康管理手当確認申請却下処分取消訴訟，葬祭料支給申請却下処分取消訴訟）で控訴棄却判決【17】【18】を出し，原告（被控訴人）の勝訴が確定した。また，崔李澈（その相続人）が提起した未払い健康管理手当支払請求裁判（第3章参照）で，長崎地裁2005年12月20日判決【19】は，被告・長崎市が地方自治法236条の消滅時効制度の適用を主張することは信義則上許されないとして（前述の廣瀬裁判長崎地裁2003年3月19日判決と同趣旨），請求額の一部を認めた（ただし，後述のように，控訴審の福岡高裁2007（平成19）年1月22日判決【25】は，消滅時効の成立を認め，第一審判決を取り消し，請求を棄却した）。

　こうして，このころには，在外被爆者に対して被爆者援護法を適用しなければならないとする考え方は，いよいよ大きなものとなる。

3　広島高裁で逆転勝訴——在ブラジル被爆者健康管理手当裁判

　前述のように，第一審で，地方自治法236条の消滅時効により5年以上前の手当受給権は消滅したとされた在ブラジル被爆者健康管理手当請求裁判は，控訴審で原告の逆転勝訴となる。2006（平成18）年2月8日，広島高裁は，消滅時効の成立を認めず，原告・控訴人の在ブラジル被爆者の逆転勝訴判決【20】を出した（裁判所ウェブサイト）。この判決は，次のように判示した。

　　「（402号通達は）法律の解釈を誤ったものであって，国家補償的配慮から認められた被爆者の権利を，長期間にわたり否定してきたのであり，本件に地方自治法236条2項を適用することは，その奪われた権利を回復する道を閉ざすものであって，著しく正義に反するといわなければならない。」
　　「（原告・控訴人の在ブラジル被爆者が）権利を行使することができなかったのは，被控訴人が支給義務があるのに，402号通達に従って本件健康管理手当を支給しなかったためであり，被控訴人が控訴人らの権利行使を妨げたのと同視することができる。」
　　「被控訴人の時効主張は信義則に反し，権利の濫用に当たり，許されないというべきである。」

　被告・被控訴人の広島県は，政府・厚生労働省の要請に従い，同種の事案

第1編　在外被爆者裁判　総説

で高裁段階の判断が異なっている[2]ため上訴せざるを得ないとして，最高裁
に上告した。

4　最高裁判決

　2007(平成19)年2月6日，最高裁第三小法廷判決は広島県の上告を棄却し
た【27】。この判決で最高裁は，まず，長年にわたり在外被爆者の権利を奪い
苦しめてきた402号通達およびこれに基づく失権の取扱いには「何ら法令上
の根拠はなかった」と，つまり違法であったと指摘する。すでに同じ趣旨の
判断は下級審判決で何度も示され，同通達の問題の部分は削除されており，
また，最高裁第三小法廷は同じ趣旨の判断を2006年6月13日の判決ですで
に示していたが，それはいわゆる傍論（判決の理由の中に示されているが，判
決の結論に直接的に結びつけられるものでない法律問題に関する見解）として示
されたものであった。この意味で，先例としての性格を有する判断として，
本判決において402号通達の違法性が確認されたことは重要である。
　この認識を前提として本判決は，次のように，上告人の広島県が消滅時効
を主張して5年以前の未払い手当の支払義務を免れようとすることは，信義
則に反し許されないと判断する。

　　「上告人が消滅時効を主張して未支給の本件健康管理手当の支給義務を免れよ
　うとすることは，違法な通達を定めて受給権者の権利行使を困難にしていた国
　から事務の委任を受け，又は事務を受託し，自らも上記通達に従い違法な事務
　処理をしていた普通地方公共団体ないしその機関自身が，受給権者によるその
　権利の不行使を理由として支払義務を免れようとするに等しいものといわざる
　を得ない。そうすると，上告人の消滅時効の主張は，402号通達が発出されてい
　るにもかかわらず，当該被爆者については同通達に基づく失権の取扱いに対し
　訴訟を提起するなどして自己の権利を行使することが合理的に期待できる事情
　があったなどの特段の事情のない限り，信義則に反し許されないものと解する
　のが相当である。本件において上記特段の事情を認めることはできないから，

---

(2)　本判決とは異なり，廣瀬裁判福岡高裁2004(平成16)年2月27日判決は，第一審
　　の長崎地裁2003年3月19日判決を取り消し，消滅時効制度の適用を認めていたこと
　　を指している。

72

第4章　在ブラジル被爆者健康管理手当裁判

上告人は，消滅時効を主張して未支給の本件健康管理手当の支給義務を免れることはできないものと解される。」

本判決は，地方自治法236条2項の適用が信義則に反し許されないとされる場合は，「極めて限定されるものというべきである」とするが，本件がこの例外的な場合に当たると判断した。その理由について，次のように判示する。

　「地方公共団体は，法令に違反してその事務を処理してはならないものとされている（地方自治法2条16項）。この法令遵守義務は，地方公共団体の事務処理に当たっての最も基本的な原則ないし指針であり，普通地方公共団体の債務についても，その履行は，信義に従い，誠実に行う必要があることはいうまでもない。そうすると，本件のように，普通地方公共団体が，上記のような基本的な義務に反して，既に具体的な権利として発生している国民の重要な権利に関し，法令に違反してその行使を積極的に妨げるような一方的かつ統一的な取扱いをし，その行使を著しく困難にさせた結果，これを消滅時効にかからせたという極めて例外的な場合においては，上記のような便宜を与える基礎を欠くといわざるを得ず，また，当該普通地方公共団体による時効の主張を許さないこととしても，国民の平等的取扱いの理念に反するとは解されず，かつ，その事務処理に格別の支障を与えるとも考え難い。」

以上のように述べて最高裁は，402号通達の発出以降の在外被爆者行政が違法であり，在外被爆者の権利を侵害してきたことを最大級の強い言葉を用いて指弾した。

本判決により，在外被爆者の被爆者手当の受給権について消滅時効が適用されるとの主張は許されないことが確定した。この結果，各都道府県および広島市・長崎市は，30年近くさかのぼって，未払いとなっている被爆者手当を支給することになる。

5　最高裁判決をめぐる国会質疑

本判決は，402号通達とこれによる被爆者手当の失権の取扱い（という行政措置）が違法であることを明言した最初の最高裁による判断であった。これを受けて，国会でなされた質疑を紹介しておこう。

2007（平成19）年2月8日，衆議院予算委員会で阿部知子議員（社会民主

73

第1編　在外被爆者裁判　総説

党・市民連合）が在外被爆者に対して謝罪すべきではないかと質したところ，安倍晋三内閣総理大臣は「今回の最高裁の判断において，これまでの取り扱いが適切ではなかったと指摘されたことを重く受けとめ，在外被爆者の方々の気持ちを十分に踏まえて，手当の支給のための措置を速やかに行わさせていくことによって責任を果たしていきたいと考えております。」と答弁した(3)。安倍首相は謝罪の要請には答えず，手当支給の措置，つまり消滅時効により不払いとなっている手当の支給を行うとのみ述べている。

　同年2月15日，参議院厚生労働委員会で山本孝史参議院議員（民主党）は「402号通達は違法だと我々は言ってきたけれども，そうではないと言って最高裁まで争って，で，負けてという，やっぱり何でそうなってしまったのかということについて厚生労働省として総括する必要性はないんですか」と質したところ，柳沢伯夫厚生労働大臣は「これは厚生労働省といたしましては，諸手当の支給決定をするに当たって関係の法律に定められたところで自分たちとしては善かれと，これこそ適法だという考え方でそういう決定をしたということでございまして，今回それが法的に争われて敗訴したと，こういうことが今回の事案であったと，このように認識しています。」「行政庁としてはその準拠すべき法令に照らして，それはかくあるべしという，そういう判断をするわけでありまして，それが後日，国民から争われて裁判所が一定の判断を下すということは，通常の三権分立の手続としてこれはそういうこともあるという前提で事が進んでいる，行政は運営されているということだと私は認識しています。」と答弁した(4)。

　要するに，厚生労働省としては善かれとし適法であるとして行ってきたことが，後日，裁判所で一定の判断（違法という判断）を下されることがあるという前提で行政は運営されているというのである。言い換えれば，このたびは，たまたま最高裁で敗訴したけれども，行政運営にはそのようなこともあると開き直り，在外被爆者に対する厚労省の行政の在り方を見直すことはないとの認識を明らかにしたのである。

　こうして，本判決を受けて厚労省が改めたことは，未払いの被爆者手当に

---

(3)　『第154回国会衆議院予算委員会議録』2007年2月8日，6頁。
(4)　『第154回国会参議院厚生労働委員会会議録』2007年2月15日，25頁。

74

ついて消滅時効を適用しないことだけであり，これ以外の改革（在外被爆者に対する被爆者援護法の適用のあり方について変更など）は行わないとした。このような厚労省の「開き直り」はこの後も続く。

6　未払いの被爆者手当の支給

最高裁判決を受けて，厚生労働省は，未払いになっている被爆者手当を支払うことにした。

2007(平成19)年4月6日付の各都道府県・広島市・長崎県あて厚生労働省健康局総務課長通知「在外被爆者に対する未払手当支給に係る事務取扱い等について」（健総発0406001号）によれば，対象となる手当は，「医療特別手当，特別手当，原子爆弾小頭症手当，健康管理手当及び保健手当のうち，過去に支給認定を受け，出国により支給停止となり，時効を理由に支払われていない平成9年11月分以前の未払の手当」であり，旧・原爆二法による手当を含むとされる。つまり，平成9年（1997年）11月分以前の未払手当をすべて対象にするということである。

ところで，在外被爆者に対する手当支給がいつ頃から開始されたかは，必ずしも定かでない。治療を目的として来日した在韓被爆者が，1976(昭和51)年4月に広島市に対し健康管理手当の支給申請を行ったことが報道されている[5]。比較的多くの在韓被爆者が治療目的で来日するようになるのは，日韓政府間合意による渡日治療事業（前述）の開始以降であると思われるが，この渡日治療事業で来日した在韓被爆者が，日本滞在中に手当受給の手続をとったかどうかは定かでない。1986(昭和61)年9月のこの事業終了後，1984(昭和59)年8月，在韓被爆者渡日治療広島委員会（代表・河村虎太郎。以下では「渡日治療委員会」という）が結成され，民間レベルで韓国在住の被爆者を招き，広島市内の病院で治療する活動が開始された。渡日治療委員会の招へいした在韓被爆者の数は，2015年までに合計572人にのぼる[6]。その大半

---

(5)　『中国新聞』1976年4月7日付。市場淳子『ヒロシマを持ちかえった人々（新装増補版）』凱風社，2005年，57頁によれば，同年5月に支給決定された。

(6)　長崎で民間レベルの渡日治療事業が開始されるのは，1993年以降である（第3編

第1編　在外被爆者裁判　総説

が日本滞在中は被爆者手当を受給したと推測されるが，韓国に帰国すると同時に，手当支給は打ち切られた。こうして，未払手当が発生したのである。

　上述の厚労省健康局総務課長通知により，在外被爆者に対する未払手当の支給が開始された。支払事務は都道府県，広島市，長崎が担当した。支払われた手当を月数でいうと，広島県718月分，広島市1万7900月分である（筆者の問い合わせに対する回答）。

（田村和之）

―――――――――
　第2章)。

第5章 三菱重工広島・元徴用工被爆者裁判最高裁判決

1 広島高裁判決

　三菱重工広島・元徴用工被爆者裁判は，アジア・太平洋戦争中に徴用され，三菱重工広島工場で働かされていた朝鮮半島出身の46人の元徴用工が原告となり，1995年に日本国と三菱重工業を被告として広島地裁に提訴された。原告らは，日本国と三菱重工業に対し強制連行・強制労働について損害賠償を請求するとともに，原告らが広島原爆の被爆者であったにもかかわらず，原爆二法・被爆者援護法を在韓被爆者に適用せずに放置してきたことについて，日本国に対して慰謝料を支払うよう請求した。第一審の広島地裁1999（平成11）年3月25日判決【4】は，原告らの請求を全面的に退けた（第1編第1章）。

　原告の元徴用工は広島高裁に控訴した。同高裁における審理が佳境に入るころには，これまでに述べてきたように，在外被爆者裁判で，次から次へと原告・在外被爆者の勝訴判決が出されていた。そのうち重要なことは，郭貴勲裁判大阪高裁2002（平成14）年12月5日判決【7】が確定（敗訴した大阪府が上告を断念）し，402号通達が原爆二法・被爆者援護法に反するものであることを厚生労働省が認め，その関係部分を削除（以下では「402号通達の廃止」ということがある）したことである（第1編第2章参照）。

　このような状況のもとで，控訴審の広島高裁2005（平成17）年1月19日判決【14】（判例時報1903号23頁）は，強制連行・強制労働についての損害賠償請求を認めず，また，原爆二法・被爆者援護法の在外被爆者への不適用については，「（法律に基づく諸）申請について，病気その他やむを得ない理由で来日することができない場合にまで，例外なく来日を要するとの扱いをすることは違法と考えられるところではあるものの，控訴人らについては，そのような扱いによって具体的に何らかの不利益を受けたものとは認められない

77

第1編　在外被爆者裁判　総説

のであって，これを理由にして控訴人らの損害賠償請求を認めることはできない。」としたが，402号通達の発出とこれに従った取扱いによって，控訴人らに精神的損害が生じたことを認め，日本政府に対し一人あたり100万円（弁護士費用20万円を加えて120万円）の損害賠償の支払いを命じた。在外被爆者裁判で損害賠償請求を認めたのは，本判決が最初であった。

　この判決は，402号通達発出の意図，内容とこれに従った行政実務の違法性について，次のように述べる。

　　「（402号通達発出）の経過からは，402号通達は，在外被爆者からの被爆者健康手帳の交付や各種手当の支給に係る申請が増大することを予測した上で，そのことへの対策として，被爆者健康手帳の交付を受けても出国すれば失権し，各種手当も受けられないとの解釈を示し，これに従った行政実務の取扱いを徹底して，当事者である在外被爆者に対して，被爆者健康手帳の交付等を受けることの意義が極めて限定されたものにとどまることを認識させる意図のもとに発出されたものであると認めることができる。

　　しかしながら，402号通達が，被爆者健康手帳の交付を受け，各種手当の受給権者であっても，日本から出国すれば失権するとしたのは，原爆2法の解釈として誤りであり，その後に制定された被爆者援護法の解釈としても認められないものである。」

　　「被爆者法の定めからは，被爆者健康手帳の交付を受けて，被爆者たる地位を取得した者が，日本から出国することによりその地位を失うという402号通達のような解釈を導き出すことはできないのであって，同通達は，法律の解釈を誤り，その定めに反した違法な内容の通達であり，これに従った行政実務の取扱いもまた違法といわざるを得ない。

　　そして，402号通達の内容やそれが出された経緯等からすれば，そこには在外被爆者からの被爆者健康手帳の交付や各種手当の支給に係る申請の増加が予想されたことから，在外被爆者に対して，被爆者健康手帳の交付等を受けることの意義が限定されたものにとどまることを認識させる意図があったものと認められることは上記のとおりである。」

　そのうえで，402号通達の作成・発出に関わった担当者には過失が認められるとし，国家賠償法1条1項により損害を賠償すべき義務があるとする。

　　「被控訴人国は402号通達の作成，発出の際の具体的事情について明らかにしようとせず，本件の全証拠によっても，十分な調査検討が行われたものと認めることはできない。それにもかかわらず，上記のような意図のもとに，誤った

法律解釈に基づいて 402 号通達を作成，発出し，これに従った行政実務の取扱いを継続したことは，法律を忠実に解釈すべき職務上の基本的な義務に違反した行為というべきである。本件全証拠からは，その違法なことを認識し故意があったものとまでは認められないものの，402 号通達の作成，発出に関わった担当者には少なくとも過失があったものと認められる。

したがって，被控訴人国には，国家賠償法 1 条 1 項により，違法な 402 号通達の作成，発出と，これに従った行政実務の運用の結果，控訴人らに生じた損害について賠償すべき義務があるものと認められる。」

本判決は，控訴人ら生じた損害は，次のような精神的損害であるとする。

「控訴人らは，原爆の被爆という被害を受けて以来，被爆に対するいわれのない差別を受けながら，適切な医療も受けることができずに募っていく健康や生活への不安，そのような境遇に追いやられ，在韓被爆者であるが故に何らの救済も受けられずに放置され続けていることへの怒りや無念さといった様々な感情を抱いていたところ，孫振斗訴訟等を契機に在韓被爆者にも被爆者健康手帳が交付される途が開かれ，ようやく被爆者法による救済が期待できる兆しが感じられた途端に本件の 402 号通達が発出され，以後これに従った行政実務が継続して行われることによって，従前にも増して，一層の落胆と怒り，被差別感，不満感を抱くこととなった。さらに，年月の経過と共に高齢化していくことによる焦燥感も加わって，本件訴訟を提起して在韓被爆者援護の必要性，相当性を訴えるとともに，402 号通達及びこれに従った行政実務の取扱いの違法性，不当性を主張するという具体的な行動にまで出ざるを得なくなったものであり，控訴人らが，このような精神的損害というに足りる多くの複雑で深刻な感情を抱かされてきたことが……認められる。」

402 号通達とそれによる行政についての以上のような判断は，この判決までに出された 20 件近くの在外被爆者裁判（そのほとんどが在外被爆者の勝訴である）の集大成であるだけでなく，在外被爆者に対する行政の問題点をさらに深めて分析しており，その後の在外被爆者裁判に与えた影響は多大であったということができよう。

2　最高裁判決

広島高裁判決に対して，被告の国から上告受理申立てがあり，受理された。

第1編　在外被爆者裁判　総説

　なお，原告らは上告（違憲論）および上告受理の申立てをしたが，最高裁は前者について上告棄却判決をし，後者について不受理決定をした[1]。

　最高裁第一小法廷2007(平成19)年11月1日判決【30】(民集61巻8号2733頁)は，国の上告を棄却し，広島高裁が原告の元徴用工・被爆者に対し，一人当たり120万円の損害賠償の支払を命じた原判決を維持した。

　最高裁は，被爆者の居住地が日本国内であることは原爆二法・被爆者援護法の援護措置を受けるための要件でなく，日本国外に居住地を移した場合，被爆者は受給権を失う旨の規定がないにもかかわらず，いったん健康管理手当等の受給権を取得した「被爆者」が日本国外に居住地を移した場合に，受給権が失権するものとした402号通達の失権取扱いの定めは，原爆二法・被爆者援護法の解釈を誤る違法なものであったとする。この判示は，もはや新たな裁判所の判断ではなく，郭貴勲裁判大阪高裁2002(平成14)年12月5日判決【7】に従った時点で厚生労働省は受け入れたものであり，また，在ブラジル被爆者裁判最高裁第三小法廷2007(平成19)年2月6日判決【26】で指摘されたものでもある。

　ついで本判決は，402号通達の発出とこれに従った取扱いが原爆二法・被爆者援護法上違法であるだけでは国家賠償法1条1項にいう違法があったとはいえず，さらに厚生労働省の担当職員が「職務上通常尽くすべき注意義務を尽く」さなかったことが認められなければならないとし，次のように説示する。

　　「402号通達は，被爆者についていったん具体的な法律上の権利として発生した健康管理手当等の受給権について失権の取扱いをするという重大な結果を伴う定めを内容とするものである。このことからすれば，一般に，通達は，行政上の取扱いの統一性を確保するために上級行政機関が下級行政機関に対して発する法解釈の基準であって，国民に対して直接の法的拘束力を有するものではないにしても，原爆三法の統一的な解釈，運用について直接の権限と責任を有する上級行政機関たる上告人の担当者が上記のような重大な結果を伴う通達を発出し，これに従った取扱いを継続するに当たっては，その内容が原爆三法の規定の内容と整合する適法なものといえるか否かについて，相当程度に慎重な検討を行うべき職務上の注意義務が存したものというべきである。」

(1)　三木素子「最高裁判所判例解説」法曹時報62巻8号2216頁，2256頁の注26。

80

第 5 章　三菱重工広島・元徴用工被爆者裁判最高裁判決

このような職務上の注意義務の違反があったかどうかについて，本判決は，1974 年の 402 号通達の発出の前の段階ではこれを否定するが，発出の段階ではこれを承認する。その説示は次のとおりである。

「（1974 年 3 月の孫振斗裁判福岡地裁判決において，原爆医療法が）適用されるための要件として被爆者が日本国内に居住関係を有することが要求されているものと解することはできず……不法入国した在韓被爆者についても同法の適用があるとする司法判断が示された。これを受けて，上告人の担当者の側でも，同年 7 月ころには，在外被爆者については原爆二法の適用を一切認めず被爆者健康手帳の交付を行わないものとしてきたそれまでの取扱いを改め，治療目的で適法に日本国内に入国し 1 か月以上滞在している者については，日本国内に居住関係を有するものとして，原爆二法の適用を認め，被爆者健康手帳を交付し，健康管理手当等の支給要件に該当すれば支給認定をするという取扱いを採用するに至っていた。

402 号通達は，このような状況の下で……原爆特別措置法施行規則の改正に関連させる形で失権の取扱いを定めたものであるところ，上記規則改正の内容は，原爆特別措置法に定める健康管理手当等の受給権者が都道府県の区域を越えて居住地を移した場合に，手当の支給が都道府県知事を通じて行われる仕組みになっていること等を理由に受給権をいったん失権するものとしていた従前の取扱いを改めて，そのような事由によっては受給権は失権しないこととするものであった。

これらの事実関係からすれば，402 号通達発出の時点で，上告人の担当者は，それまで上告人が採ってきた原爆二法が在外被爆者にはおよそ適用されないなどとする解釈及び運用が，法の客観的な解釈として正当なものといえるか否かを改めて検討する必要に迫られることとなり，現にその検討を行った結果として，在外被爆者について原爆二法の適用を一切認めず被爆者健康手帳の交付を行わないものとしていたそれまでの取扱いや，健康管理手当等の受給権者が都道府県の区域を越えて居住地を移した場合に受給権がいったん失権するものとしていた従前の取扱いが，法律上の根拠を欠く違法な取扱いであることを認識するに至ったものと考えられるところである。」

以上の説示部分で最高裁は，厚生省の担当者が 402 号通達の発出の時点において，それまでの在外被爆者への原爆二法不適用などの取扱いが違法であることを認識するに至ったと述べている。そうだとすれば，当時の厚生省は，同通達が違法であることを知りながらこれを発出したという罪深いことを

第1編　在外被爆者裁判　総説

行ったことになる。最高裁は，つづけて次のようにいう。

　「402号通達発出当時，上告人の担当者は，そもそも在外被爆者に対してはこれらの法律が適用されないものとする従前の解釈を改め，一定の要件の下で在外被爆者が各種手当の受給権を取得することがあり得ることを認めるに至りながらも，なお，現実にこれらの手当の受給権が発生した後になって，『被爆者』が日本国外に居住地を移したという法律に明記されていない事由によって，その権利が失われることになるという法解釈の下に，402号通達を発出したこととなるのである。

　このような法解釈は，原爆二法が社会保障法としての性格も有することを考慮してもなお，年金や手当等の支給に関する他の制度に関する法の定めとの整合性等の観点からして，その正当性が疑問とされざるを得ないものであったというべきであり，このことは，前記のとおり，402号通達の発出の段階において，原爆二法の統一的な解釈，運用について直接の権限と責任を有する上級行政機関たる上告人の担当者が，それまで上告人が採ってきたこれらの法律の解釈及び運用が法の客観的な解釈として正当なものといえるか否かを改めて検討することとなった機会に，その職務上通常尽くすべき注意義務を尽くしていれば，当然に認識することが可能であったものというべきである。」

　以上のように述べて，最高裁は，厚生省・厚生労働省の担当者が，402号通達を発出したこと，および，同通達に従って失権取扱いを継続したことは，国家賠償法上違法であるとし，さらに，そのような担当者の行為は，「公務員の職務上の注意義務に違反するものとして，国家賠償法1条1項の適用上違法なものであり，当該担当者に過失があることも明らかであって，上告人には，上記行為によって原告らが被った損害を賠償すべき責任がある」と断言したのである。

3　違法性の判断についての従前の判決との違い

　これまでの在外被爆者裁判でも損害賠償請求がなされたものがある。しかし，本件広島高裁判決を除き，すべての判決において，請求は退けられている。その理由について，例えば，郭貴勲裁判大阪高裁の2002年12月5日判決は，次のようにいう。

第5章　三菱重工広島・元徴用工被爆者裁判最高裁判決

「通達は，全国的に解釈運用を統一する必要等に応じてなされているものであり，行政実務上，通達に反する行為を実施者に期待することは事実上不可能である。したがって，通達に基づく取扱いについては，当該通達が違法であったとしても，直ちに実施行為者に故意又は過失があると認めるのは相当でない。これが公務員の故意又は過失に基づく違法行為と評価されるためには，当該通達の内容が上位規範に明白に反するとか，行政実務上一般的に異なる取扱いがなされていたとかいう特別の事情を要すると解するのが相当である。……確かに，402号通達が同法の合理的な解釈として是認できない部分があることは否めないが，……原爆二法及び被爆者援護法の法的性格，立法者意思，法律全体の法構造などを総合的に検討すれば，その解釈にも一応の論拠がないわけではなく，402号通達が同法の規定に明白に反しているとまではいい難い側面がある。」「当時の厚生省（現厚生労働省）が在外被爆者について権利喪失の明文規定がないことを認識していたからといって，直ちに402号通達の立案について違法性の認識があったとすることはできない。」

この大阪高裁判決と最高裁の本判決とを比べてみると，違いの大きさに驚かされる。最高裁は，402号通達の発出の時点で，厚生省の担当者は在外被爆者への原爆二法不適用の取扱いが違法であることを「認識するに至った」「職務上の注意義務を尽くしていれば，当然に認識することが可能であった」と判断しているのに対し，大阪高裁判決では，厚生省の「解釈にも一応の論拠がないわけではなく，402号通達が同法の規定に明白に反しているとまではいい難い」とされていたのである。この違いが生じた原因は何かについて，筆者は真っ先に大阪高裁判決から最高裁判決に至る5年の間の在外被爆者裁判判決の集積を挙げたい。言い換えれば，この間に判決が積み重ねられ，402号通達発出の違法性についての認識が深化・定着したことにより，本判決が生み出されたのである。

4　精神的損害

最高裁は，在外被爆者に対し原爆二法・被爆者援護法を適用しなかったことにより，次のように損害が発生していると認め，1人当たり100万円の損害賠償を命じる。

第1編　在外被爆者裁判　総説

　「原告らは，被爆により，他の戦争被害とは異なる特異な健康被害を被り，被
爆者健康手帳の交付や健康管理手当の支給認定の申請をしていれば，その申請
は認められるべき状態にあったにもかかわらず，上告人の発出した違法な402
号通達が存在したため，経済面でも健康面でも負担の大きい来日をしてまで被
爆者健康手帳の交付や健康管理手当の支給認定を受けようとはしなかったもの
であり，これによって，402号通達の失権取扱いの定めが廃止されるまで長期間
にわたり原爆三法に基づく援護措置の対象外に置かれ，被爆による特異な健康
被害に苦しみつつ，健康面や経済面に不安を抱えながら生活を続けることを余
儀なくされ，様々な精神的苦痛を被ったというのである。これらの事情に加えて，
そもそも健康管理手当が『被爆者』の精神的安定を図ることをも目的として支
給されるものであることも考慮すると，上告人の担当者の原爆三法の解釈を誤っ
た違法な402号通達の作成，発出及びこれに従った失権取扱いの継続によって，
原告らが財産上の損害を被ったものとまですることはできないことを前提とし
て，原告らは法的保護に値する内心の静穏な感情を侵害され精神的損害を被っ
たものとして各原告につき100万円の慰謝料を認めた原審の判断は，是認でき
ないではない。」

　こうして，原告の在外被爆者への損害賠償の支払いが，在外被爆者裁判史
上初めて確定した。

5　被爆者健康手帳を所持しない者へも損害賠償を命じる

　本裁判の原告のなかには，被爆者健康手帳を所持しない者が10人含まれ
ていた。最高裁は，これら被爆者健康手帳不所持者と被爆者健康手帳所持者
（原爆二法・被爆者援護法上の被爆者）とをまったく区別せずに扱い，法律上
の非被爆者であっても，実質的に同法の被爆者の要件（現行の被爆者援護法1
条各号所定）に該当する者であれば，原爆二法・被爆者援護法の不適用によ
る損害賠償を支払うよう命じている。

　このことからも，最高裁が在外被爆者への原爆二法・被爆者援護法の適用
に関して被爆者健康手帳の所持・不所持を区別しない見解をとっていること
がわかる。言い換えれば，最高裁は，これらの法律は被爆者健康手帳を所持
しているかどうかにかかわらず在外被爆者に適用されなければならないと解
釈しているのである。日本政府・厚生労働省の被爆者援護法の在外被爆者へ

の適用のあり方は，抜本的に改められなければならない。

6　裁判上の和解による損害賠償の支払い

　本判決言渡しの翌日，舛添厚生労働大臣は衆議院厚生労働委員会で，「昨日の最高裁判決，これはやはり厳粛に受けとめないといけない。そして，きちんと誤りを謝罪し，原告に対してしかるべきお支払いをするということは確実にやっていきたい」と答弁した[2]。また，同大臣は，同月6日の記者会見で，「裁判していない人で，つまり，原告になっていない方で同じ立場の人はどういうふうな形で対応するか，これは財務省を含めて関係省庁と今協議中で，出来るだけ皆様をお救いする形で努力しているというのが今の状況です」（厚労省ウェブサイト）と述べた。さらに，翌月には，「この11月1日の最高裁を受けまして，同じような状況にある方々をどうして救うか，そういうことで，事実関係の認定，それから，今，迅速にお支払いを何とかできないか，財務省と折衝中でありまして，一日も早くこの折衝をゴールに導きたい」と答弁した[3]。

　この答弁は，本判決を受けて本裁判の原告弁護団およびその支援グループが，原告たちと同じような立場におかれてきた在外被爆者に対しても損害賠償を行うべきであり，また，それは裁判提起をまたずに行うべきであると要求していたことを意識したものである。その後，損害賠償の具体的な支払い方法について，国・厚労省の検討は遅々としたものであったが，2008（平成20）年6月4日，舛添厚労大臣は，「昨年の11月1日の最高裁判決を受けての対応なんですが，問題は，国家賠償にかかわるものですから，どうしても今の法制上，司法の判断をいただかないといけない。／ですから，個々個別のケースについて司法の方で判断していただければ，例えば直ちにそれを和解して迅速にお支払いする，賠償をお支払いするという形ができます。ですから，これを周知徹底して，ぜひそのアクションをとっていただきたい。そのことによって，私どもの方も，国としても迅速に対応したい，そういう方

---

(2)　『衆議院厚生労働委員会議録』4号（2007年11月2日）19頁。

(3)　『衆議院厚生労働委員会議録』12号（2007年12月12日）39頁。

第1編　在外被爆者裁判　総説

針でいきたいと思っております。」と答弁した[4]。要するに，各在外被爆者
による国家賠償請求訴訟の提起を受けて，裁判上の和解により損害賠償を支
払うということである。

　在外被爆者の間からは「また裁判をせよということか」という不満が出さ
れた。そこで，2008年8月11日，韓国原爆被害者協会と在ブラジル原爆被
爆者協会の代表は厚労省を訪ね，「国家賠償の支払いについて被爆者に訴訟
を提起せよというのは，在外被爆者に大変な負担を強いる，行政上の手続き
により支払うように」と強く要望したが[5]，厚労省の回答は「応じられな
い」であった[6]。本裁判の原告弁護団と支援グループは，この問題で争って
いては損害賠償の支払いが先送りになるため，厚労省の「方針」にそって国
家賠償請求訴訟を提起することにし，同年10月6日，在米・在ブラジル被
爆者163人が広島地裁に提訴したのを皮切りに，順次，在韓被爆者をはじめ
とする在外被爆者による国賠訴訟の提起が大阪及び長崎そして広島の各地裁
に対しなされる。

　被告の国は，上記の国家賠償請求訴訟の「答弁書」（広島地裁平成20年(ワ)
1865号在外被爆者補償請求事件，2008年12月1日付け）で，「請求の趣旨に対
する答弁及び請求原因に対する認否」でぱいずれも留保する。」とし，「本件
について，所用の証拠調べを経た上で，裁判所から当事者に対して和解を勧
告されたく，上申する。」とした。そして，被告としては，「平成19年の最
判の判示を尊重し，同最判の原告らと同じ状況にあることが適切な証拠によ
り確認できる原告らとの間では，国家賠償法6条の要件充足が確認された後，
和解による金員の支払に応じたい」とし，具体的には，「同じ状況にあるこ
と」の確認を要するとして，次の4点を挙げた。

① 被爆者健康手帳の交付や健康管理手当の支給認定の申請をしていれば，
　その申請は認められるべき状態にあったこと
② 402号通達が存在したため，来日してまで手帳取得や手当受給をしよ
　うとしなかっこと

----

(4)　『衆議院厚生労働委員会議録』19号（2008年6月4日）38頁。
(5)　『中国新聞』2008年8月12日付け。
(6)　『長崎新聞』2008年8月30日付け。

86

③ 402 号通達が廃止されるまで原爆二法・被爆者援護法による援護措置の対象外に置かれたこと

④ 被爆による健康被害に苦しみ，健康面・経済面に不安を抱えた生活を余儀なくされ，精神的苦痛を被ったこと

この裁判では口頭弁論は行われず，すべて裁判所と国・原告の代理人による進行協議で和解へ向けた手続きが進められた。最初に和解が成立したのは，大阪地裁の在韓被爆者 130 人についてであり，国が一人当たり 110 万円（慰謝料 100 万円，弁護士費用 10 万円）を支払うことになった（2009 年 12 月 18 日）。ついで長崎地裁で在韓被爆者 127 人（2010 年 1 月 19 日），広島地裁で在米・在ブラジル被爆者 126 人（同年 1 月 25 日）の和解が成立した。

これまでに成立した和解は，総数で 3,896 件（人）である（2016 年 9 月 30 日現在）[7]。

（田村和之）

---

(7) この数字は，厚生労働省健康局総務課原子爆弾被爆者援護対策室から提供されたものである。国（地域）別では，次のとおりである。韓国 3,359 件，アメリカ 370 件，ブラジル 126 件，カナダ 15 件，台湾 14 件，アルゼンチン 6 件，オーストラリア，中国，メキシコ，ペルー，スウェーデン，オランダ各 1 件。

第6章　被爆者健康手帳裁判と被爆者援護法の改正

1　在外被爆者に対し被爆者援護法の適用を求める認識の拡大

　話は前後するが，2005年になると，被爆者援護法は基本的には在外被爆者に適用されなければならないとする認識がかなり広がっていた。そのような認識を示す2つの動きを紹介しよう。

　1つは，2005年7月14日，日本弁護士連合会の『在外被爆者問題に関する意見書』の発表である。この意見書で日弁連は，国外の居住地からの被爆者健康手帳の交付申請，被爆者手当等の支給申請が認められるようにすること，在外被爆者の総合的な医療援助事業を被爆者援護法上の事業として位置付け，実施すべきであることなどを日本政府に対して要請している(1)。

　もう1つは2005(平成17)年7月29日，当時の3野党（民主党，日本共産党，社会民主党）が共同で被爆者援護法改正法案を162回国会に提出したことである。この法案提出の理由は，「原子爆弾被爆者に対する援護に関する法律の規定は在外被爆者等に適用があることを明らかにし，国外からの被爆者健康手帳の申請，原爆症の認定の申請，医療費及び一般疾病医療費の申請，各種手当の申請等並びに死亡した在外被爆者に係る葬祭料の申請を行うことができるようにするとともに，あわせて，在外被爆者に対する健康診断の実施，在外被爆者の保健，医療及び福祉に関する事業の実施等について定める必要がある。」である。

　具体的な内容を紹介しておこう。被爆者援護法に「第3章の2　在外被爆者に対する援護等」という章（39条の2〜39条の11）を加え，まず39条の2では「第1条各号に掲げる者であって日本国内に居住地及び現在地を有しないものに対する援護等の措置については，この章の定めるところによる。」

---

(1)　日本弁護士連合会は，2006年4月8日「シンポジウム在外被爆者問題を考える
　　──被爆60年と残された課題」を広島市において開催している。

第1編　在外被爆者裁判　総説

（1項）とする（なお，第2項で前章第2節（健康管理）および第5節（福祉事業）の規定を除くとする）。続いて，被爆者健康手帳の交付に関する2条の規定の読替え（39条の3），健康診断費の支給（39条の5。なお，39条の4第1項では厚労大臣の在外被爆者に対する健康診断を行う努力義務を定める），原爆症認定に関する11条の規定の読替え（39条の6），医療費・一般疾病医療費の支給に関する17条1項・18条1項の規定の読み替え（39条の7），各種手当等の関係規定の読替え（39条の8），各種申請に関する支援事業（39条の9），保険，医療及び福祉に関する事業（39条の10）および健康診断等を円滑に行うための環境の整備の努力義務（39条の11）を定める[(2)]。

　以上のように，この被爆者援護法改正法案は，被爆者援護法の一部の規定を除き，ほぼ全面的に在外被爆者に適用されるものであることを明記しようとするものである。しかし，この法案は，一度も審議されることなく廃案とされた（次の163回国会にも同様の法案が提出されたが廃案となった）。

　この法案提出について，『中国新聞』（2005年7月30日付）は，「援護法改正案をめぐっては，超党派の国会議員でつくる『在外被爆者に援護法適用を実現させる議員懇談会』（38人）が共同提案を模索していたが，与党側は『手当申請は現行法の枠内で対応可能。被爆者健康手帳の取得に絞った改正案を実現するのが現実的』（公明党の斉藤鉄夫議員）として見送った。」と報じた。この記事から，この頃には，国会内では議員懇のメンバーを中心に，被爆者援護法は，基本的には在外被爆者に適用されなければならないという認識ができていたと推定される。

　その後，国外居住者の「被爆者健康手帳の取得に絞った」被爆者援護法の改正が，2008年6月に全会派議員の賛成により実現し，同年12月より施行される（2008年法律78号）ことは，後述する。

---

(2)　この法案では，介護手当の支給（被爆者援護法31条）は在外被爆者に対しても行うことにしているが，医療の給付（同法10条）や健康診断（同法7条）のような現物給付による被爆者援護を在外被爆者に対して行うとはしていない。

2 被爆者健康手帳交付請求裁判の提起

以上のような，在外被爆者に対して被爆者援護法を適用すべきであるという認識は，在外被爆者支援グループも共有しており，次の課題は，国外居住の被爆者にその居住地から被爆者援護法の交付申請を行うことができるようにすることであった。

韓国居住の被爆者李相燁（イ・サンヨプ）が，代理人を通じて広島県知事に対して行った被爆者健康手帳交付申請について，同知事は申請者の居住地が韓国であることを理由に，申請却下処分を行ったので，2005（平成17）年6月，広島県を被告として，同処分の取消訴訟を広島地裁に提起した。李は三菱重工広島・元徴用工被爆者裁判の原告でもあり，被爆者健康手帳未取得であった他の原告たちは裁判係属中に来日して被爆者健康手帳の交付を受け，また，健康管理手当を受給していたのに対し，李は来日が困難な健康状態であったため，それまで被爆者健康手帳交付を申請できず，健康管理手当も受給できていなかったところ，同裁判の広島高裁2005年1月19日判決【14】が原告の逆転勝訴であったことを契機に，提訴して被爆者健康手帳を取得しようと考え，在韓被爆者支援グループの援助を得て，上記の提訴に及んだ。

李は，すでに長崎市長から「被爆確認証」（第1編第2章注4）の交付を受けていて，来日すれば比較的簡易迅速に被爆者健康手帳の交付を受けられる状況にあったため，本件提訴後，家族による援助を受けながら長崎市に来て被爆者健康手帳の交付申請を行い，2005年9月に同市長より被爆者健康手帳を取得した。この結果，広島地裁2006（平成18）年9月26日判決【24】は，訴えの利益が消滅したとして，請求を却下した[3]。本件控訴審の広島高裁2008（平成20）年9月2日判決【30】も同じ結論であった。

なお，本件と同じように，裁判係属中に原告が渡日して，改めて被爆者健康手帳の交付申請を行い，同手帳を取得した問題は，後述の大阪地裁で争われた事案でも争点となるが，同地裁は異なる判断を示す。

---

(3) この判決は，被爆者健康手帳の交付を申請する者は，日本国内に居住・現在する必要があるとした。

第1編　在外被爆者裁判　総説

3　被爆者健康手帳裁判と原告の死亡

　次に取り上げる2件の被爆者健康手帳裁判では，原告となるべき者の死亡後に提訴がなされ（原告は遺族），あるいは，提訴後に原告が死亡した（遺族が訴訟を継承）ため，原告の訴えの利益が本案前の争点になった。

　2006年7月に広島地裁に提訴された，ブラジル在住者による被爆者健康手帳交付申請却下処分取消訴訟では，2名の原告のうち1名は被爆者健康手帳の交付申請が却下された後に死亡していたため，原告は遺族であった。もう一人の原告は，提訴後に死亡し，遺族が訴えを承継した。そのため，この裁判では，本案前の論点として，訴えの利益が争点となったが，広島地裁2008(平成20)年7月31日判決【29】は，「被爆者健康手帳の交付を申請した者が，その許否の審査がなされる前に死亡したとしても……審査義務は消滅せず，都道府県知事はこの審査をし，その交付申請を許可する場合は，申請日に遡って被爆者健康手帳を交付したものとし，死亡した申請者を法にいう被爆者として扱い，その葬祭を行った者に対し，葬祭料を支給しなければならないと解するのが相当である。」とし，いずれの原告も，死亡した「被爆者」の葬祭を行った者葬祭料（被爆者援護法32条）を受給できるとして，訴えの利益を承認した。

　大阪地裁に提訴された被爆者健康手帳交付申請却下処分取消訴訟の原告7名は韓国在住者であり，うち3名は提訴後に死亡したため，相続人が訴訟を継承し，残りの4名は提訴後に改めて被爆者健康手帳の交付申請を行い，その交付を受けていた。

　前者（提訴後に原告死亡）の相続人による訴訟承継について，大阪地裁2009(平成21)年6月18日判決【32】は次のように判断して，これを承認した。被爆者健康手帳交付申請却下処分の「取消しによって直接回復される法律上の利益は，被爆者健康手帳の交付受給権であって，申請者は……『被爆者』たる地位を取得するにとどま」る。「『被爆者』たる地位それ自体は，被爆した本人のみに一身専属的に帰属するもの」である。死亡した3名は，被爆者健康手帳の交付申請とともに，健康管理手当の認定申請をしていたのであり，

92

交付申請却下処分が取り消されれば，健康管理手当の受給権（相続の対象となる）を主張できることになるから，「回復すべき法律上の利益を有」し，相続人の訴訟承継は認められる。

　後者の4名のうち3名は，被爆者健康手帳の交付申請をした際に（申請却下処分がなされ，これの取消訴訟が争われている），併せて健康管理手当の認定申請をしていた。大阪地裁は，この3名については，同手帳の交付申請に対する却下処分が取り消されれば，申請していた健康管理手当の支給を受けられるようになるとして，訴えの利益を有すると判断した。ただし，4名のうちの1名については，健康管理手当の認定申請を行っていなかったため，訴えの利益は失われたと判断した。

4　被爆者健康手帳裁判（本案）における当事者の主張

　在外被爆者による被爆者健康手帳裁判は，次のように続く。在ブラジル被爆者2名が広島県を被告として広島地裁に提訴（2008年7月31日判決　勝訴），2006年8月に在韓被爆者7名が大阪府を被告として大阪地裁に提訴（2009年6月18日判決　6人勝訴），2007（平成19）年2月には在韓被爆者1名（鄭）が長崎県を被告として長崎地裁に提訴（2008年11月10日判決，勝訴）。

　いずれの裁判でも被告（広島県，長崎県，大阪府。実質的には厚生労働省）は，国外の居住地からの被爆者健康手帳交付申請は，被爆者援護法上認められていないとし，その主な理由を次のように主張した（以下では長崎地裁における主張を要約）。

　　①　被爆者援護法2条1項は，被爆者健康手帳交付申請について，「その居住地（居住地を有しないときは，その現在地とする。）の都道府県知事に申請しなければならない。」と規定し，申請者が日本国内に居住・現在することを前提としており，国外からの申請を認めていない。
　　②　被爆者であるか否かは，被爆者援護法による援護の可否の判断の前提となる基本的要件であり，都道府県知事は，被爆者健康手帳の交付の決定を行うに際し，申請者の本人確認や，被爆時の具体的状況等の確認を行うなどの実質的な審査をすることが必要不可欠である。このような審査のためには，申請者本人からの事情聴取が重要である。国内居住者であれば，戸籍，住民基本台帳，

第1編　在外被爆者裁判　総説

外国人登録等により，本人確認の手段がある上，本人に直接確認することが容
易であるし，詳細な被爆状況等の聴取も可能である。他方で，国内に居住しな
い者の場合，本人確認の手段が十分でない上，本人に直接確認できない。被爆
者健康手帳の交付事務を適正に行うためには，申請者本人からの事情聴取によ
る本人確認や詳細な被爆状況等の聴取が重要であるから，申請時に申請者が国
内に居住または現在することを要件とする同法2条1項の規定は合理性がある。

被告のこのような主張に対し，原告の在外被爆者は，おおむね次のように
主張した（広島地裁における主張を要約）。

　①　都道府県知事の行う被爆者健康手帳の交付事務は法定受託事務（地方自
治法2条9項1号）であり，被爆者援護法は，国を被爆者援護事務の本来の責
任主体・実施主体とし，都道府県知事を健康管理や手当等の支給事務の担当者
としている。そうだとすれば，同法2条が，被爆者健康手帳の交付申請先及び
交付行政庁を都道府県知事としたのは，都道府県知事と厚生労働大臣との間に
おける事務分配を定めたものである。言い換えれば，この規定は，現に日本国
内に居住している被爆者に対する管轄を定めるという手続的，技術的観点から
申請先を規定しているのであり，原告らのような被爆者の実体要件を満たして
いる者の，被爆者としての権利を制限，あるいは，剥奪するものと解してはな
らない。
　②　被爆者健康手帳の交付申請者の本人確認や被爆時の具体的状況等の確認，
調査は，当該申請者が法1条各号所定の要件に該当するか否かの審査のために
必要である。国外からの申請の場合，在外公館で，あるいは，担当者を国外派
遣することによって審査をすることは十分可能である。情報通信技術の発達し
た今日においては，国際テレビ電話等の機器を駆使することで，審査を適正に
行うことができる。さらに，厚生労働省は，2002（平成14年6月）から被爆確
認証交付事業を実施し，健康上の理由等により来日できない者に対し被爆確認
証を交付しているのであり，国外居住者についても被爆者健康手帳の交付要件
を審査することができることを被告ら自らが実践して認めている。以上の点を
考慮すると，上記の実質的審査を要することを理由として，国外からの申請を
認めないことに合理的理由はない。

5　広島地裁判決

3件の被爆者健康手帳裁判は，いずれも地裁で原告が勝訴し，確定した。

第6章　被爆者健康手帳裁判と被爆者援護法の改正

以下では，広島地裁，長崎地裁，大阪地裁の順に判決の内容を紹介し，若干
のコメントを付け加える。

広島地裁2008(平成20)年7月31日判決【29】は，次のように判示する。

　　被爆者援護法2条1項の「文言は申請者が日本国内に居住又は現在すること
　を前提とするものとみるのが自然である。また，……被爆者健康手帳の交付申
　請についての審査は，申請者を法上の『被爆者』として認めて，各種手当等を
　受ける権利を付与するか否かを判断するための前提となる重要な審査であり，
　申請者本人との面談により，その本人確認や被爆時の具体的状況等の確認を行っ
　て上記審査の適正を図るため，上記申請について，申請者が日本国内に居住す
　るか，又は，現在すること（を）要件とすることは，一定の合理性がある。／
　以上の点にかんがみると，上記申請については，原則として，申請者が日本国
　内に居住するか，又は，現在することを要すると解するのが相当であり，これ
　に反する原告らの主張は採用しない。」

このように，広島地裁は，被爆者健康手帳の交付申請は，原則として国外
から行うことはできないとするが，例外が認められる場合があるとする。次
のとおり。

　　「法が上記申請について上記要件を一切の例外もなく求めていると解するのは
　あまりにも形式的な解釈であって，法の前文の趣旨に照らすと，法がそのよう
　な趣旨の規定を設けたとは解し難く，法が法1条各号の要件に当たるか否かの
　判断，すなわちどのような資料によるどの程度の証明があればこれに当たるか
　否かの実体的判断を都道府県知事に委ねていることからすれば，法は，上記の
　日本国内での居住又は現在という手続的な要件を要するか否かについても，都
　道府県知事に一定の裁量権を付与しているものと解するのが相当である。そして，
　被爆者の援護という法の趣旨及び法2条1項が上記手続的要件を求めた実質的
　理由にかんがみると，原告らのように外国に居住し日本国内に現在しないで被
　爆者健康手帳の交付を申請した者であっても，身体的又は経済的事情から来日
　することが困難であり，かつ，関係書類を徴求するなどして申請者の本人確認
　や被爆時の具体的状況の調査を行うことによってその者が法1条各号のいずれ
　かに該当することを判定できる等の特段の事由が認められる場合には，それに
　もかかわらず都道府県知事が上記手続的要件が充足されていないとの理由のみ
　により当該被申請を却下したときは，この却下処分は，上記裁量権の濫用行為
　として，違法な処分に当たると解するのが相当である。」

広島地裁は，「(被爆者健康手帳交付) 申請について，申請者が日本国内に

第1編　在外被爆者裁判　総説

居住するか，又は，現在すること（を）要件とすることは，一定の合理性がある」としつつ，被爆者援護法が交付申請について「上記要件を一切の例外もなく求めていると解するのはあまりにも形式的な解釈であって，法の前文の趣旨に照らすと，法がそのような趣旨の規定を設けたとは解し難」いとする。そして，国内居住・現在という手続的な要件を要するか否かについて都道府県知事に一定の裁量権が付与されているとする。

　このような裁量権論に説得力があるとは考えられないが[4]，広島地裁は，国外に居住する被爆者に対する被爆者健康手帳交付の必要性，換言すれば，救済の必要性を重視し，結論を出したと筆者はみている。なお，本判決は，被告の国に対して，原告2人合計で165万円の損害賠償の支払いを命じた。

6　長崎地裁判決

　長崎地裁2008(平成20)年11月10日判決【31】も，結論として，韓国在住の原告による被爆者健康手帳交付申請を認め，被爆者健康手帳の交付申請を適法と認め，長崎県知事による交付申請却下処分を取り消した。本判決は，被爆者援護法の複合的性格（社会保障法の性格と国家補償的配慮を併有すること）と「人道的目的の立法である」こと，および，同施行規則には国外居住者が諸手当の申請をできる旨を定める規定があることを考えると，被爆要件に該当する国外居住の者に対し「広く被爆者援護法の適用を認めて救済を図ることが，同法の国家補償の趣旨にも適合する」としつつ，同法の規定（当時）を前提とすれば，「被爆者健康手帳の交付申請については，原則として，申請者が国内に現在することが必要であると理解すべきである。」とする。このうえで，本判決は，申請者の国内居住・現在が必ずしも必要でない場合があるという。すなわち，被爆者健康手帳の交付は「被爆者としての地位を新たに設定するものでなく……被爆者としての地位を確認する趣旨で行われるもので，被爆者健康手帳の交付手続を適正に行うためのものであるから，在外被爆者であっても被爆者としての地位を確認することが妨げられるもので

———————
(4)　佐藤美由紀・広島地裁2008年7月31日判決の「判例研究」『自治研究』87巻10号，2011年10月。

はない。」申請者が「来日することが著しく困難な場合に，被爆事実の確認
や本人確認を前記担当者が国内において直接行うことができないとしても，
これに代替する方法は十分にありうるところである。そして，被爆者援護法
の前記趣旨及び目的に照らせば，このような例外的な場合にまで，申請者が
国内に現在することを厳格に要求しているとは到底考えられない。」「来日が
著しく困難で来日することで審査に資する事情がないと認められる在外被爆
者の場合，被爆者健康手帳交付申請を受けた都道府県知事は，被爆事実の確
認及び本人確認の上，被爆要件に該当すると判断することができた場合には
被爆者健康手帳を交付すべき義務を負担しているというべきである。した
がって，被爆要件について判断することなく，申請者が来日しないことのみ
を理由として当該都道府県知事が被爆者健康手帳の交付申請を却下する処分
をした場合にはその処分は違法であるというべきである」

7　大阪地裁判決

　大阪地裁 2009（平成 21）年 6 月 18 日判決【32】も，「（改正前の）旧被爆者援
護法の下では，被爆者健康手帳の交付申請については，原則として，申請者
が日本国内に少なくとも現在することを要求しているというべきであ」ると
いう。このうえで，この判決は「（同法が）『高齢化の進行している被爆者に
対する保健，医療及び福祉にわたる総合的な援護対策を講じ』ることを目的
としていることに照らせば，日本国内に居住していない者にあっては，来日
することが身体的事情等によりかなわない相当数の者の存在が当然に想定さ
れることから，被爆事実の確認や本人確認を他の代替手段により行うことが
できるにもかかわらず，こうした者を外国にある（日本国内に現在しない）
という一事によって援護の対象から排除する趣旨と解するのは合理的ではな
いというべきである。／そうすると，旧被爆者援護法 2 条 1 項の規定は，国
外に居住する者に関しては，来日に特段の困難が伴わない者や来日を求めた
上で被爆者本人から直接事実を聴取しなければ被爆事実の確認又は本人確認
ができない者に限って，日本国内に現在した上での申請を要求するとともに，
その場合の申請の管轄を定めた規定にすぎないとみるべきであって，日本国

内に居住地を有せず，現在もしない者について，申請それ自体を認めないとする実体的資格要件を定めたものではないと解するのが相当である。」「したがって，来日しないことについて合理的理由があるか否かを何ら検討することなく，申請者が来日しないことのみを理由として当該都道府県知事が被爆者健康手帳の交付申請を却下する処分をした場合にはその処分は違法の評価を免れない。」

　以上のように，大阪地裁も，被爆者援護法の目的からして，国外に居住するという「一事によって援護の対象から排除する趣旨と解するのは合理的ではない」とし，「来日しないことについて合理的理由があるか否かを何ら検討することなく」行った交付申請の却下処分は違法であるとした。

8　3判決の特徴

　以上の被爆者健康手帳裁判は，当時の被爆者援護法2条1項のもとで争われた。この規定は，議員立法による同条の改正前のものであり，「被爆者健康手帳の交付を受けようとする者は，その居住地（居住地を有しないときはその現在地とする。）の都道府県知事に申請をしなければならない。」と定め，被爆者健康手帳交付権限の管轄を定めていた。この規定を前提として3地裁ともに，被爆者健康手帳の交付申請者は原則として国内に居住・現在する必要があるとしながらも，「例外」を認め得るとし（広島地裁），あるいは例外的な場合においては国内居住・現在要件は厳格には要求されていない（長崎地裁）とし，さらには国内居住しないことのゆえに被爆者健康手帳の交付申請を認めず，被爆者援護法による援護の対象から排除するのは合理的でない（大阪地裁）と判示した。

　このような理解は，法律の明文規定（改正前の被爆者援護法2条1項）の枠を法解釈により「越えた」というべき側面があり，その理論づけには各裁判所の苦心のほどがうかがわれ，それゆえに問題点の指摘，批判[5]にも一理ある。この意味で，3判決は「大胆な」判断であったといえなくもないが，こ

---

(5)　前掲注(4)の佐藤美由紀のほか，山本敬生・長崎地裁2008年11月10日判決の「判例研究」『自治研』87巻4号，2011年4月。

れを可能にした事情を筆者なりに考えてみた。

第1は，在外被爆者に被爆者援護法を適用して救済を図ることは，判例の大きな潮流になっていたことである。とりわけ，前述の三菱重工広島・元徴用工被爆者裁判の最高裁 2007 年 11 月 1 日判決の原告勝訴（国家賠償を命じる）の与えた影響は大きかった。

第2に，被爆者健康手帳の取得は，被爆者援護法上の「被爆者」の法的地位を獲得し，同法の定める援護を受けるうえでの基本要件になるものであるところ，同法 1 条の定める「被爆者」に該当するにもかかわらず，国外居住の一事ゆえに被爆者健康手帳の交付申請が認められず，「被爆者」の地位を得られないことは，いかにも理不尽であることが明らかになっていたことである。

第3に，国外の居住地から健康管理手当支給申請を認めた，前述の崔李澈健康管理手当裁判の福岡高裁 2004 年 9 月 26 日判決【12】に厚生労働省が従ったことは，国外に居住・現在する被爆者に同法を適用することについて，「障壁」がなくなったと受け止められたということができよう。

第4に，判決時には，次の項目で述べる国外から被爆者健康手帳の交付申請を可能とする被爆者援護法 2 条の改正法案が成立し，施行日が目前に迫っていたのであり（広島地裁・長崎地裁），あるいはその施行後であった（大阪地裁）ことである。

9　被爆者援護法の改正

在外被爆者による被爆者健康手帳交付請求裁判が提訴され，審理が続く中で，国会内では，国外から被爆者健康手帳の交付申請を可能とするように被爆者援護法を改正しようとする動きが強まっていた。

2007 年 9 月，与党（自由民主党，公明党）は「与党原爆被爆者対策に関するプロジェクトチーム」（与党 PT）を発足させ，原爆症認定問題（前年以来，国・厚生労働省は原爆症認定裁判で 6 連敗），および，在外被爆者対策の在り方の検討を開始した。時を同じくして，野党の民主党の「被爆者問題懇談会」も動き始めた。同年 10 月 17 日，この 2 つの組織に加えて，従前から活動し

第1編　在外被爆者裁判　総説

ている超党派の国会議員のよる組織の「在外被爆者に援護法の適用を実現させる議員懇談会」（議員懇）の会合が開かれ，韓国，アメリカ，ブラジルの被爆者組織の代表および国内の在外被爆者支援組織の代表が参加し，意見を述べた。

同年12月，与党は，議員提案による被爆者援護法改正法案を168回国会に提出した（次の169回国会で継続審査）。その内容は，国内に居住・現在しない者の被爆者健康手帳交付申請を可能とするものであった。野党側もこの法案に依存はなかったので，議員懇の調整により，新たな法案を提出することで合意し，2008(平成20)年6月，与党案は撤回され，全党合意による新たな改正法案が衆議院厚生労働委員長により提出され，成立し，同月18日に公布された（法律78号）。

この被爆者援護法改正により，同法2条は次のような規定に改められた（現行法である）。

　「（被爆者健康手帳）
　第2条　被爆者健康手帳の交付を受けようとする者は，その居住地（居住地を有しないときは，その現在地とする。）の都道府県知事に申請しなければならない。
　2　被爆者健康手帳の交付を受けようとする者であって，国内に居住地及び現在地を有しないものは，前項の規定にかかわらず，政令で定めるところにより，その者が前条各号に規定する事由のいずれかに該当したとする当時に所在した場所を管轄する都道府県知事に申請することができる。
　3　都道府県知事は，前2項の規定による申請に基づいて審査し，申請者が前条各号のいずれかに該当すると認めるときは，その者に被爆者健康手帳を交付するものとする。
　4　前3項に定めるもののほか，被爆者健康手帳に関し必要な事項は，政令で定める。」

（下線が改正された部分）

第2項が追加されたことにより，「国内に居住地及び現在地を有しないもの」も被爆者健康手帳の交付申請を行い，受け取り，所持できるようなになった。

2008(平成20)年12月15日，被爆者援護法改正法が施行された（政令380

号）。これに伴い，政府・厚生労働省は被爆者援護法施行令および同法施行規則を改正した（政令381号，厚生労働省令170号）。その主なものは，同法施行令第1条の2の追加である。これによれば，改正被爆者援護法2条2項にいう「国内に居住地及び現在地を有しないもの」が被爆者健康手帳の交付を申請しようとするときは，その者の住所を管轄する領事官または最寄りの領事官を経由して，都道府県知事に申請することとされた（1項）。この場合の都道府県知事とは，申請者が被爆したとする場所を管轄していた都道府県知事（つまり，広島県知事・市長，長崎県知事・市長）である（改正法2条2項）。また，被爆者健康手帳の交付は，領事館を経由して行う（2項）。

　もともと同法は，国内の居住・現在を「被爆者」の要件としていないが，政府・厚生労働省は国内に居住・現在する者でなければ，同法は適用されないと解釈・運用し，事実上，国外に居住する者を「被爆者」とはしてこなかった。このような政府・厚労省の法解釈および運用は，この被爆者援護法改正により，まったくあり得ないものになった。

10　被爆者援護法改正法附則2条

　被爆者援護法がすべての被爆者にひとしく適用されなければならないことはいうまでもない。ところが，この時点でなおも，同法の定める援護の中核的な位置にある医療援護に関する規定（同法3章3節の10条〜23条の2）は在外被爆者に対して適用されていなかった。その理由として，政府・厚生労働省は，在外被爆者からの申請の内容・援護要件などの確認や，国家主権の及ばない外国に指定医療機関，被爆者一般疾病医療機関を置くことなどが困難であることが挙げられていた。そこで，このような問題を検討する必要があるとして，改正法には次の附則第2条が定められた。

　「（検討）
　第2条　政府は，この法律の施行後速やかに，在外被爆者（被爆者であって国内に居住地及び現在地を有しないものをいう。以下同じ。）に対して行う医療に要する費用の支給について，国内に居住する被爆者の状況及びその者の居住地における医療の実情等を踏まえて検討を行い，その結果に基づいて必要な措置

第1編　在外被爆者裁判　総説

を講ずるものとする。

　2　政府は，この法律の施行の状況等を踏まえ，在外被爆者に係るこの法律による改正後の原子爆弾被爆者に対する援護に関する法律第11条の認定の申請の在り方について検討を行い，その結果に基づいて必要な措置を講ずるものとする。」

　この第2項は，被爆者援護法11条1項の「負傷または疾病が原子爆弾の傷害作用に起因する旨の厚生労働大臣の認定の申請の在り方について」検討を求めている。その規定のしかたからみれば，本項は在外被爆者も原爆症認定の申請を行うことができるという理解を前提としたうえで，その在り方について政府に対し検討を求めたものである。すなわち，この改正により，被爆者援護法は被爆者の居住地・現在地が国内であるか国外であるかを区別せずにひとしく適用される法律となったのであり，在外被爆者も居住地において原爆症認定申請を行うことができるが，その手続などは自ずと国内被爆者とは異なるものとなるから，これについての検討を政府に求めたのである。

　次に，「在外被爆者に対して行う医療に要する費用の支給について」検討し，「必要な措置を講ずる」ことを求めている第1項であるが，「医療に要する費用の支給」は被爆者援護法17条1項の「医療費を支給する」および同法18条1項の「医療に要した費用の額を限度として……一般疾病医療費を支給する」という文言と同義であるとすれば，本項はそれらの医療費の支給について「必要な措置を講ずる」ことを求めていると理解できる。すなわち，本項は，在外被爆者に対し被爆者援護法17条の「医療費の支給」および同法18条の「一般疾病医療費の支給」を行うこと，およびそれらの手続について「必要な措置を講ずる」ことを求めているということである。だが，本項の理解については，後日，在外被爆者医療費裁判で争われることになる（第1編第7章）。

11　国外からの原爆症認定申請

　すでに述べたように，2005年11月30日の被爆者援護法施行令・施行規則の改正により，同法の定める諸手当の国外申請は可能になっていた。そして，このたびの同法改正により被爆者健康手帳の交付の国外申請もできるよ

うになった。そして，上述のように，このたびの改正法附則2条2項では，在外被爆者による国外からの原爆症認定申請の具体的な手続，方法の検討を行うことが政府の検討課題とされた。

このころ，原爆症認定を求める集団訴訟で原告（被爆者）の勝訴が続き，厚生労働省の疾病・障害認定審査会原子爆弾被爆者医療分科会は，2008年3月，それまでの原爆症認定基準を全面的に改定して「新しい審査の方針」と題する新基準を策定し，これにより原爆症認定申請の審査を行うようになった結果，原爆症認定数は激増していた[6]。原爆症認定を受けた被爆者に対しては，厚生労働大臣による医療の給付（被爆者援護法10条）または医療費の支給（17条）が行われるほか，医療特別手当（同法24条）または特別手当（25条）が支給される。しかし，厚労省は，国外からの原爆症の認定申請を認めていなかったため，在外被爆者はこれらの援護を受けることができなかった。このような，被爆者の居住地の国内外の違いによる援護の格差は許されないという観点から，国外からの原爆症認定申請にみちを開くことは緊急の課題であった。

2009年2月，衆議院議員会館で開催された「在外被爆者に援護法適用を実現させる議員懇談会」総会に厚労省健康局総務課長が同席し，在外被爆者対策の実施状況などについて説明したが，原爆症認定の国外申請については検討中との説明にとどまった。議員懇には，国内の在外被爆者支援グループだけでなく，韓国やブラジルの被爆者協会からも代表が同席し，その早期実現を迫った[7]。

2010（平成22)年3月，前述の改正法附則2条2項を踏まえ，被爆者援護法施行令および同法施行規則が改正された（政令29号。厚生労働省令47号。いずれも同年4月1日施行）。同法施行令8条の旧第2項が改正されて同条第4項とされ，同条に第2項および第3項が追加された。また，同法施行規則12条の旧第2項が改正されて第3項とされ，同条に第2項が追加された。これらの改正により，在外被爆者が国外から行う原爆症の認定申請などの手

---

(6)　田村和之「解消されぬ行政・司法の乖離——原爆症認定の新基準について」『広島ジャーナリスト』16号，2014年3月。
(7)　「在ブラジル・在アメリカ被爆者裁判支援ニュース」25号，2009年3月。

続規定が整備され，在外被爆者はその居住地において原爆症認定申請を行うことが可能となった。

被爆者援護法11条の厚生労働大臣による原爆症の認定を受けた被爆者は，同法10条の医療の給付または17条の医療費の支給を受けることができる。在外被爆者も同様であると考えれば，このたびの政省令改正により在外被爆者に対する医療の給付や医療費の支給に関する手続規定の整備が行われるべきであった。しかし，そのような改正はなされていなかった。この結果，在外被爆者は厚生労働大臣より原爆症としての認定を受けても，同法の医療の給付・医療費の支給を受けることができない状態におかれた。そうだとすると，このたび認められた在外被爆者による原爆症認定申請は，医療特別手当を受給するための手続としてでしかなかった。

なお，在外被爆者は，依然として同法18条の一般疾病医療費の支給を受けられない状態におかれたままであった。これらの問題の解決は，後述の在外被爆者医療費裁判にゆだねられた。

なお，このたび同法施行規則附則2条が改正され，国外から健康診断受診者証の交付申請を行うことが可能とされた。この改正は，本来，国外に居住する者が被爆者健康手帳の交付申請を行うことができるようにした2008年の被爆者援護法改正法（前述）の施行の際に行われるべきものであった。

12　被爆者健康手帳裁判の終結

被爆者健康手帳の交付を求める裁判が提訴されたのは，被爆者援護法の改正の前であった。ところが，裁判所における審理の途中で前述の議員立法による同法改正問題が浮上し，同法は改正されて被爆者健康手帳は国外の居住地から申請できるようになった。被爆者健康手帳交付請求裁判の目的は，国外の居住地から被爆者健康手帳の交付申請を行えるようにすることであったから，もはやこの裁判の目的は達成されたともいえた。しかし，裁判は個々の原告の救済を図るものであるから，そのまま続行した。

被爆者健康手帳の国外からの申請を可能にするために被爆者援護法の改正が必要であるとするは，改正前の被爆者援護法の規定に基づいて争っている

第 6 章　被爆者健康手帳裁判と被爆者援護法の改正

裁判に勝ち味はないことを意味しないかとの懸念がなくはなかった。しかし，被爆者健康手帳裁判を支援していた在外被爆者支援グループおよび同裁判の弁護団は，目的は在外被爆者による被爆者健康手帳の交付申請を認めさせることであり，裁判の勝訴・法改正のいずれであれ，目的が実現すればよいと，「現実的な」判断を行っていた。結果は，いずれもよいものであった。

　広島地裁の在ブラジル被爆者による裁判および長崎地裁の在韓被爆者による裁判は，被爆者援護法改正法案の成立後（施行日の前）に勝訴判決が出されたが，被告の広島県および長崎県はいずれも控訴した。大阪地裁で争われていた在韓被爆者による被爆者健康手帳裁判の判決は 2009（平成 21）年 6 月 18 日【32】に出され，原告 6 名が勝訴した。被告・大阪府の橋本知事は，「厚労省の最終的な了解，了承は得ていないが，知事自身の判断で控訴は断念した」。これに長崎県が続き，福岡高裁への控訴を取り下げた。最後に広島県も広島高裁への控訴を取り下げた。こうして，在外被爆者による被爆者健康手帳裁判はすべて原告の勝訴で終結した。

（田村和之）

第7章　医療費裁判

1　はじめに

　2008年12月15日より改正被爆者援護法が施行され，国外から被爆者健康手帳の交付申請ができるようになった。この時点で，被爆者援護法の定める援護で，国外に在住する在外被爆者が受けられないものは，医療援護（同法10条による医療の給付，17条の医療費の支給，18条の一般疾病医療費の支給），健康診断（7条）および介護手当の支給（31条）などであった。これらの未実施のものうち，もっとも重視されなければならないものは，いうまでもなく医療援護である。被爆者に対する援護を定めた最初の法律が原爆医療法である（被爆者に対し健康診断の実施と医療の給付を定める法律である）ことからもわかるように，医療援護こそは被爆者援護の中核をなすものである。

　被爆者援護法第3章第3節には医療援護に関する規定が定められ，前述のように，2010年3月の被爆者援護法施行令・同法施行規則の改正により，同法11条の原爆症認定申請は在外被爆者がその居住地から申請することができるようになったが，認定を受けても，医療の給付（10条）や医療費の支給（17条）は受けられないままであった。

　この時点では，在外被爆者に被爆者援護法の定める医療援護規定を適用しない理由について，厚生労働省は必ずしも明確に説明していないが，次の文章にその理由の一端がうかがわれる。

　　「在外被爆者の方々への医療費助成の御要望につきましては，それぞれの国によって医療保険制度や医療供給体制が異なっていることから，法律に基づかない予算事業により医療費の助成を行っているところであります。」[1]

---

(1)　厚生労働省ウェブサイト・パブリックコメント：結果公示案件詳細（2010年3月17日）「『原子爆弾被爆者に対する援護に関する法律施行令の一部を改正する政令案』に関する意見募集に対して寄せられた御意見等について」。

第1編　在外被爆者裁判　総説

　この説明から判断すれば，厚生労働省は，国によって医療保険制度や医療供給体制が異なるため，被爆者援護法の医療援護に関する諸規定の在外被爆者への適用は困難であると考えているようである。確かに国によって医療保険制度や医療供給体制は異なるが，そのために被爆者援護法の医療援護に関する諸規定を在外被爆者に適用することが困難になるのであろうか。

　医療の給付は厚生労働大臣が指定する医療機関（指定医療機関）に委託して行うことになっているが（10条3項），国外に指定医療機関が存在しないので，在外被爆者は事実上その居住地で医療の給付を受けることができない。

　医療費の支給（17条）はどうであろうか。被爆者援護法17条1項前段によれば，「厚生労働大臣は，被爆者が，緊急その他やむを得ない理由により，指定医療機関以外の者から第10条第2項各号に掲げる医療を受けた場合，必要があると認めるときは，同条第1項に掲げる医療の給付に代えて，医療費を支給することができる」。指定医療機関が存在しないことが「やむを得ない理由」に当たると考えれば，在外被爆者は医療の給付に代わる医療費の支給を受けられる。

　一般疾病医療費の支給は，被爆者が被爆者一般疾病医療機関から医療を受け，または「緊急やむを得ない理由により被爆者一般疾病医療機関以外のものから……医療を受けたとき」になされる（18条1項本文）。国外に被爆者一般疾病医療機関は存在しないが，在外被爆者がその居住地の医療機関で医療を受けたときは，同項本文後段の「緊急やむを得ない理由により被爆者一般疾病医療機関以外のものから……医療を受けたとき」に当たると考えれば，在外被爆者も一般疾病医療費の支給を受けられる。

　以上のような考え方をもとに，2010年6月，「在ブラジル・在アメリカ被爆者裁判を支援する会」は，「新たな在外被爆者裁判の提起について」という呼びかけ文を発表し，在外被爆者による医療費の支給および一般疾病医療費の支給を求める裁判の提起を提唱した[(2)]。この医療費裁判で在外被爆者が勝訴すれば，被爆者援護法の定める医療援護のうち，金銭給付による援護が

――――――――――
(2)　「在ブラジル・在アメリカ被爆者裁判支援ニュース」28号（2010年12月）。原爆被害者相談員の会『ヒバクシャ』27号（2010年）12頁。なお，この「よびかけ」の起案者は筆者である。

第7章　医療費裁判

実現し，同法の医療援護に関する規定の在外被爆者への適用は，格段に前進
することになる。

2　医療費裁判の提起

　提訴の準備の過程で，法外事業の医療費助成の上限を撤廃させる裁判を提
起してはどうかといった考えが提出されたこともあった。しかし，法律に基
づかない法外援護の場合，助成金を受けとる被爆者の側に，支給要綱の定め
る上限額を超える金額の支払いを請求する権利が成立するかどうかについて，
行政法学の通説的見解および判例の状況からみて，難題があると考えられる
ので，前述の被爆者援護法の定める医療費の支給・一般疾病医療費の支給を
求める裁判を提起することになった。

　在外被爆者支援グループは，在外被爆者裁判担当弁護団の理解・援助を得
ながら，韓国，アメリカおよびブラジルの被爆者団体に働きかけ，医療費裁
判の意義を説明し，原告となるべき被爆者の発掘・選定にあたった。

　2011年1月，3人の在韓被爆者が大阪府知事に一般疾病医療費の支給申請
を行った（3人のうち1人は申請時には故人であったので，相続人が申請者となっ
た）。同年3月，同知事は申請の取り扱い方について厚生労働省に紹介し，
その回答にしたがって，申請を却下した。その理由は次のようである。

　　「原子爆弾被爆者に対する援護に関する法律施行規則第26条は，一般疾病医
　療費の支給の申請について，居住地の都道府県知事を申請先と定めている。
　　また，原子爆弾被爆者に対する援護に関する法律においては，在外被爆者に
　対して医療の給付及び医療費の支給を認める明文の規定は設けられておらず，
　医療提供体制などの事情が異なる国々の在外被爆者に対して，国内に居住地を
　有する被爆者と同様に医療の給付及び医療費の支給に係る規定を適用すること
　は困難と考える。
　　したがって，国内に居住地を有しない在外被爆者からの一般疾病医療費の支
　給の申請については，却下します。」

　また，3人の在韓被爆者が長崎県知事に対して一般疾病医療費の支給申請
または医療費の支給申請を行った（被爆者援護法施行規則22条・26条）。同知

109

事もまた，これらの申請を却下した。その理由は，大阪府知事の示した理由と同趣旨である。

さらに，13人の在アメリカ被爆者が広島県知事に対して一般疾病医療費の支給申請を行った。この申請について，同知事は「広島県知事には国外に居住する被爆者から申請書を受理する権限がない」として，申請書と添付書類を申請者本人に返戻した（2010年12月～2011年3月）。

2011年6月，3人の在韓被爆者（1人については相続人）が，大阪地裁に一般疾病医療費支給申請却下処分取消訴訟と国家賠償請求訴訟を提起した（被告は大阪府と国）。また，2012年3月，長崎県知事から申請却下処分を受けた3人の在韓被爆者が，一般疾病医療費支給申請却下処分取消訴訟（3人ともに）及び医療費支給申請却下処分取消訴訟（2人）と国家賠償請求訴訟を長崎地裁に提起した（被告は長崎県と国）。さらに，同月，13人の在アメリカ被爆者が，申請書返戻を申請書不受理処分と構成して取消訴訟と国家賠償請求訴訟を広島地裁に提起した（被告は広島県と国）[3]。

3　大阪地裁における当事者の主張

原告らは，韓国在住の原告らが韓国において被爆者一般疾病医療機関以外の医療機関から医療を受けたことについて，被爆者援護法18条1項本文にいう「緊急その他やむを得ない理由」があるといえるから，この医療に要した経費について一般疾病医療費が支給されるべきであるとして，次のように

---

(3)　申請書を受け取らずに，その書類を申請者本人に返却することは，行政手続法7条違反であることは明らかである。また，在外被爆者からの被爆者援護法18条の一般疾病医療費支給申請の取扱いについては，本文で述べているように，すでに大阪府からの紹介を受けた厚生労働省健康局総務課長の「回答」が明らかになっており，それによれば「却下処分が相当である」とされていた。それにもかかわらず，広島県は強引に申請書類の返戻を行ったのである。このような申請書の返戻の場合，行政法学の説くところによれば，不作為の違法確認の訴えを提起するのが適切であるとされている。

　この申請書類の返戻の「後日談」を記しておこう。2012年5月の第1回口頭弁論で被告広島県は，「本件不受理処分の行政処分性」などについては「「認否を保留」した。そして翌月，原告全員に対して申請却下を通知した。これを受けて，原告らは却下処分の取消しを予備的請求として追加した。

110

主張した。

　被爆者援護法18条1項はもとより，同法3章3節の条項を検討してみても「被爆者の居住地や現在地が日本国内にあるか否か，日本の社会保険各法……に加入しているか否か，医療を受ける医療機関が日本国内か国外かによって，取扱いを異にする規定を何ら置いていない。かかる条文の文言に照らせば，在外被爆者が日本国外の医療機関で医療を受けた場合に一般疾病医療費の支給対象にならないとはおよそ考えられない。」

　「日本国外の医療機関は被爆者一般疾病医療機関として指定されていないことや，本件被爆者らの年齢及び健康状態に照らすと，韓国に居住する本件被爆者らが……韓国内の医療機関で医療を受けたことについて緊急その他やむを得ない理由があったというべきである。」

被告は次のように反論した。

　一般疾病医療費の支給制度は公費で運営され，支給に対する適正性の担保が求められる。被爆者援護法には適正性を担保する仕組みが規定されている。そうすると，一般疾病医療費の支給は，「支給に対する適正性が制度的に担保されている限りにおいて予定されているもの」であり，そのような制度的仕組みが存在しない場合には，一般疾病医療費が支給される余地はない。その制度的仕組みとは，一般疾病医療費が支給されるのは被爆者一般疾病医療機関から医療を受けた場合が原則である（緊急その他やむを得ない理由による場合は例外である）ことに加え，原則例外を問わず支給に対する適正性を担保する被爆者援護法の各規定──都道府県知事による被爆者一般疾病医療機関の指定の指定と取消し（19条1項・3項），厚生労働大臣の被爆者一般疾病医療機関に対する調査権限とこれを拒んだ場合の診療報酬支払の一時差止め（21条前段，16条），一般疾病医療費の支給にかかわる医療を行った者またはその使用者に対する同大臣の調査権限（21条後段，17条3項）およびこれに従わなかった場合等における過料の制裁（54条）──である。これらに照らすと，同法は「一般疾病医療費の支給制度については，基本的に，我が国の主権の及ぶ日本国内の医療機関による医療を想定しているといえる。」

　わが国の主権の及ばない海外の医療機関に対しては，被爆者一般疾病医療機関の指定制度を押し及ぼすことはできず，被爆者援護法に規定された各種措置により適正性の担保を図ることはできない。したがって，被爆者が海外の医療機関から医療を受けた場合に，一般疾病医療費が支給できない。

　もっとも，被爆者が海外旅行等の一時的な出国をしている間に，緊急やむを得ない理由により海外の医療機関から医療を受けた場合は，その被爆者がわが

第1編　在外被爆者裁判　総説

国の医療保険制度における被保険者等の立場にあれば，当該保険者等の審査を経た後に行われる一般疾病医療費の審査の過程で支給の適正性を担保できるから，一般疾病医療費支給の対象とすることは，被爆者援護法が許容している。

被告らの支給の適正性の担保という主張に対し，原告らは次のように反論した。

「（被告らの主張は，結局）一般疾病医療費の支給対象を，日本の健康保険制度の被保険者が受けた医療又は日本国内の医療機関における医療に限るというものであるが，かかる理由で限定するのであれば，被爆者援護法自体にその旨明記されているはずであるにもかかわらず，かかる明文の規定は存在しない。」同法の医療費の支給および一般疾病医療費の支給の適正性は，同法そのものによって担保されている。

厚生省保健医療局企画課長通知「国民健康保険法の改正に伴う海外における療養等に係る原子爆弾被爆者に対する援護に関する法律による医療費支給事務の取扱等について」（平成12年12月28日健医企発34号）は，「被爆者が海外旅行等の一時的な出国をしている間に，緊急その他やむを得ない理由により海外において療養等を受けた場合の費用が支給される旨を定め，具体的には，被爆者援護法17条の規定による認定疾病医療費については，都道府県知事が，医療保険制度における各保険者の行う審査と同様の手続をもって，医療に要した費用の額を証する書類及び当該医療の内容を記載した書類を審査すること，同法18条1項の規定による一般疾病医療費については，保険者等の審査を経た後において，都道府県知事が保険給付が認められた額と医療の内容を個別に確認することなどが定められている。」

このような手続によって，在外被爆者が日本国外の医療機関から医療を受けた場合については，認定疾病医療費であるか一般疾病医療費であるかを問わず，支給に対する適正性を担保できるといえる。「したがって，適正性の担保の観点から，被爆者援護法18条1項の適用を，日本の健康保険制度の被保険者が受けた医療又は日本国内の医療機関における医療に限定することはできない。」

4　大阪地裁判決

大阪地裁2013(平成25)年10月24日判決【35】は，原告らの請求を認め，在韓被爆者が韓国の医療機関から受けた医療に係る一般疾病医療費支給申請に対する大阪府知事による却下処分を取り消した。なお，国家賠償請求につい

第7章　医療費裁判

ては棄却した。

　ここでは，論点ごとに判旨を紹介しながら，若干のコメントを付け加えたい。

(1)　被爆者援護法の趣旨・性格

　この判決の最大の特徴は，被爆者援護法が「社会保障と国家補償の性格を併有する特殊な立法と解される」こと，および，同法のような給付行政に関する立法は「必ずしも日本国内においてのみ効力を有するもの（いわゆる属地主義）と解すべき必然性はなく，むしろ，給付を受ける側の人的側面に着目するものとして，いわゆる属人主義を採用することも十分に考えられる。」とし，「同法18条の規定を含む同法の第3章にはその支給対象から在外被爆者を除外する明文の規定はなく，実際にも同章で定められている……（手当などの支給の規定は）在外被爆者にも適用されるものとして解釈・運用されている」ことに鑑みれば，「同法の第3章『援護』の規定が在外被爆者にも適用があるか否かについては，当該規定を在外被爆者に適用することはおよそ予定されていないものと限定解釈するのが合理的であると認められる場合でない限りは，当該規定は在外被爆者にも適用されるものと解するのが相当である。」と判断したところにある。

　本判決が結論を出すうえでもっとも重要視したものは，上記の引用の前半部分で示された被爆者援護法の性格についての判断である。このことは，判決理由の「小括」の部分で次のように述べているところからも明らかである。

　　「被爆者援護法は，原子爆弾の投下の結果として生じた放射能に起因する健康被害が他の戦争被害とは異なる特殊な被害であることから，戦争遂行主体であった被告国が自らの責任においてその救済を図るという国家補償の性格をも有するものであって，同法18条に基づく一般疾病医療費の支給も，その一環としての被爆者に対する医療の援護の一つであることに鑑みれば……同条は，社会保険各法に加入していない在外被爆者が国外の医療機関で医療を受けた場合を一般疾病医療費の支給対象から除外するものではないと解するのが相当である。」

　原爆医療法の性格について，孫振斗裁判最高裁1978(昭和53)年3月30日判決【3】は，社会保障法としての性格をもつとともに「国家補償的配慮が制

113

第1編　在外被爆者裁判　総説

度の根底にある」「国家補償の趣旨を併せもつ」と判示しているが，大阪地
裁は最高裁の判断が現行の被爆者援護法にも当てはまるとし，その理由とし
て，同法は「原爆医療法を引き継ぐものとして制定されたこと」および同法
前文の第3段落の「国の責任において」以下の部分をあげている。

　本判決が，給付行政法としての被爆者援護法が給付対象から在外被爆者を
除外していないことを指摘したことも，当然であるとはいえ重要である。

(2)　支給の適正性の制度的な担保

　一般疾病医療費支給の適正性の制度的担保は，被告の主張の中心部分で
あったが，本判決は次のように述べて，これを退けた。

　　「被爆者援護法は，適正性の制度的な担保が働かない場合には，被爆者に対し
　一般疾病医療費を支払わない旨を明文の規定をもって定めてはいない。実際，
　平成12年通知は，日本国内に居住する被爆者が海外旅行等の一時的な出国をし
　ている間に，緊急その他やむを得ない理由により海外において療養等を受けた
　場合の費用については，一般疾病医療費の支給対象となる旨の解釈を明らかに
　しているが，国外の医療機関に対して被爆者援護法上の権限を行使して，報告
　を求めたり，診療録等の検査を行ったり，診療録等の提示を命じたり，質問を
　することは，対他国家不干渉義務との関係で許されないと解されるところであ
　るから，同法に定められた適正性の制度的な担保が働かない場合においても，
　一般疾病医療費は支払われているといえる。」

　この判示は，被爆者援護法に定められた適正性の制度的な担保が働かない
からといって，一般疾病医療費を支給しないことは許されないとしている。
こうして，被告らの主張の中核部分が退けられたのであるが，本判決が適正
性の確保は不要であるなどといっているわけでないことは言うまでもない。
本判決は，上記の引用部分に続けて，次のようにいう。

　　「国外の医療機関で受けた医療について支払われるべき一般疾病医療費の額は，
　被爆者援護法18条1項，2項，17条2項，14条1項により，我が国の健康保険
　の診療方針及び診療報酬の例により算定された額と，現に要した費用の額との
　より低い額によるものとされているのであって，その支給額が不相当に高額に
　なるということも見込まれない。」

　ここで述べられている「健康保険の診療方針及び診療報酬の例により算定

114

された額」とは，「健康保険の診療方針及び診療報酬」の仕組みを用いて算定された額という意味であり，算定する者は一般疾病医療費を支払う権限を有する厚生労働大臣（実際には都道府県知事に権限が委任されている）である。在外被爆者が国外の医療機関で受けた医療について支払われるべき一般疾病医療費の額を同大臣は，「健康保険の診療方針及び診療報酬」仕組みを用いて算定して支給すれば，一般疾病医療費の適正な支給は確保されていることになる。

(3)　緊急その他やむを得ない理由

本件の原告らは，被爆者一般疾病医療機関が置かれていない国外において医療を受けたのであるから，被爆者援護法18条1項の「緊急その他やむを得ない理由により被爆者一般疾病医療機関以外の者からこれらの医療を受けたとき」に該当していなければならない（この要件に当たるかどうかは必ずしも当事者間で争われていたわけではない）。この点について，本判決は次のように判示した。

　「国外の医療機関は被爆者一般疾病医療機関として指定されていないことに加えて，一般に迅速に治療を受けられない場合には負傷や疾病が悪化するおそれがあるため，居住国の医療機関で治療を受けずにあえて時間と費用をかけて我が国の被爆者一般疾病医療機関で医療を受けるのでなければ一般疾病医療費の対象とすべきではないと評価することが社会通念上相当な場合はごく限られていると考えられることに照らすと，在外被爆者がその居住国の医療機関で医療を受けた場合は，日本に渡航して被爆者一般疾病医療機関での医療を受けることが容易であり，かつ，当該居住国の医療機関での医療を受けずに日本で医療を受ける方が合理的であるなど特段の事情がない限り，被爆者援護法18条1項にいう『緊急その他やむを得ない理由により被爆者一般疾病医療機関以外の者からこれらの医療を受けたとき』に当たるものと解するのが相当である。」

(4)　在外被爆者保健医療助成事業の拡充

政府・厚生労働省は，大阪地裁での敗訴に衝撃を受けたようであり，大阪高裁に控訴する一方[4]，2013年12月，2004年10月より実施してきた在外

---

(4)　本件取消訴訟の被告である大阪府の松井一郎知事は，大阪地裁の判決の直後，「控

第1編　在外被爆者裁判　総説

被爆者保健医療助成事業（法外事業）の大幅な拡充策を明らかにした。その内容は次のようである[5]。

①　平成26年度以降，領収書等による簡便な手続きで支給を受けられる医療費の上限額を年間30万円に引き上げる（それまでは年間18万円）。

②　上限額を超える自己負担額が発生している場合は，医療の内容等に関する資料を基に，日本の診療報酬で算定した医療費額から，在住国の保険給付などの額を控除した額を支給する。ただし，原爆症認定疾病以外の場合，当該額が日本の診療報酬で算定した医療費額の20%に相当する額を超える場合は，当該20%に相当する額を支給する。

③　②については，この事業を開始した2004年にさかのぼって適用する。

要するに，在外被爆者が居住地で受けた医療の自己負担額が年額30万円までのときは，領収書等を提出すれば助成金が支払われ（上限額を18万円から30万へ引上げ），また，30万円を超えるときは，診療報酬証明書（の写し）など診療内容等に関する資料の提出を求め，日本の診療報酬で算定した医療費額から在外被爆者が受けた保険給付（民間医療保険によるものを含む）を控除した額を支給する（ただし20%という上限が設定されている）というもので

訴しない」「被爆者援護法は現代に合わない」「改善していくのは当然」などと述べたと伝えられた。他方，厚生労働省は，本判決を受け入れるのでなく，法外事業の在外被爆者に対する医療費助成を見直し，その上限額を引き上げるとともに，上限額を超える部分についても支給できるようにする方向で検討していると伝えられた（以上，各紙）。田村憲久厚生労働大臣は2013年11月1日の記者会見で「現行の制度をそのまま判決に則って適用していくと，在外被爆者にとって非常に不便になる。司法のとおりにすると厳格な対応をしなければならなくなり，大変不便をおかけする。中にはこれまでより支給額が下がることもある。」と述べている（厚労省ウェブサイト，要約）。

いわれている医療費助成事業は法律に基づかない援護であり，給付内容がいかによいように見えても，これを受ける被爆者に受給権が保障されるとは言いがたい（通説・判例による）。厚労省は法律に基づかない措置の手続的な簡便性を強調することにより，被爆者援護法という法律による給付よりも法外事業による給付がすぐれていると強弁する。法治行政の原理を無視した，驚くべき考え方であり，何がなんでも被爆者援護法第3章の規定を在外被爆者に適用したくないという厚労省の執念が感じられる。

(5)　全文は「在ブラジル・在アメリカ被爆者裁判支援ニュース」34号（2014年5月）に掲載されている。また，厚生労働省ウェブサイトに同趣旨の説明文が掲載されている。

ある（後者は新設である）。上記の③は，2014 年 2 月の 2013 年度補正予算の成立により 2013（平成 25）年度より，また，①および②は 2014（平成 26）年度より実施された[6]。

　大阪地裁で敗訴しても，政府・厚労省は，引き続き在外被爆者への被爆者援護法の医療援護関係の規定の適用を拒否し，法外事業の在外被爆者保健医療助成事業を拡充することにより在外被爆者の医療援護の要求に対応しようとしたということである。

5　大阪高裁判決

　2014（平成 26）年 6 月 20 日，本件控訴審の大阪高裁判決【40】は被告側の控訴を棄却し，再び在韓被爆者による被爆者援護法 18 条 1 項に基づく一般疾病医療費支給申請却下処分は違法であると判示した。大阪高裁は，次のように述べる。

　「被爆者援護法は，いわゆる社会保障法としての性格をもつものであるが，被
　告国が自らの責任により被爆者の救済を図るという国家補償的配慮を根底に有

---

(6)　この法外事業の拡充策の趣旨・目的について，厚生労働省健康局総務課原子爆弾被爆者援護対策室は，次のように説明している。
　「今般の見直しは，従来の簡易な方法による上限額の引き上げにより，より多くの方々のご負担をカバーするとともに，上限額を超えた場合でも，日本に居住する被爆者の方が海外で医療を受けた場合に，日本において支給される医療費の算定方法により，同じ水準の医療費の助成を行うというものです。
　なお『被爆者援護法』による医療費の支給の仕組みは，日本における診療報酬により医療費を算定し，保険給付分を控除の上，被爆者の自己負担分を国が支払うことになっていますが，日本に居住する被爆者が海外で医療を受けた場合にもこの仕組みを用いるため，診療報酬による算定により，必ずすべての医療費が支払われる訳ではありません。また，この申請のためには，月ごとや外来・入院ごとに診療内容明細書等を提出する必要があるなどの手続きの煩雑さが伴います。
　このため，今回の見直しでは，これまでと同様の手続きを維持した上で，支給可能な範囲をできるだけ拡大するとともに，上限額を超えた場合には，『被爆者援護法』による仕組みを踏まえ，日本に居住する被爆者が海外で医療を受けた場合の手続きと同様の方法を用いることにより，上限額を超える医療費の助成を行うことにしたものです。」　前掲注(5)の「ニュース」掲載の前記対策室のブラジル被爆者平和協会宛て「回答」（2014 年 2 月 24 日付）。

第1編　在外被爆者裁判　総説

し，被爆者の資力や国籍による限定をせずに援護の対象とするものである。

　手当等の支給に関する他の制度では，国内に居住地等を有することが支給要件とされている場合には，法律にその旨を明記しているのが通例であるが，被爆者援護法には，一般疾病医療費の支給について，国内に居住地又は現在地を有すること等を支給要件とする旨の明文の規定はない。

　被爆者援護法18条1項の一般疾病医療費の支給規定が，日本国内に居住地も現在地も有しない被爆者が国外の医療機関で受けた医療について適用されるのかを判断するに当たっては，被爆者援護法の趣旨，法律全体の構造，他の法律との整合性等を考慮した上で，法文上明記されていない要件を付加して限定解釈することが合理的なものといえるかを検討すべきである。」

（以上は大阪高裁配付の「判決要旨」より引用。以下の引用も同じ）

　この判決は，被爆者援護法は外国に居住する被爆者に適用しないとする明文規定を定めていないにもかかわらず，法解釈により「法文上明記されていない要件」を付加し，法の適用を国内被爆者に限定するのが適切かどうか，を検討する必要があるとし，次の3つの問題（国・厚生労働省側の主張）を検討し，「国外に居住する被爆者が国外の医療機関で医療を受けた場合を一般疾病医療費の支給対象から除外するものと限定解釈することが合理的なものということはできない。」とした。

　検討すべき問題の一つは，被爆者援護法18条1項は国内にのみ置かれている被爆者一般疾病医療機関で医療を受けることを原則としているが，例外的な場合である同医療機関以外の者から常に医療を受ける在外被爆者に，この規定を適用すると原則と例外が逆になるので，そのような法の適用はできない，との国・厚労省の主張である。大阪高裁は，次のように述べてこれを退ける。

　「同条は，被爆者が被爆者一般疾病医療機関において医療を受ける限り，その場において医療費を支払う必要がないものとするという被爆者の便宜を図るために設けられたものであるから，同条の適用対象者が限定されているか否かを検討するに当たり，被爆者が受けた医療が特定の医療機関におけるものか否かを特段重視する必要はないし，被爆者一般疾病医療機関以外で医療を受けた場合に一般疾病医療費が支給される『緊急その他やむを得ない理由があるとき』を狭く解する必要もない。国外の医療機関で医療を受けることを常態とする国外に居住する被爆者に一般疾病医療費を支給することが原則と例外を逆転する

第 7 章　医療費裁判

ことで被爆援護法の予定しているところではないとすることは合理的ではない。」

　次は，在外被爆者が国外医療機関から医療を受けた場合，被爆者援護法には医療の適正性を確保する仕組みが設けられていないから，在外被爆者が国外医療機関から医療を受けた場合に同法を適用することはできない，との国・厚労省の主張である。これについて大阪高裁は，次のように述べて退けた。

　「被爆者援護法が，被爆者の救済を図るために，被爆者の資力や国籍を限定せずに援護の対象とする法律であること等を考慮すると，国外に居住し，我が国の公的医療保険制度の被保険者ではない者が国外の医療機関で医療を受けた場合において，国内の医療機関で医療を受けた場合や我が国の公的医療保険制度の被保険者が国外で医療を受けた場合と比較すると支給の適正性を確保する手段が十全のものではないとしても，そのことを理由として，在外被爆者からの一般疾病医療費の支給申請については，適正な支給申請があった場合を含めて，一切の支給を行わないことを予定しているものとは解し難い。」

　三点目は，在外被爆者が医療を受けた場合，居住国から医療費の支給が行わることがあり得るので，医療費の重複受給になることがある。このような「過剰給付」を避けるため，被爆者援護法は調整規定を定めているが，この規定は在外被爆者に適用されることを想定していない，との国・厚労省の主張である。

　大阪高裁は次のようにこれも退ける。

　「被爆者援護法は，18 条 1 項ただし書で，一般疾病医療費の支給と社会保険各法等による給付との調整を図っているが，国外に居住する被爆者が，各居住国において公的な医療保障制度に加入し，その国において医療を受けた場合に当然想定される当該制度による給付に対しては，併給調整のための明文の規定を設けていない。しかし，被爆者援護法 18 条の解釈を通じて，在外被爆者に対する過剰給付を避けることが可能と解され，被爆者援護法が，在外被爆者の居住国における公的医療保障制度による給付額との個別の併給調整規定を設けなかったのは，同法が在外被爆者に対して一般疾病医療費を支給することを予定していないことによるものと解することはできない。」

　要するに，大阪高裁は，法の趣旨・目的，構造・仕組みからみれば，被爆者援護法は，被爆者の国籍や居住地の国内外を問わず適用されるものである

119

第1編　在外被爆者裁判　総説

という考え方を大前提としている。このような被爆者援護法のとらえ方は，
本件の第一審の大阪地裁判決でもとられていた。

6　広島地裁判決

　話しは前後するが，在韓被爆者3名が原告となって長崎地裁で争われていた一般疾病医療費支給申請却下処分取消訴訟および医療費申請却下処分取消訴訟の判決が，2014（平成26）年3月25日に長崎地裁で出され【39】，原告敗訴であった。また，在米被爆者13名が原告の一般疾病医療費支給申請却下処分取消訴訟の広島地裁判決が2015（平成27）年6月17日に出され【41】，これも原告敗訴であった。前述の大阪高裁判決を挟んで出された，これら2件の地裁判決はともに，被爆者援護法の定める医療援護に関する規定の在外被爆者への適用について，被告側（長崎地裁の事件の被告は長崎県，広島地裁の事件の被告は広島県であるが，実質的な被告は政府・厚生労働省である）の主張を受け入れたものである。

　両判決は，大阪地裁判決および大阪高裁判決と対立する判断を示した。長崎地裁判決の1年余り後に出された広島地裁判決は，長崎地裁の判決文に依拠し，判示内容はほとんど同じである。そこで，以下では，広島地裁判決の主な判示部分を紹介する。

　広島地裁は原告の主張をすべて退けたが，まずはその結論部分を紹介しよう。

　　「被爆者援護法18条1項は，国内の医療提供制度を前提として制度設計されたものであって，国外の医療提供者から受けた医療については適用を予定していないものであり，在外被爆者が国外の医療提供者から医療を受けた場合においても必要となる支給の適正性の確保手段や併給調整の規定が存在しないことも併せて考慮すると，在外被爆者が国外の医療機関から受けた医療については一般疾病医療費の支給の対象外とする制度というべきである。」

　この判示から分かるように，広島地裁は，在外被爆者が国外の医療機関から医療を受けた場合の医療費支給の適正性の確保手段や「併給調整」（後述）の規定が存在しないことを主な理由にして，被爆者援護法18条1項の国外

適用を否定している。

具体的にみてみよう。まず，一般疾病医療費支給の適正性の確保について，本判決は次のようにいう。

「被爆者援護法は……一般疾病医療費の支給については，都道府県知事等により指定される被爆者一般疾病医療機関から受ける場合を原則とし，被爆者一般疾病医療機関以外の者から医療を受けた場合は例外的とする仕組みを設けているということができる。そして，このような仕組みを設けた理由は，一定の強制力がある調査権限等を行使することによって，一般疾病医療費の支給の適正性を確保するためであるということができるから，被爆者援護法は，支給の適正性を確保する方法が担保されていることを前提に，一般疾病医療費の支給を認めていると考えることができる。」

「被爆者援護法 18 条 1 項が定める一般疾病医療費の支給については，まず，国内の医療体制を前提としていると考えられるのであって，在外被爆者が国外の医療提供者から医療を受けた場合については，支給の適正性を担保することができないから，支給の適正性の確保という観点からみれば，この場合の制度の適用は消極方向に考えられるべきものである。」

要するに，被爆者が国外の医療機関から医療を受けた場合，支給の適正性を担保する方法がない（適正性を確保することができない）ので，被爆者援護法 18 条 1 項を適用することは消極的に考えるべきである（認められない）とするのである（「適正性を担保する方法」については，後記の本件最高裁判決を参照されたい）。

ところで，厚生省・厚生労働省は，2000（平成 12）年 12 月 28 日健医企 34 号厚生省保健医療局企画課長通知により，国内に居住する被爆者が海外で医療を受けた場合に，一般疾病医療費を支給している。そこで，原告側は，在外被爆者が国外の医療機関から受けた医療についても同様に扱うことができると主張した。これについて，広島地裁は，被告側の主張を受け入れ，国内に居住する被爆者は健康保険法等の適用を受けているので，これらの法令により支給の適正性を確保できるが，在外被爆者にはこのような規定は存在しないとして，原告側の主張を退けた。

被爆者が国外の医療機関で医療を受けたとき，その医療について被爆者援護法が定める「支給の適正性を確保する方法」が適用されないことは，国内

第1編　在外被爆者裁判　総説

居住の被爆者の一時的な出国の場合であれ，在外被爆者の場合であれ，変わりない。しかしながら，広島地裁は，前者について，他法である健康保険法等の規定を適用することにより，「支給の適正性を確保」できるとするのに対し，後者について，そのような法的仕組みはないから，「支給の適正性を担保することができない」としたのである。

　一般疾病医療費の支給と社会保険各法等による給付との「併給調整」についての広島地裁の判示は，次のようである。

　　「被爆者援護法18条1項ただし書は，社会保険各法等の規定により医療に関する給付を受けたときは，当該医療に要した費用の額から上記給付額を控除した額の限度において一般疾病医療費を支給するものとする旨を定めており，公的な医療保障制度の給付を受けられない被爆者の自己負担金の部分につき一般疾病医療費を支給するという仕組みにより援護を実施するものである。」

　広島地裁は，このような「限度」が定められていることを「併給調整」と呼ぶ。すなわち，被爆者援護法18条1項による一般疾病医療費の支給は，「公的な医療保障制度の給付を受けられない被爆者の自己負担金の部分」について行うものである。しかし，同法には「在外被爆者が国外の医療機関から医療を受けた場合において当該医療に要した費用の額から，各居住国の公的な医療保障制度により受けた給付額を控除することを定めた規定はない」ので，「在外被爆者が各居住国における公的な医療保障制度により受けた給付の額は控除されない……。そうすると，同法18条1項に基づく支給を在外被爆者に対して行うことは，公的な医療保障制度の給付を受けられない被爆者の自己負担部分についてのみを支給するという一般疾病医療費の制度の構造には合致しないものになる。」これが，広島地裁の結論である。

　長崎地裁と広島地裁では，国・厚生労働省側の主張が認められ在外被爆者側が敗訴し，在外被爆者医療費裁判についての下級審の判断は真っ向から対立した。両地裁の敗訴原告は，それぞれ福岡高裁と広島高裁に控訴し，争いの場は高裁に移された。ところが，広島地裁判決から2か月も経たない2015年8月上旬，最高裁は，前述の大阪高裁判決の上告事件について，口頭弁論を開かずに判決を言い渡すと原告側代理人に対し通知した。在外被爆者医療費裁判は，急転直下，終結を迎えることになった。

122

第 7 章　医療費裁判

7　最高裁 2015 年 9 月 8 日判決【42】

　本件の上告理由は，広島地裁および長崎地裁が判示した理由とほとんど同じである。最高裁判決（本判決）はそれらを一蹴し，上告を棄却した。その判示は，きわめて簡明である。

　本判決は，被爆者援護法の趣旨・目的について，「被爆者援護法は，原子爆弾の放射能に起因する健康被害の特異性及び重大性に鑑み，被爆者の置かれている特別の健康状態に着目してこれを救済するという目的から被爆者の援護について定めたものであ」ると述べ，続けて「同法前文，最高裁昭和50 年（行ツ）第 98 号同 53 年 3 月 30 日第一小法廷判決・民集 32 巻 2 号 435頁参照」をカッコ書きする。昭和 53(1978) 年 3 月 30 日最高裁判決（孫振斗裁判）は，原爆医療法が社会保障法の性格を有するとともに国家補償の趣旨を併せもつとしたものであり，最高裁はこの趣旨が現行法である被爆者援護法についても認められることを明らかにしたと解される[7]。

　本判決は，続けて次のように判示する（下線および @〜@ は筆者）。

　「(1)@　（被爆者援護法は）日本国内に居住地又は現在地を有する者であるか否かによって区別することなく同法による援護の対象としている。そのため，ⓑ日本国内に居住地及び現在地を有していない者であっても，同法 1 条各号に規定する事由のいずれかに該当し被爆者健康手帳の交付を受けることによって被爆者に該当するものとなるところ，一般疾病医療費の支給について定める同法18 条 1 項は，その支給対象者として被爆者と規定するにとどまり，ⓒ被爆者が日本国内に居住地若しくは現在地を有すること又は日本国内で医療を受けたことをその支給の要件として定めていない。また，同項は，同法 19 条 1 項の規定により都道府県知事が指定する医療機関（以下「一般疾病医療機関」という。）以外の者から被爆者が医療を受けた場合の一般疾病医療費の支給を定めるところ，ⓓ同法 18 条 1 項にいう一般疾病医療機関以外の者につき，日本国内で医療を行う者に限定する旨の規定はない。そして，在外被爆者が医療を受けるため日本に渡航することには相応の困難を伴うのが通常であると考えられるところ，ⓔ在外被爆者が日本国外で医療を受けた場合に一般疾病医療費の支給を一切受けられないとすれば，被爆者の置かれている特別の健康状態に着目してこれを

---

(7)　同旨，清水知恵子「本判決解説」ジュリスト 1491 号 96 頁。

123

第1編　在外被爆者裁判　総説

救済するために被爆者の援護について定めた同法の趣旨に反することとなるものといわざるを得ない。」

　最高裁は，まず@で被爆者援護法は被爆者の居住地・現在地の国内・国外を区別せずに援護の対象としていることを指摘する。これまでの在外被爆者裁判において在外被爆者を勝訴させた諸判決も，このような認識に立っていた。ⓑは，在外被爆者裁判の勝訴の積重ねと在外被爆者支援運動の高揚を背景として行われた被爆者援護法2条の改正（2008年法律78号）により，手続的に明確にされたものである。@およびⓑのような認識に立った最高裁は，実定法の規定を重視してⓒおよびⓓの指摘をし，被爆者援護法の趣旨・目的からみて，ⓔを結論とした。

　このうえで，国・厚生労働省による上告理由を，以下のように退ける。

　「所論は，被爆者援護法は医療の安全を確保するための医療法等による各種の規制を前提として一般疾病医療費の支給を定めており，また，その支給の適正を確保するため，一般疾病医療機関以外の者を厚生労働大臣による医療に関する報告や診療録の提示の命令等の対象としている（被爆者援護法21条，17条3項）ところ，これらの各規制は日本国外で医療を行う者に及ばず，同法18条1項にいう一般疾病医療機関以外の者も日本国内で医療を行う者に限定されると解すべきである旨をいう。しかし，上記(1)のような同項の定めや同法の趣旨に照らせば，上記の各規制が日本国外で医療を行う者に及ばないからといって，在外被爆者が日本国外で医療を受けた場合に同項の規定の適用を除外する旨の規定がないにもかかわらず上記の解釈を採ることは，同法の趣旨に反するものであって相当でないものというべきであり，所論は採用することができない。

　なお，被爆者援護法18条1項は，一般疾病医療費が支給される場合について，被爆者が一般疾病医療機関から医療を受けた場合を原則とし，一般疾病医療機関以外の者から医療を受けた場合については，緊急その他やむを得ない理由により一般疾病医療機関以外の者から医療を受けたことをその支給の要件として定めているところ，被爆者の居住地又は現在地の付近に一般疾病医療機関がないため近隣に所在する一般疾病医療機関以外の者から医療を受けることとなった場合には，上記の要件が満たされるものと解され，在外被爆者が日本国外で医療を受けた場合にも，これと同様に解することができるというべきである。」

　この判示の前半部分では，上告人のいう「医療の安全性の確保」[8]「医療費

────────────

(8)　「医療の安全性の担保（確保）」は，「上告受理申立て理由」で追加された主張であ

124

第 7 章　医療費裁判

支給の適正性の確保」あるいは「併給調整」についての法的仕組み・規制が，国外で医療を行う者に及ばないからといって，被爆者援護法の医療援護関係規定を適用しないことは同法の趣旨に反するとする。また，後半部分では，同法 18 条 1 項本文後段の規定は在外被爆者に適用される旨を説いている。

そして，最高裁は，次のように結論づける。

　「以上によれば，被爆者援護法 18 条 1 項の規定は，在外被爆者が日本国外で医療を受けた場合にも適用されるものと解するのが相当である。したがって，在外被爆者が日本国外で医療を受けた場合につき，同項所定の要件に該当するか否かについて判断することなく同項の規定を適用する余地がないことを理由としてされた本件各却下処分は，違法である。」

こうして，被爆者援護法の医療援護関係の規定を在外被爆者に適用することが確定した[9]。

本件で敗訴した大阪府は，ただちに一般疾病医療費支給申請却下処分を取り消した。また，長崎県および広島県も，裁判で争われていた一般疾病医療費申請却下処分および医療費支給申請却下処分を取り消した（職権取消し）。これを受けて各裁判の原告は訴えを取り下げ，在外被爆者医療費裁判は終了した。

8　政府・厚生労働省の動き

最高裁判決の直後の 2015 年 9 月 11 日，超党派の国会議員により構成されている「在外被爆者に援護法適用を実現させる議員懇談会」（会長・斉藤鉄夫衆議院議員）が開催され，この席に厚生労働省健康局総務課長，同原子爆弾被爆者援護対策室長などが呼ばれ，また，在外被爆者（裁判）支援者も同席した[10]。この席で支援者は，医療費の支給および一般疾病医療費の支給の

　　　る。
（9）　本稿執筆時点でも，国外に指定医療機関および被爆者一般疾病医療機関がおかれていないため，在外被爆者に対する被爆者援護法 10 条による医療の給付，同法 18 条 1 項の被爆者一般疾病医療機関から医療を受けたときの一般疾病医療費の支給は行われない。
（10）　筆者はこの議員懇談会に同席し，そこでの説明や質疑の模様を「在ブラジル・在

実施にあたり「簡便迅速な方法を早急に構築し，一日も早く実施することを求め」，また「被爆者援護法第7条（健康診断），第31条（介護手当の支給）についても，日本国外被爆者に対して早急に実施することを求め」た。

厚労省健康局総務課長は，医療費および一般疾病医療費の支払いは2016年1月から行えるようにする，過去分について遡及して支払う（時効はいわない），これまで行ってきた法外の保健医療助成事業は継続して行いたい（一般疾病医療費の支給と組み合わせて実施する），健康診断は現物給付であり，これを33か国に在住する被爆者全員を対象にして実施するのは困難なので，助成事業で対応したい，都道府県が費用負担する介護手当支給（被爆者援護法43条）を国外で実施するのは難しいなどと，当面の厚労省の施策の在り方を説明した。

厚労省は，在外被爆者が負担する年額30万円までの医療費については，一般疾病医療費を受給するか，それとも領収証を提出するだけでよい保健医療助成事業による給付を受けるかは，在外被爆者の選択に委ねる，後者は民間医療保険の購入費にも充てることができるようにすると説明した（南米諸国在住の被爆者）。公的医療保険制度のないブラジルあるいはそれがあっても給付水準が低いアメリカでは，安んじて医療を受けるために民間医療保険購入は不可欠であるといわれている。ブラジルなどの南米在住の被爆者については，これまでも保健医療助成事業による給付金を民間医療保険の購入費に充てることができたが，在米被爆者については，このような取扱いは認められていなかった。在米被爆者からは，今後，一般疾病医療費または保健医療助成事業による給付金を民間医療保険購入費に充てることができるようにしてほしいという強い希望が出されているが，厚労省は受け入れない姿勢を示した。

9　医療援護規定の在外被爆者への適用

在外被爆者に被爆者援護法の医療援護関係の規定を適用するために，厚生

アメリカ被爆者裁判支援ニュース」37号（2015年10月）でレポートした。以下の叙述はその要約である。

第 7 章　医療費裁判

労働大臣は被爆者援護法施行規則を改正し，2016 年 1 月 1 日より施行した。主な改正箇所は，一般疾病医療費および医療費の支給申請書の提出先を長崎県（韓国居住者）および広島県（その他の国居住者）と定めたことである。

　厚生労働省は，在外被爆者が国外の医療機関で受けた医療について，被爆者援護法による一般疾病医療費の支給を行うことにした。その具体的な支給のしかたは次のようである[11]。

　①　在外被爆者が自己負担した医療費[12]が年間 30 万円までの場合は，これまでの保健医療助成事業による保健医療助成費，または被爆者援護法による一般疾病医療費のいずれかを，在外被爆者の選択により支給する[13]。

　②　在外被爆者が自己負担した医療費が年間 30 万円を超える場合は，一般疾病医療費を支給する。申請にあたっては病名や治療内容の詳細がわかる医師所見所等の提出が必要である（年間 30 万円まででも一般疾病医療費の支給を申請する者は同じ）[14]。この場合，支給額の算定方法は日本の公的医療保険によるそれによるので，日本国外の医療機関の治療費が国内の医療機関のそれより高額のときは，支給額が低くなる（あるいは，日本の公的医療保険では診療行為として認められていないものは，一般疾病医療費支給の対象とならない）。

　③　ブラジルなど南米諸国に居住する被爆者（南米居住被爆者）については，従来通り年間 30 万円を上限に，民間医療保険購入費（保険料）や健康診断

---

(11)　この部分の叙述は，厚生労働省・広島県の連名の在外被爆者向けの一般疾病医療費支払いについての「案内（お知らせ）」文書によった。この文書の日付は，2016 年 4 月となっているが，実際には 5 月になってから郵送されたようである。なお，在韓被爆者に対しては，長崎県より同趣旨の文書が発送されている。

(12)　「在外被爆者が自己負担した医療費」とは，居住国の公的医療保険による給付額だけでなく，民間医療保険による給付額を控除した額である。

(13)　補助事業である保健医療助成事業を存続させる理由について，厚労省は領収書等の添付のみで請求できる簡便な手続き（医療内容を証明する書類の添付は不要）であることをあげているようである。

(14)　上述の「本件大阪地裁判決（原告勝訴）」の項目の部分で説明したように，厚生労働省は 2014 年度より年間医療費が 30 万円を超える場合も保健医療助成費を支給することにしているが，この場合，日本の診療報酬で算定した医療費額の 20% に相当する額を超える場合は，当該 20% に相当する額を支給することにしている。このたびの被爆者援護法による一般疾病医療費の支給は，このような「制限」をせずに，日本で同様の医療を受けた場合に算定される医療費総額の全額である（ただし，居住国での自己負担額を超えることはない）。

127

費用について，保健医療助成費を支給する（ただし，医療費と保険料の両方は認められない）。この場合，自己負担する医療費が年間30万円を超える部分については，②の手続きにより一般疾病医療費の支給が行われる。

　なお，厚生労働省は，一般疾病医療費の支給については消滅時効制度を適用しないことにしている（保健医療助成費も同様である）。

　以上について，若干の疑問を述べよう。

　被爆者援護法18条1項によれば，一般疾病医療費は「当該医療に要した費用の額を限度として」支給され，被爆者が当該傷病につき公的医療保険等による給付を受けたとき，または「当該医療が法令の規定により国若しくは地方公共団体の負担による医療に関する給付として行われたときは」，それらの給付額を当該医療に要した費用の額から控除した額が一般疾病医療費として支給される。被爆者がみずから費用を負担して加入する民間医療保険は公的医療保険等に当たらない。また，保健医療助成費は「法令の規定により国若しくは地方公共団体の負担による医療」給付ではない。それにもかかわらず，厚労省は，在外被爆者が保健医療助成費や民間医療保険による給付を受けた場合，これらの給付額を控除した額を一般疾病医療費として支給することにしているが，その理由が筆者には理解できない。

　もう一つの疑問は，上述の③の措置が南米居住被爆者に限って行われることである。厚労省は，このような限定をする理由を明確には説明していない。察するに，これまでも南米居住被爆者に対しては簡便な手続きによる保健医療助成費の支給が行われてきたのであり，これを存続させることは，在外被爆者だけでなく医療費支給事務を行う行政当局にも「好都合である」ということなのであろう。しかし，このような措置は，行政の公正・平等の観点からみて問題が残るところである。

（田村和之）

第8章　小　　括

(1)　多彩な裁判

　最初の在外被爆者裁判と目される孫振斗裁判から振り返ると，すでに半世紀に近い歳月が経過した。この長い期間に争われた裁判の判決数は42を数える。それらを，争われた主な内容・争点に着目して整理・分類すれば，次のようになる。(【　】内の数字は「在外被爆者裁判一覧表」(11～14頁) の掲載番号である)。

　①　在外被爆者に原爆二法・被爆者援護法が適用されるかどうかが争点となった裁判。

　•密入国・不法滞在者に原爆医療法が適用されるかが争点となった裁判

　　　孫振斗裁判　【1】，【2】，【3】

　•被爆者手当等の受給・支給申請

　　　郭貴勲裁判　【5】，【7】

　　　李康寧裁判　【6】，【8】

　　　李在錫裁判　【10】

　　　崔季澈裁判　【12】，【17】

　　　在韓被爆者葬祭料支給申請却下処分取消訴訟　【15】，【18】，【21】

　　　在アメリカ被爆者裁判　【16】

　•国外の居住地から被爆者健康手帳の交付申請を行うことができるか

　　　在ブラジル被爆者被爆者健康手帳交付申請却下処分取消訴訟　【29】

　　　在韓被爆者被爆者健康手帳交付申請却下処分取消訴訟　【24】，【30】

　　　在韓被爆者被爆者健康手帳交付申請却下処分取消訴訟　【31】

　　　在韓被爆者被爆者健康手帳交付申請却下処分取消訴訟　【32】

　•在外被爆者に医療援護関係の規定が適用されるか

　　　在韓被爆者医療費裁判（大阪地裁提訴）　【35】，【40】，【42】

　　　在韓被爆者医療費裁判（長崎地裁提訴）　【39】

第1編　在外被爆者裁判　総説

　　　在米被爆者医療費裁判　【41】

②　原爆２法・被爆者援護法を在外被爆者に適用しなかったことについて，損害賠償責任が問われた裁判。

　　　三菱広島・元徴用工被爆者裁判　【4】，【14】，【27】

③　被爆者手当の不払いについて消滅時効が適用されるかどうかが争点となった裁判

　　　廣瀬方人裁判　【9】，【11】

　　　崔季澈裁判（不払健康管理手当支給請求裁判）　【19】，【25】，【28】

　　　在ブラジル被爆者裁判　【13】，【20】，【26】

④　国外からの被爆者健康手帳交付申請について，被爆の事実が認められるかどうかなどが争点となった裁判　【33】，【34】，【36】，【37】，【38】

⑤　手当の支払い義務者は国か都道府県かが争われた裁判

　　　李康寧裁判　【22】

　　　廣瀬方人裁判　【23】

(2)　厚生省・厚生労働省の見解の変遷

　国外に居住する被爆者に原爆二法・被爆者援護法は適用されないという厚生省・厚生労働省の見解（主張）は，これまでにみてきたように，大きく変遷してきた。これをまとめておこう。

　①　原爆二法は社会保障立法であり，居住の本拠が日本にあることが前提条件である。属地主義の建前をとっているので，一時的に日本を訪れた外国人には適用されない（1969年5月8日，衆議院社会労働委員会での村中俊明厚生省公衆衛生局長答弁）。

　②　被爆者援護法(案)に基づく給付は，社会保険と違い拠出を要件とせず，公的な財源により行われること，他の制度との均衡から，日本国内に居住する者を対象としている。したがって，わが国の主権の及ばない外国において同法は適用できない（1994年11月29日，衆議院厚生委員会での谷修一厚生省保健医療局長答弁）。

　③　郭貴勲裁判第一審大阪地裁【5】において，被告の国・厚生労働省は，日本に居住又は現在することは「被爆者」たる地位の効力発生要件であるの

130

第 8 章 小 括

みならず，効力存続要件でもあると主張し，その理由として，次の5点をあげた（第1編第2章）。

ⓐ 被爆者援護法は行政法規であるから，日本国内においてのみ効力を有するのが原則であり（属地主義の原則），同法には，日本に居住も現在もしない者に対する給付を認める明文規定や手続規定はなく，明文規定なくして海外適用を認めるべき特段の根拠もないから，海外適用を認めることはできない。

ⓑ 同法はいわゆる非拠出制の社会保障法でから，社会連帯の観念を入れる余地のない，当該社会の構成員でもない海外居住者に対しては，給付を認める明文規定がない限り適用されない。

ⓒ 同法には，わが国の領域内に居住も現在もしていない被爆者に対する各種給付の方法や手続を定めた規定は，設けられていない。また，被爆者健康手帳の交付や健康管理手当の支給の申請を審査する際には，申請者から事情を聴くことも必要であり，申請者の国内居住・現在は不可欠である。同法は，国外居住者に対する援護の実施主体たる都道府県知事を定めていない。したがって，同法はこれらの者に対する給付を予定していない。

ⓓ 同法は，日本に居住も現在もしない者に対して適用されないことを前提に，国会で可決・成立している（立法者意思）。

ⓔ 孫振斗裁判最高裁1978年3月30日判決【3】は，「被爆者であってわが国内に現在する者である限り」で同法の適用を認めるものである。

④ 郭貴勲裁判控訴審大阪高裁【7】で，被告・控訴人は，被爆者援護法による被爆者に対する基本的な援護は医療給付であり，各種手当の支給は補完的・上乗せ的な援護であるが，在外被爆者に対する医療給付はまったく予定されていないのだから，各種手当だけ受給できるとするのは，同法の法構造にそぐわない，という主張を付け加えた（第1編第2章）。

⑤ 国外からの手当等支給申請を認めさせる裁判（第1編第3章）で，国・厚生労働省は，③および④の主張に加えて，支給の適正確保（手当等の支給要件の存否を調査しやすい都道府県知事を申請先としている，提出される国外の医師・医療機関の診断書は「類型的な信用性があるとはいえない，医師の意見を聞くことなどが困難である，申請の審査に必要な対面審査が困難である」，都道府

131

第1編　在外被爆者裁判　総説

県知事が指定した被爆者一般疾病医療機関の診断書により「類型的に診断の適正と信用性を担保しようとするものである」こと）などを主張した。

⑥　国外からの被爆者健康手帳甲府申請を認めさせる裁判で，国・厚生労働省は次のような主張をした（第1編第6章）。

ⓐ　被爆者援護法2条1項は，被爆者健康手帳交付申請について，「その居住地（居住地を有しないときは，その現在地とする。）の都道府県知事に申請しなければならない。」と規定し，申請者が日本国内に居住・現在することを前提としている。

ⓑ　都道府県知事は，被爆者健康手帳の交付の決定を行うに際し，申請者の本人確認や，被爆時の具体的状況等の確認を行うなどの実質的な審査をすることが必要不可欠である。このような審査のためには，申請者本人からの事情聴取が重要である。

⑦　医療費裁判で，国・厚生労働省は次のような主張をした（第1編第7章）。

被爆者援護法の一般疾病医療費の支給制度は公費で運営され，支給に対する適正性の担保が求められ，同法にはその仕組みが規定されている。そのような制度的仕組みが存在しない場合には，一般疾病医療費が支給される余地はない。その制度的仕組みとは，都道府県知事による被爆者一般疾病医療機関の指定の指定と取消し，厚生労働大臣の被爆者一般疾病医療機関に対する調査権限とこれを拒んだ場合の診療報酬支払の一時差止め，一般疾病医療費の支給にかかわる医療を行った者等に対する同大臣の調査権限およびこれに従わなかった場合等における過料の制裁である。わが国の主権の及ばない海外の医療機関には，被爆者一般疾病医療機関の指定制度を押し及ぼすことはできず，同法に規定された各種措置により適正性の担保を図ることはできない。

以上のように，国・厚生労働省は，表現を変えながら，原爆二法・被爆者援護法を在外被爆者に適用できない理由をあれこれ主張した。事案に応じて理由・主張を変遷させる国・厚労省の言い分について，裁判所はご都合主義的なものであると受け止めたに違いない。結局，これらをすべて退けた。

第8章　小　　括

(3)　お わ り に

　ほとんどの在外被爆者で，原告の在外被爆者が勝訴した。その結果，日本
政府・厚生省・厚生労働省の原爆二法・被爆者援護法は国外居住者である被
爆者に適用しないという方針・態度は，完全に廃棄された。このような見事
な結果を得た裁判闘争は，日本の裁判史上，さほどあるものではない。

　裁判勝利の要因は何であったのか。三菱重工広島・元徴用工被爆者裁判以
降，多くの在外被爆者裁判に原告側から関わってきた筆者が述べるのは，必
ずしも適切でない。このことを承知のうえで，あえて，筆者の思い・感想を
記してみたい。

　第1は，原爆二法・被爆者援護法にいう被爆者や同法による諸給付を受給
する資格・要件に，日本国籍，住所（居住地）が定められていなかったこと
である。

　第2は，国外に居住する被爆者もまた，広島・長崎原爆の被爆者であり，
国内に居住する被爆者と同じように救済され，援護の対象にされなければな
らないことは，きわめて分かりやすい道理であったことである。同じように
原爆の惨禍を受けた被爆者であるのに，国外に居住しているだけで法律の対
象から除外されるなどということは，とうてい許されないことであった。

　第3は，国会内に超党派の議員により「在外被爆者に援護法適用を実現さ
せる議員懇談会」が結成され，現在も活動していることである（第3編補論）。
「在外被爆者」問題について国会議員の理解を得るうえで，また，政府・厚
生労働省へ働き掛ける上で，この懇談会は大きな役割を演じた。また，超党
派議員により構成されているので，在外被爆者とその裁判を支援する団体か
らすれば，特定の党派に「偏して」活動しているというそしりを受けにくい
という利点もあった。

　第4は，小さな積み木を重ね上げるように，一つ一つ階段をあがるように，
段階的に裁判を積み上げたことである。この点には異論があるかも知れない。
しかし，わが国における行政訴訟の実情からすれば，政府の牙城に一気に迫
る裁判を避けた戦略が功を奏したといえるのではないだろうか。

　第5は，在外被爆者裁判に敗訴した厚生労働省が，法外の援護事業を具体
化したことである。たとえば，国外に居住する者に対する被爆確認証（第1

133

第1編　在外被爆者裁判　総説

編第2章）の発行は，同人が渡日しなければ被爆者健康手帳の交付申請を認めないという国・厚労省の言い分が，いかにも形式的なものであるかを鮮明にさせるに十分であった。あるいは，法外事業の在外被爆者保健医療助成事業による医療費助成には，国・厚労省のいうような法律に裏付けられた行政上の監督権限による適正性の担保の仕組みがないにもかかわらず公費を支払えるのに，なぜ被爆者援護法による在外被爆者に対する医療費支給（公費の支払い）は行えないのか，などである。在外被爆者裁判の敗訴によって追い詰められた厚労省が打ち出した新たな施策を逆手にとったわけである。

　第6は，マスコミの「支持」を得られたことがある。提訴のたびに，判決が出されるたびに，マスコミはこれを大きく報じ，批評し，次なる課題を示した。また，在外被爆者が国外に「放置」されている状況を，繰り返し取材し，報道した。これにより世論が喚起されただけでなく，原告たちがどれだけ勇気づけられたことか。

（田村和之）

◆ 第2編 ◆
在外被爆者裁判 各説

第1章　在外被爆者・郭貴勲裁判

＊本稿で，特に「被爆者」と表記する場合，原爆医療法あるいは被爆者援護
法の規定により「被爆者健康手帳」を交付された者を指す。本稿にいう「在
外被爆者」は日本国外に居住する被爆者を指す。

1　郭貴勲裁判提訴以前の状況

1957 年施行された原爆医療法は，いわゆる直接被爆者，入市被爆者，救
護被爆者，胎児被爆者であって，被爆者健康手帳（以下「手帳」ということが
ある）の交付を受けたものを「被爆者」とし（同法 2 条），「被爆者」に対す
る医療の給付や健康診断等を定めた。1968 年施行された原爆特措法は「被
爆者」に対する手当の支給を定めた。1995 年施行された被爆者援護法は，
原爆医療法と原爆特措法を統合し援護をさらに拡充した。

原爆医療法 3 条も被爆者援護法 2 条も，手帳の交付を受けようとする者は，
その居住地（居住地を有しないときは，その現在地）の都道府県知事（居住地
が広島市又は長崎市であるときは，その市長）に申請しなければならない，と
のみ定めて，国籍や居住の要件を設けていなかった。

1965 年日韓条約締結以前には，来日した在韓被爆者に対して日本政府が
手帳を交付した事例があった。ところが，日韓条約が締結されると，来日し
た在韓被爆者には手帳が交付されなくなった。

1972 年，治療のために「密入国」した孫振斗（ソン・ジンドゥ）が，手帳
の交付を求めて裁判を提起した。1974 年 3 月 30 日，福岡地裁は孫の請求を
認めた【1】。同年，法務大臣が特に認めた治療ビザで来日した辛泳洙（シン・
ヨンス）は手帳の交付を受けることができた。しかし，同年 8 月，観光ビザ
で来日した 4 名にはやはり手帳が交付されなかった（そのうちの 1 人が郭貴
勲だった）。

137

第2編　在外被爆者裁判　各説

　1975年7月17日，福岡高裁も孫の請求を認めた【2】。この年，厚生省（当時）は「適法入国」なら外国人にも手帳を交付すると取扱いを改めた。

　1978年3月30日，最高裁でも孫の請求が認められ，勝訴が確定した【3】。厚生省はこの時初めて「短期滞在外国人被爆者に対する手帳交付については，わが国に現在する者である限りはその現在する理由のいかんを問わず医療法を適用する。」と通知した。

　日本政府の政策はこのように転々としたが，この間，法律はまったく変わっていない。ただ，ひとえに厚生省が不合理で恣意的でかつ差別的な法解釈を続けてきたに過ぎない。

　日本政府は，在韓被爆者に対して原爆医療法・原爆特措法の適用を否定する一方で，1966年には，原爆医療法の沖縄への準用を琉球政府と合意した。また，1969年には，原爆特措法に準じた取扱いが沖縄の被爆者になされるようになった。1970年には，広島を短期に訪れた在米被爆者に対しても，手帳が交付された。すなわち，厚生省の不合理で恣意的な取扱いは，日本国外に居住する被爆者の内でも，もっぱら在韓被爆者に対して行われていたのである。

　先に述べたとおり，孫振斗裁判1審判決の直後，辛は美濃部東京都知事に対して手帳の交付を申請し，これを受けることができた。そして，東京都知事による辛への手帳交付を避けられないと見た厚生省が，まさにその交付申請の日1974年7月22日に発したものが402号通達であった。

　402号通達とは，「（原爆特措法は）日本国内に居住関係を有する被爆者に対し適用されるものであるので，日本国の領域を越えて居住地を移した被爆者には同法の適用がないものと解されるから……手当は失権の取扱いとなる」という厚生省公衆衛生局長通達である。

　日本政府は，在韓被爆者について入口を閉ざすことができないなら出口を規制しようとして402号通達を発出し，在韓被爆者ばかりでなく，全ての在外被爆者に対して日本を出国すると同時に援護から閉め出すことを宣言したのである。

　以後，多くの被爆者が海外から来日して手帳を取得し手当受給権を得ても，出国と同時に手帳は失権し，手当が打ち切られる事態が続いた。

第 1 章　在外被爆者・郭貴勲裁判

2　郭貴勲裁判提訴の経緯

　手当を打ち切られた在韓被爆者の多くは，この事態が在韓被爆者に対する差別によるものではないかと漠然と感じていた。四半世紀が経過する中で，打ち切りの根拠が 402 号通達にあることが突き止められ，裁判によってこの事態を打開しようという動きが在韓被爆者と支援者の中に生まれた。

　1995 年には広島地裁に 402 号通達だけでなく在韓被爆者に対する原爆三法（原爆二法，被爆者援護法）の不適用を総体として争う三菱重工広島・徴用工被爆者裁判が提起されていたが，それとは別個に 402 号通達に絞ってその違法性を問う裁判の提起が検討された。

　訴訟を提起するとしても，誰を原告として，どのような裁判を，どの裁判所に提訴するのか。その訴訟は原告 1 人だけで提起するのか，それとも複数の原告が提起するのか。複数が提起するとして，集団で併合して提起するのか，1 人ずつ別訴として提起するのか，また管轄の問題はあるが，同一の地裁に提起するのか，複数地裁に提起するのか等々，在韓被爆者と支援者，弁護士の間で議論が重ねられた。

　複数地裁への複数提訴が決まり，まず郭貴勲（クァク・クィフン）を原告として 402 号通達の違法性を訴える裁判を大阪地裁に提起することが決まった。郭は，朝鮮における徴兵制の施行により徴兵され，1945 年 8 月 6 日，日本軍軍人として広島で被爆した。解放後，祖国に戻り，韓国の被爆者団体である社団法人韓国原爆被害者援護協会（後に「韓国原爆被害者協会」と名称変更）の結成に尽力し，副会長，会長を歴任した。日本政府に対して，在韓被爆者に対する国家補償をすべきこと，少なくとも日本人被爆者と同等の援護が行われるべきであることを求め続けていた。

　郭は，1998 年 5 月，渡日治療のために来日し，同年 5 月 20 日，大阪府知事から被爆者健康手帳（被爆者健康手帳番号・公費負担医療の受給者番号×××××××）を交付され，同日から大阪府松原市にある阪南中央病院に入院して治療を受けた。同年 6 月 18 日付で，大阪府知事から，「運動器機能障害」のため健康管理手当の支給認定を受け（記号番号ケン×××××），健康管理

139

第2編　在外被爆者裁判　各説

手当月額3万4,130円を1998年6月から2003年5月までの5年間支給するとの決定を得た。そして，1998年7月日本を出国した。

　大阪府は，郭に対して，1998年6月25日，同年7月24日，健康管理手当を各支給したが，同年8月分からは支給を打ち切った。不支給の理由について，同年7月23日付の大阪府保健衛生部医療対策課長名の回答書は次のように記載していた。「日本国の領域を越えて居住地を移した被爆者については，昭和49年7月22日付衛発第402号厚生省公衆衛生局長通達により，原子爆弾被爆者に対する援護に関する法律の適用がないものとして失権の取扱いをするものと解されているため，出国された日の属する月の翌月分以降の健康管理手当については支給できません。」

3　郭貴勲裁判が目指したもの

　裁判提起に当たって，402号通達の違法を訴えるための請求の趣旨・原因をどうするのか，これが大きな議論となった。

　まず，請求の趣旨はどうするのか（提訴は2004年改正行政事件訴訟法施行前である）。

　手帳が無効になるとはどういうことか，手帳が無効ではないことを確認するとはどういう主文を求めるのか，手帳を失効させる処分・手当を打切る処分があったのか，これらの点について方針を確定させることができないために，主位的請求の趣旨として，失権処分の取消し・金銭（手当・慰謝料）請求を，予備的請求の趣旨として援護法上の被爆者たる地位の確認・金銭（手当・慰謝料）請求を求めることとした。

　具体的には，訴状における請求の趣旨は以下のようにした。

　「1　被告大阪府知事が原告に対してした，原告が原子爆弾被爆者に対する援護に関する法律に定める被爆者健康手帳（被爆者健康手帳番号・公費負担医療の受給者番号×××××××）の交付をもって取得した同法1条1号に定める被爆者たる地位，及び健康管理手当受給権者たる地位（記号番号ケン×××××）を失権させるとの処分を取り消す。

　2⑴　原告と被告国との間で，原告が原子爆弾被爆者に対する援護に関する法

律に定める被爆者健康手帳（被爆者健康手帳番号・公費負担医療の受給者番号××××××××）の交付をもって取得した同法1条1号に定める被爆者たる地位にあることを確認する。

(2) 被告大阪府は，原告に対し，金17万0650円及び1999（平成11）年1月以降2003（平成15）年5月まで毎月25日限り金3万4130円を支払え。

3 被告国及び被告大阪府は，原告に対し，各自連帯して，金200万円及びこれに対する1998（平成10）年7月23日から同支払済みに至るまで年5分の割合による金員を支払え。」

請求の原因については，大きな方針として戦争や植民地支配に対する日本政府の責任を在韓被爆者にかかわって問う戦後補償の裁判としてではなく，また，憲法や国際人権規約に依拠するのではなく，402号通達の被爆者援護法違反を主張の中心とすることが決まった。

郭は，1998年10月1日，大阪地裁に提訴した。

郭に続いて，長崎地裁に李康寧（イ・ガンニョン），廣瀬方人，大阪地裁に李在錫（イ・ジェソク），広島地裁に森田隆を初めとする3次にわたる10人の在ブラジル被爆者が，それぞれ402号通達の違法性を主張して提訴した。

4 どこで手当打切りの違法性を確信できたか

われわれ（原告郭と支援者，弁護団を併せてわれわれという）は，訴訟手続を進める中で，出国による手当打切りの違法を二つの点から確信できた。

第1に，402号通達の発出の経緯を確認することで402号通達の違法を確信できた。

402号通達は，原爆特措法施行規則の1974年改正に伴うものだった。

原爆特措法施行規則の1974年改正は，改正前規則に規定されていた失権の届出（都道府県の区域をこえて居住地を移したことにより法2条1項に規定する要件に該当しなくなった手当受給権者は，従前の居住地の都道府県知事に失権届を提出しなければならない，と規定していた）を削除するものだった。しかし，規則改正の前後を通じて，原爆特措法上，失権にかかる条項の改正はなかった。つまり，都道府県境を越えて居住地を移せば失権するという1974年改正前の規則の規定は，原爆特措法上に根拠のない違法な規定だったといわな

けりればならない。ただし，この規定は日本国内外を問わず都道府県境を越えた居住地の移転についてであり，その意味で違法ではあるが国内外における不平等はなかった。法律上の根拠なしに都道府県境を越えた居住地移転をもって失権させていたことの違法性は原爆特措法施行規則の1974年改正により解消された。ところが，402号通達は，この規則改正が解消した，都道府県境を越えた居住地移転による失権という違法を，一片の通知によって日本国外への居住地移転の場合にのみ復活させるものだったのである。

　第2に，われわれは，手帳や医療費・手当・年金等について規定する16の法律を対比することによって，明文の規定なく，出国により当然に失権する手当等は被爆者援護法以外一つもないことを明らかにできた。日本には，被爆者援護法のように，手帳や（手当・年金）証書を交付して，医療費や手当や年金を支給することを定めた法律がいくつもある。そのうちの主な16の法律（戦傷病者戦没者遺族等援護法，戦傷病者特別援護法，恩給法，公害健康被害の援護に関する法，労働者災害補償保険法，健康保険法，厚生年金法，身体障害者福祉法，精神保健及び精神障害者福祉に関する法律，国民年金法，国民健康保険法，老人保健法，児童手当法，児童扶養手当法，特別児童扶養手当等の支給に関する法律と被爆者援護法）において，「出国による手帳等および医療費・手当・年金等への影響」がどのように取り扱われているかについて，対象者，手帳の有無，療養費・手当・年金等の内容，財源，海外不適用の条文の有無，出国による手帳等への影響，出国による手当等への影響，国籍条項の有無等を対比する一覧表を作成した。（この対比の作業は総務省の法令データ提供システムの法令用語検索を利用して行った。このシステムがなければこのような対比作業は不可能だったと思う）。

　国民年金法などいくつかの法律は，日本国内に住所を有することを被保険者の資格あるいは支給要件として明文で定めている。これにより，住所を日本国外に移すと，手帳等が無効になったり年金や手当等が打ち切られることになる。しかしこのような明文の規定なしに，日本国を出国することによって，手帳が無効とされ，年金や手当等を打ち切られる取扱いとなる例を被爆者援護法以外に見つけることはできなかった。厚労省も402号通達以外にそのような例があることを主張できなかった。さらに402号通達は「日本国の

領域を越えて居住地を移した」場合には法の適用がないとしていたが，そもそも日本国に居住せずに手帳を交付され手当を支給されていた郭の場合は，「日本を出国する」だけで法律の適用がないとされた。このような取扱いがなされる例も被爆者援護法以外に見つけることはできなかった。この点においても402号通達の違法を確信できた。

5　裁判における双方の主張

このように402号通達の違法を確信した上で，そのことを訴訟においてどう展開するのかが問題となった。

厚労省は，「『在外被爆者』に被爆者援護法の適用があるか」を争点と設定した上で，法の原則・性格・立法者意思・法の構造，孫振斗裁判最高裁判決の判示などを「『在外被爆者』に被爆者援護法の適用がない」論拠とした（被告らの主張は実質的には厚労省の主張に他ならないから，以下，特に断らない限り被告らを厚労省と表記する）。

われわれは，「いったん取得した『被爆者』たる地位は出国によって失われるか」が争点であるとして厚労省の設定した争点が誤っていることを指摘した上で，厚労省があげる論拠のすべてについてその誤りを指摘した。

法の原則について，厚労省は，行政法でありいわゆる属地主義の原則が適用されると主張した。これに対して，われわれは，「出国による手帳等及び医療費・手当・年金等への影響」について整理した前述の一覧表をもって，被爆者援護法以外の他の法律は，資格喪失，手帳返納に明文の根拠規定があり，明文の根拠なしに失権させる法律は一つもないと反論した。

法の性格について，厚労省は，被爆者援護法は拠出制の社会保障法であり海外居住者は社会連帯の観念を入れる余地がないから明文の規定がない限り適用されないと主張した。これに対して，われわれは，法の性格によって適用の有無が一義的に決されるものではないし，被爆者援護法は国家補償法的性格をいっそう押し進めていると反論した。

法の構造について，厚労省は「被爆者」の居住又は現在を予定する規定を置く一方，居住も現在もない「被爆者」に対する各給付の手続等を定めた規

第2編　在外被爆者裁判　各説

定が全くないと主張した。われわれは，法文上，出国は給付の失権・手当支給の終了事由とされていないと反論した。

　立法者意思について，厚労省は，被爆者援護法が日本に居住も現在もしない者に対して適用されないことを前提に国会で成立していると主張した。これに対してわれわれは，法は立法者の意図や意識から独立した客観的存在であり，立法者の主観的意図は参考資料に過ぎないと反論した。

　孫振斗裁判最高裁判決中に原爆医療法の適用につき「被爆者であってもわが国内に現在する者である限りは」とあるのを捉えて，厚労省は，「現在する限り」を反対解釈すれば，判決は居住も現在もない者に法の適用を認めない趣旨であると主張した。これに対してわれわれは，判決は事案解決に必要でない事柄については判断していないと反論した。

　また，われわれはこの訴訟が海外に居住する全ての被爆者にかかる訴訟であることをよりいっそう明らかにするために，原告である郭以外に，憲兵兵長として被爆し，戦後ブラジルに移民した日本国籍を持つブラジル原爆被爆者協会会長の森田隆，ハワイ生まれで日本に里帰り中被爆したアメリカ国籍を持つ米国原爆被爆者協会名誉会長の倉本寛司を証人申請して，ブラジルやアメリカに住む被爆者の困難な状況について証言を得た。

6　大阪地裁判決

　2001年6月1日，大阪地裁は，争点はをわれわれが設定したとおり「被爆者援護法1条の『被爆者』が日本に居住も現在もしなくなることにより，当然に『被爆者』たる地位を喪失するか否か（日本に居住又は現在していることは『被爆者』たる地位の効力存続要件であるか否か。）」であるとした上で，次のとおり判決した【5】（判時1392・31，判タ1084・85，判例地方自治223・58）。

　大阪府知事に対する「被爆者」たる地位及び健康管理手当の受給権者たる地位を失権させるとの処分の取消しを求める訴えについては，失権の取扱いは取消訴訟の対象となるべき行政処分に当たらないから不適法であるとして訴えを却下し，「被爆者」たる地位にあることの確認，大阪府に対する2003年5月までの健康管理手当の支払いを求める請求については，厚労省の主張

には理由がないとして，いずれも認容した。

　日本国及び大阪府に対する慰謝料請求については，402号通達は被爆者援護法の解釈に反しているけれども，厚労省の主張内容に照らせばその解釈にも一応の論拠があるものということができ，少なくとも402号通達が被爆者援護法の規定に明白に反しているとまでは言い難く，国家賠償法1条1項の故意・過失を認めることはできないとして，請求を棄却した。

7　大阪高裁判決

　大阪地裁判決に対し，一審被告が控訴し，一審原告が附帯控訴した。

　2002年12月5日，大阪高裁は，3回の弁論を経て控訴と附帯控訴をいずれも棄却した【7】（訟務月報49・7・1954，判タ1111・194，判例地方自治244・68）（なお，第3回弁論期日で，われわれが争点を明確に整理して指摘するよう求めたにもかかわらず，裁判所がこれに答えないまま弁論を終結しようとしたことなどから，公正を妨げる事情があるとしてわれわれは忌避を申し立てたが，理由がないとして却下されている）。

　大阪高裁判決【7】は，争点について大阪地裁同様に設定した上で，次のように判示した。

　法の原則については，「被爆者援護法が行政法規であるがゆえに，属地主義の原則が当然に妥当するとはいえない。ましてや，『被爆者』たる地位をいったん適法・有効に取得した者が，日本に居住も現在もしなくなったからといって，属地主義の原則を根拠に，当然にその地位を失うという解釈を採ることはできない。」とした。

　法の性格については「被爆者援護法の複合的な性格，とりわけ，同法が被爆者が被った特殊の被害にかんがみ，一定の要件を満たせば，『被爆者』の国籍も資力も問うことなく一律に援護を講じるという人道的目的の立法であることにも照らすならば，その社会保障的性質のゆえをもって，日本に居住も現在もしていない者への適用を当然に排除するという解釈を導くことは困難である。」とした。

　法の構造については，手帳・手当取得には居住又は現在が要求されるが，

それは失権の根拠にはならない。知事を実施主体とする規定，あるいは居住地を移したときの届出義務に関する規定は技術的規定である。「『被爆者』にとってはまずは医療給付を受けることが望ましいけれども，日本に居住も現在もしないためにそれが叶わなくとも，少なくとも健康管理手当を受給し，日常の健康管理に努める意義を否定することはできない。」とした。

立法者意思については，「法律の解釈は，まず第一に法文の合理的解釈によるべきものであるから，立法者意思も，第一次的には当該法文に表わされた（明文が置かれなかったことも含めて）ところによって探求されなければならない。」とした。

孫振斗裁判最高裁判決【3】については，現在する理由のいかんを問わず，法の適用があると判断した事案であり，判示もその限りのものである，とした。

このように述べた上で，「被爆者援護法の法的性格，立法者意思，法律全体の法構造のいずれをみても，その旨の明文規定がないにもかかわらず，いったん適法・有効に『被爆者』たる地位を得た者が，日本に居住も現在もしなくなることにより，その適用対象から外れ，当然に『被爆者』たる地位を喪失するという解釈を，合理的なものとして是認することはできない。同法に国籍条項を置かなかった以上，適用対象となり得る外国人が日常の生活関係において日本に居住も現在もしないことは通常予想される事態である。したがって，その合理的解釈に当たっても，『被爆者はどこにいても被爆者』という事実を直視せざるを得ないところである。」と判示した。

なお，大阪高裁判決【7】には，手帳・手当取得には日本での居住又は現在が要求される，あるいは医療給付について「日本に居住も現在もしない者に対する給付は予定されていない。それは，給付の前提として，指定医療機関及び被爆者一般疾病医療機関の指定及び監督の問題があり，国家主権に由来する対他国家不干渉義務に反するおそれがあること，また，わが国以外ではその実施が事実上困難であることによるものと解される。しかし，『被爆者』たる地位に基づく権利は，医療給付の受給に尽きるものではないから，医療給付が受けられないとの一事をもって『被爆者』たる地位が失われるということにはならないというべきである。」という一節があった。これが後に続く裁判において問題になる。

第1章　在外被爆者・郭貴勲裁判

われわれの附帯控訴に対しては，大阪地裁判決とほぼ同旨の理由を示して
これを斥けた。

8　上告断念

　厚労省と大阪府は，大阪高裁判決【7】で完膚なきまでにその主張を否定さ
れた上に，上告断念を求める世論が広がり，また次々と敗訴判決が続くこと
が確実だったため，上告を断念するしかなかった（現に，2003年2月7日李
康寧に福岡高裁【8】が，3月19日廣瀬方人に長崎地裁【9】が，3月20日李在錫に大
阪地裁【10】が，大阪高裁とほぼ同様の判決を下している）。

　上告期限ぎりぎりの12月18日，厚労省は「日本において手帳を取得し，
手当の支給認定を受けた場合には，出国した後も，手当の支給を行うよう，
政省令の改正や通知の見直しをする。今までに打ち切られた手当についても
過去5年分については遡って支払う。」などという声明を出した上で，上告
を断念した。

　しかし，厚労省は判決の影響を最小限に食い止めるために躍起となってい
た。厚労省は，上告断念の声明の中で，わざわざ「これら一連の措置は，あ
くまでも人道的見地から行うものであり，国家補償を前提とするものではな
い」と付言している。

　なお，われわれは国賠部分について敗訴したが，これについては上告しな
かった。かりに，われわれが国賠部分について勝訴し，あるいはその敗訴に
ついて上告していれば，国の上告あるいは附帯上告は避けられず，402号通
達の違法が裁判で確定するまで，そして402号通達が撤廃されるまで，さら
に長い期間を要することになったと思われる。402号通達が国賠法上違法と
判断されるのは，2005年1月19日三菱重工広島・元徴用工被爆者裁判の広
島高裁判決【14】を待つことになる。

9　郭貴勲裁判の意義と残された課題

厚労省は2003年3月1日健発第0301002号通知により，402号通達中の

147

第2編　在外被爆者裁判　各説

出国による失権取扱いの部分を撤廃した。

さらに日本国内外の被爆者らによる運動の結果，同年8月1日から，一部の障害・疾病を除いて健康管理手当の支給期間が無期限とされた。これにより，一度日本で手当支給認定を受けた在外被爆者は，支給期間の上限が無期限とされる障害・疾病にかかる手当については，終生，居住国で手当を受給できることとなった。また，同じく8月1日に，多数の手帳交付申請者がいる在韓被爆者についてはその手帳交付申請処理をより迅速に進めるために，支援事業に関する要項が改正された。

さらに，在外被爆者が居住国で医療機関に受診した医療費の自己負担分を，公費で助成する新たな制度も創設された。すでに渡日して手帳交付を受けている在外被爆者と，病気などで渡日できない在外被爆者に発行される「被爆時状況確認証」の交付を受けた者が医療費助成の対象となることとなった。

しかし，これらによっても，渡日できない被爆者への手帳交付・手当支給がないことに変わりはなかった。

厚労省には，一片の通達だけで法律に反して手当を打ち切ってきたことへの根本的な反省はなかった。だからこそ，厚労省は郭には上告を，李在錫には控訴を断念しながら，長崎市ではなく日本国に手当支払いを命じた李康寧の福岡高裁判決【8】には上告，また日本国による時効の主張を許さず5年以前の手当についても支払を命じた廣瀬方人の長崎地裁判決【9】には控訴した。さらに，郭裁判【7】の敗訴が確定した後も厚労省は「被爆者健康手帳を取得していない在外被爆者が手帳の交付を受けるためには，かならず日本に来て，手帳の申請から交付までの間，滞日しなければならない。また，手当の認定を受けていない被爆者が手当の認定を受けるためにも，（手帳を交付されている被爆者であっても）かならず日本に来て，申請しなければならない」と主張して譲らなかったのである。

402号通達中の出国による失権取扱いの撤廃以後，数か月の間に，広島・長崎・福岡・大阪へ，在外被爆者の渡日ラッシュが生じた。しかし，最も緊急に援護を必要とするはずの，高齢で深刻な病気を抱えた被爆者は渡日が不可能なために，援護から排除されたままだった。

大阪高裁判決は「人の権利義務に直接関わる法律は，本来，疑義の残るこ

第1章　在外被爆者・郭貴勲裁判

とがないように明確に規定されるべきことが要請されるというべきである。そのこと自体は，いわゆる侵害領域の立法であると給付領域の立法であるとを問わない。解釈で法律の適用対象を画することになったり，いったん適法・有効に成立している行政処分を当然に失効させたりすることを是とするならば，行政による恣意的な運用，ひいては法律による行政の原理にも悖るおそれなしとしないからである。」と判示した。

厚労省の主張には何の合理性もなく，恣意的というしかない。しかし，厚労省は郭貴勲裁判の後も，在外被爆者に対して「法律による行政の原理」に悖る運用を続けたのである。

郭貴勲裁判によっても被爆者援護法の内外差別適用の撤廃は緒に就いたばかりだった。問題の解決にはさらに多数の裁判提訴と勝訴判決が必要だった。われわれは，郭貴勲裁判が終結した時点でさらにその後，十数年にわたって様々な裁判を続けなければならないことになるとは予想もしていなかった。

はじめて大阪地裁の法廷に立った日，郭は，次のように意見陳述していた。「私は生まれてみるともう日本の植民地下にありました。日本の植民地政策で家は貧困の至りでありましたし，私達の歴史，言語，文化，風習は皆踏みにじられ，抹殺されて，一重に皇民化教育で育てられました。日本人よりも優秀な日本人として軍に徴兵され，最後に広島で原爆に被爆しました。一生の前半を日本の為に捧げたかたちですが，一日も日本人の差別意識から解放されたことはありませんでした。その時私は祖国が救えるなら，差別のない世の為には生命を捧げてもよいと何時も思いつめておりました。日本の敗戦によって独立国の国民になりましたが，今も植民地時代の差別の悪夢から片時も解放されておりません。」

われわれの選んだ道ではあったが，郭貴勲裁判は在外被爆者裁判として成果を挙げた一方で，郭貴勲がもう一方で望んでいた戦後補償問題の解決に直接に力を与えるものではなかった。これについては，在外被爆者裁判とは異なる道がたどられなければならなかった。

（永嶋靖久）

第2章　三菱重工広島・元徴用工被爆者裁判

1　はじめに

　裁判の原告となった人たちは，1944年，当時日本の植民地支配下にあった朝鮮半島から，三菱重工広島の造船所と機械製作所に強制的に徴用され強制労働を強いられた人たちである。翌1945年8月6日，アメリカ軍は広島に原爆を投下。徴用工の人たちは造船所で，そして機械製作所の工場で就労中に被爆した。彼らは，三菱重工から何の救援も受けることなく放置され，命からがら朝鮮海峡を渡って帰郷した。賃金も満足に支給されず，また被爆による負傷に対しても十分な治療を受けないままである。元徴用工の人たちは，戦後何度か来日し，また日本の支援の市民グループを通じて，三菱重工と日本政府に対し，未払賃金の請求や補償の請求を続けてきた。しかし長年待ち望んだ三菱重工からの謝罪・賠償，日本政府による補償が一向に実現しないことから，戦後50年の節目に当たる1995年12月，最後に残された道として，1人あたり合計1,100万円余りの損害賠償と未払賃金の支払いを求め，国と三菱重工を被告として広島地裁に提訴した。これが長い闘いの始まりである。

　この裁判は広島地裁における原告らの全面敗訴，広島高裁で逆転一部勝訴，そして最高裁判所で高裁判決の確定，という経過を辿った。約100件にのぼる一連のいわゆる「戦後補償裁判」の中で，部分的とは言え「勝訴」という結果が確定した希少なケースとなった。

　最終的に勝訴が確定した内容は，国が在外被爆者に対して原爆二法・被爆者援護法を適用してこなかったことに対する国の賠償責任を認めた点である。この確定判決による影響は，この裁判の原告となった元徴用工の人たちにとどまらなかった。その後全ての在外被爆者に対する賠償問題と発展し，現在においても，韓国以外の被爆者も対象として，日本国外に居る全ての被爆者

第2編　在外被爆者裁判　各説

の人たちへの国家賠償問題として具体的な補償実現に向けての努力が続けられている。

以下，20年に及ぶ裁判の経過を振り返る。

2　提訴に至る経過

　原告の人たちは，1938年施行の国家総動員法，それに続く1939年施行の国民徴用令に基づいて朝鮮半島から年齢徴用された。正に「帝国臣民」として戦争にかり出された人たちである。その出身は，地域的には大きく「平澤（ピョンテク）」とソウル（「京城」という地名は日本の支配者が付した名前であり，朝鮮における地名ではない）に分かれる。平澤の人たちが圧倒的に多い。平澤は，ソウルから鉄道で南に約1時間，広大な農地が広がる農村地帯であり，朝鮮半島でも有数の穀倉地帯である。原告のほとんどは1923年生，徴用当時は20〜21歳の青年であり，ほぼ例外なく一家の働き手の中心であった。1944年9月，いきなり「徴用令書」を示され，地元の学校に集められて「内地」での就労を命じられた。この時，「徴用に応じないと家族が逮捕される」と言われたりして強制された人も多く，また皆「給料の半分は家族に送金される」と説明を受けている。そして，釜山まで監視を受けた状態で貨車に乗せられて連行され，行き先も告げられないまま，最終的に三菱重工広島に連れてこられた。そして周囲が有刺鉄線で囲われた「収容所」を思わせるような「寮」に入れられ，ほぼ1人1畳の狭い部屋での生活を強いられた。就かされた仕事は，鋳鉄などの全く慣れない仕事であり，1日10時間にも及ぶ長時間労働である。正に「強制連行」「強制労働」と評される状況であった。

　そして1945年8月6日，原爆投下。徴用工の人たちの居た場所は，爆心からほぼ4kmの距離である。三菱重工は，日本人（内地人）従業員には然るべき指示をしていたようである。しかし朝鮮半島からの徴用工に対しては何らの指示も援助もなかった。皆，自力で寝泊まりする場所を探し求め，食料を確保して生き延びた。そして下関へ，博多へと向かい，命からがら郷里にたどり着いた。朝鮮海峡を渡るには闇船しかなく，そのための金を稼ぐた

めに渡航の前に様々な仕事についた人もいる。闇船での海峡の渡航は正に命がけであり，台風で遭難し，命を落とした人もいる。

三菱重工は，その年の7月から賃金を支払わず，また，徴用工の人たちが郷里に帰って驚いたことには，約束されていた給料の半額の送金はされていなかった。

戦後，日本政府は，1957年に原爆医療法，1968年に原爆特別措置法のいわゆる「原爆二法」を定めた。戦後補償立法の中では，唯一国籍条項がない。日本に在住する被爆者は，日本政府から医療費の援助を受け，健康管理手当の支給を受けることができるようになった。「原爆被害」という特殊な被害に対する特別の措置，という趣旨である。しかしながら，朝鮮半島に帰った徴用工被爆者の人たちはこの法的措置とは無縁であった。しかも，韓国においては健康保険制度は長い間整備されず，被爆者は自費での治療を余儀なくされた。加えて，韓国の医療機関は「原爆症」についての知識も経験もほとんどない（ちなみに，原爆被害者数は，広島市で約40万人，長崎市で約27万人，このうち朝鮮人被爆者は広島市で約5万人，長崎市で約2万人といわれている）。

1965年6月22日，日韓条約が締結され，請求権協定も交わされた。しかしこの時にも在韓被爆者問題は全く対象にされていない。やむなく，1967年，韓国在住の被爆者が被爆者援護協会を設立し，1972年には代表が来日して当時の三木副総理に要望書を提出，更に，1974年には三菱重工に対しても未払賃金の支払いを求めた。しかし，具体的には何らの動きもなかった。

この間在韓被爆者問題に関する象徴的事件があった。1970年，在韓被爆者である孫振斗が日本における被爆治療を受けようとして「密入国」して逮捕される，という事件である。孫振斗は被爆者健康手帳の交付を求め，原爆二法の適用を求めた。孫振斗は最終的に1978年の最高裁判決で勝利し，いかなる理由であれ，日本に現在する以上は原爆二法が適用されるべきであることが確定した。しかし，孫振斗が1974年福岡地裁で勝訴【1】するや，厚生省は後述するように後に最大の問題とされた「402号通達」を発出して，在外被爆者が日本国内で手帳を取得しても，日本国外に一歩でもでればその効力は失われる，という非情な措置をとったのである。

日本政府はその後ようやく重い腰を上げ，1980年から在韓被爆者の渡日

153

第2編　在外被爆者裁判　各説

治療が始められた。しかし，在韓被爆者にとっては，病弱な体で日本の病院まで来なければ治療を受けることができない。その後，1991年から1993年にかけて，日本政府は在韓被爆者援助として40億円を大韓赤十字社を通じて支出した。しかしその資金の使途については，日本政府はわざわざ，「被爆者個人への支給をしない」という制限を設け，その金銭はもっぱら健康診断や治療・福祉センターの建設に使われるにとどまった。

　このような経過を辿る中で在韓被爆者はますます高齢化していった。三菱重工と日本政府により強制連行され，強制的に働かされ，賃金も未払いのまま放置され，そして被爆後も基本的には何らの補償も援護も受けられなかった人たちにとって，戦後半世紀という区切りの時期が目前に迫った。日本弁護士連合会にも救済申立てを行い，そこでは徴用工の人たちの訴えは受け入れられた。しかし，具体的にはそれ以上何らの動きもないまま，1995年という節目の年を迎えた。「従軍慰安婦問題」については，1993年の河野官房長官談話，1995年の村山首相談話と一定の前進が見られた。しかし在韓被爆者問題については何の動きもなかった。そこで見えた日本政府と三菱重工の態度は，「解決済み」という実に冷ややかな姿勢だけであった。1995年12月，三菱重工広島・元徴用工在韓被爆者の人たちが最後の手段として裁判を提起するに至ったのはいわば必然の流れであった。

3　訴訟の概要と広島地裁判決

　1995年12月11日，在韓の元徴用工被爆者である6名の人たちが原告となって，日本国と三菱重工を被告として，1人当たり1000万円の慰謝料の支払，そして三菱重工に対し未払賃金の支払いを求める訴訟を，広島地方裁判所に提訴した。この後，新たに40名の原告が追加で提訴し，総計46名の原告という，一連の戦後補償裁判の中でも規模の大きい裁判となった。弁護団は，広島の2名（足立・山口各弁護士）と大阪の4名の弁護士（幸長・奥村・イム各弁護士と在間）である。

　私たちが求めた慰謝料請求の内容の主たるものは，まず強制連行・強制労働に関する精神的損害。即ちこの点についての国と三菱重工の，国際法違反

154

（戦争犯罪責任に関する国際慣習法違反，ILO29号条約違反）・民法上の不法行為責任，安全配慮義務違反による損害賠償請求である。そして，加えて国に対し，戦後原告ら在韓被爆者を放置してきたことについての慰謝料請求（憲法違反・国際人権規約違反）というものであった。

　ここにおいて指摘しておきたいのは三菱重工の対応である。

　ある程度予想されたことではあったが，三菱重工は訴訟において「別会社論」を全面的に展開した。つまり第二次大戦時の「三菱重工」と現在の「三菱重工」は異なる会社であるというのである。戦後「財閥解体」の政策のもと，三菱重工は全国的に3つの会社に分割され別法人となった。その3社はその後統合され現在の三菱重工という会社となった。即ち現在の三菱重工は法的には新たに設立された別会社ということになっている。確かに法的には当時の三菱重工と現在の三菱重工は「別会社」ということになるのであろう（同様の問題は，他の戦争責任企業である「日本製鉄」──現在の新日鐵住金に関しても存在する）。ところが，1995年に作成された『三菱重工広島製作所五十年史』によれば，戦前に「三菱重工業株式会社広島造船所・同機械製作所が設置された経緯」とその従業員確保の際に朝鮮人徴用工をもってこれに充てた旨が明記されている。とても「別会社」とは思えない記載である。これがいざ戦争責任を問われる場面になると，この企業は臆面もなく「別会社であり無関係」と主張して憚らない。厚顔無恥としか評しようがない。裁判の場においても本来はこの「別会社」論を正面から打ち破るべき場面である。

　しかし，三菱重工は財閥解体前の三菱重工を「法的に」承継する会社を密かに存続させていることが判明した。「菱重」という会社である。少なくともこの菱重という会社は「別会社」論で責任回避はできない。私たちは，「別会社」論で姑息な責任回避を図ろうとする三菱重工の退路を断つために，念のために「菱重」も被告に加えた。

　約3年余りの審理の末，広島地裁は1999（平成11）年3月25日，原告の請求を全て棄却する，という正に血も涙もない判決を示した【4】。

　その内容は，原告らの人たちが真摯に訴えた事実について，満足に認定することもせず，また，原告らの訴えに対し多少とも理解を示すような口吻さえなかった。要は，結論として，国の責任に関しては，「国家無答責論」で

155

第2編　在外被爆者裁判　各説

免罪し，三菱・菱重の責任については「時効」「除斥」を適用して期間の経過により責任を問えない，としたのである。また，戦後被爆者を放置した国の責任に関しては，原爆三法（前述の原爆二法とその後の被爆者援護法）には国籍条項はないが，日本国外の被爆者に法律を適用するには特別の措置が必要，として，国には責任がない，とした。内容においても予想を裏切る不当判決であった。

　この地裁判決の段階では原告46名中6名が無念の思いのまま他界されていた。

　広島地裁では3年余りの審理がなされた。裁判長の訴訟指揮は実にソフトで，傍聴席から拍手が起こっても制止しない。少なくとも表面上は原告である元徴用工被爆者の人たちに対する気遣いがうかがわれた。しかし，その判決の内容は正に血も涙もないとしか言い様のないものであった。

4　広島高裁の一部逆転勝訴判決

　舞台は控訴審，広島高裁に移された。

　控訴審の審理としては一審より長い異例の5年余りの長期間が費やされ，原告の中心的存在のひとりであった李根睦さんの本人尋問も実施された。そして2005（平成17）年1月19日，広島高裁（西島幸夫裁判長・齋藤憲次裁判官・永谷幸恵裁判官）は，広島地裁判決を取消し，国に対し原告1人当たり100万円の慰謝料の支払いと弁護士費用20万円の支払いを命じた。国が402号通達を発出し，在韓被爆者に対し原爆三法の適用をしてこなかったことについての違法を認め，原告らに慰謝料の支払いを命じたのである【14】（判例時報1903号23頁以下。判例タイムズ1217号157頁以下）。

　重要な論点についての高裁の判断に関しては後に述べるが，判示内容の要旨は以下のとおりである。

　まず，国の強制労働・強制労働に関する不法行為責任については，欺罔・脅迫による連行，事実上軟禁状態で徴用工の人たちを押送した，とし，これらは国民徴用令を逸脱するものであり不法行為成立の余地があるとした。次に一審判決が採用した「国家無答責」論については，国家無答責論に一般的

156

は正当性を認めることはできないとして，正面から原審の判断を覆した。更に「安全配慮義務」に関しては，国は三菱重工に徴用工を引き渡すまでは，徴用という行為を契機として「直接に特別の社会的接触に当たる関係」にあったとして「安全配慮義務違反が認められる余地」があると認定した。こうした認定からすれば国の不法行為責任あるいは債務不履行責任が肯定される可能性があることになるが，問題は「時効」「除斥期間」についてである。判決は，その起算点は1965年（日韓条約締結の時期），あるいは遅くとも1972年（韓国の援護協会の役員が来日した時期）であるとし，この点において時効・除斥期間が経過しているとして国の責任は認めなかった。重要な論点であった日韓請求権協定については，本件損害賠償請求権は，日韓請求権協定の2条，3条の「財産，権利及び利益」に該当するものであり，財産権措置法（「財産及び請求権に関する問題の解決並びに経済協力に関する日本国と大韓民国との間の協定第二条の実施に伴う大韓民国等の財産権に対する措置に関する法律」1965年法律144号）により権利は消滅している，との判断を示した。以上のとおり判決は，強制連行・強制労働の点については，国の不法行為責任・債務不履行責任を基本的には認めながら，結論として請求を棄却した。しかしこの点における高裁の判断は，結論をおくとして，地裁判決からすれば大きく前進するものであり高く評価されるべきである。

　高裁が結論において地裁判決を覆したのは，国の徴用工に対する原爆被害放置の点である。原爆二法・被爆者援護法に国籍条項がなく法はあまねく在外被爆者に適用されるべきであり，その手続きのために在韓被爆者である原告らに来日を求めるのは，不合理な差別であり違法である，と断じた。402号通達は誤った法律解釈に基づくものとし，通達は一種の処分にも匹敵し，原告らに精神的被害を与えたとして，原告1人当たり慰謝料100万円，弁護士費用20万円の支払いを国に命じた。また判決は，「供託」に関しても触れ，未払賃金の供託は，供託原因はあるが，供託を有効として弁済の効果を認めることはできないとの判断も示した。この点も地裁判決になかった判断である。

　次に三菱重工・菱重についての高裁の認定である。ここにおいても国の責任と同様，「不法行為成立の余地」を認定し，更に，徴用工の人たちを被爆

第2編　在外被爆者裁判　各説

後放置した点に「安全配慮義務違反」成立の余地を認定した。しかし結論として「時効」「除斥期間」により請求を認めなかった。また「未払賃金」についてはその額が確定できないと判断し，三菱重工等に対する請求においても財産権措置法により権利は消滅しているとの判断であった。

　以上のように，高裁判決は結論においては，私たちの請求の一部分のみを肯定したに過ぎない，と言える。この訴訟の当初の主たる趣旨，即ち国と三菱重工による強制連行・強制労働についての責任は認められなかった。しかし，たとえ一部分であるとしても国の責任を認めた点は画期的であった。そして，強制労働・強制連行に関しても，真摯な事実認定をした上で国と三菱重工の基本的な責任を肯定したことの意義は極めて大きい。

　高裁判決は197頁に及ぶ大部のものである。最後まで読み終えると，裁判官の心情がひしひしと伝わってくるような内容であり，率直に言って私たちにとっても望外の勝訴判決であった。とりわけ，広島地裁の判決と対比すれば，「裁判とは何か？」を考えさせてくれるのに十分と思われる判決である。

　判決の結論は「一部勝訴」であり，三菱重工・菱重に対する請求も認めなかった。その意味では結論的には「極めて不十分な判決」である。しかし，昨今の日本の裁判の実情を考えるとき，この高裁判決は希有のものとして高く評価されなければならないだろう。

　特に，高裁における訴訟の当事者となった原告全員に対し被爆者健康手帳の取得の有無にかかわらず同じ結論を認めた，ということは，裁判官が，三菱重工元徴用工被爆者の人たちがどのような目に遭わされ，今どのような状況におかれているか，という事実に対し，真摯に向き合ったこと，そしてその上で，これまで日本政府がとってきた政策が非人道的なもので許されないことを正面から断罪した，ということを意味する。原告の人たちの中には，被爆者健康手帳を取得できていない人もいれば，来日して手帳を取得して既に健康管理手当の支給を受けたことのある人もいる。この点においては状況は様々である。これまでの日本政府の被爆者に関する行政の基本的姿勢は，「被爆者健康手帳の交付を受けた人が被爆者」というものである。当時は被爆者健康手帳の交付を受けようとすれば，日本における医療機関において診断を受け，日本の役所に出頭して申請しなければならない。そして健康管理

158

第2章　三菱重工広島・元徴用工被爆者裁判

手当の支給を受けようとすれば，同じ手続きを求められる。しかし，広島高裁判決は一律に原告全員に対し慰謝料を支払うことを国に命じた。原告の中には病弱のためとても日本に渡航などできない人もいる。このような状況にある人が救済されない，ということは余りにも理不尽ではないか？　判決の根底にはこうした理念があるように思える。

　判決は，当然のことながら演繹的に論理的に組み立てられている。結論から組み立てられているわけではない。私たちが提起した問題点をひとつひとつ検証し，ほとんどの点は認められない，という内容である。しかし，結論として，国に対し，原告の人たち全てに同額の慰謝料の支払いを命じたことだけをみても，裁判官が「被害者に対する何らかの救済の必要」をまず思い，論を組み立てたように思えてならない。それは後に引用する判決の一節からも窺える。しかし残念なことは，控訴審の審理が経過する中で更に18名の原告の人々が世を去っていたことである。

5　高裁判決は何をどう認定したか？

　この裁判の論点は多岐にわたる。そのうち私たちが，高裁段階でどのような判断が示されるかを注目していた，以下のいくつかの主要な点について，高裁の判断内容を順次みていきたい。

　それは，「事実認定」「国家無答責」「時効除斥」「供託」「郭貴勲判決」の諸点である。

(1)　事実認定

　裁判の基本は，まず事実認定にある。こんな当たり前のことを言わなければならなかったのは，一審の広島地裁がそれをサボタージュしたからである。地裁は，通常の判決における事実認定のように，「……の証拠によれば，……の事実が認められる。」という判断をしているのではなく，「原告らは……との事実を述べている。」という程度にしか事実を扱っていなかったのである。これは判決における「事実認定」ではない。

　高裁での弁論でこの点を私が指摘したとき，「裁判長が頷いていた」とあ

159

とで傍聴の人たちから教えられた。しかし私たちはこれまで，裁判官の一挙手一投足に一喜一憂したり，ちょっとした一言に浮かれたり落ち込んだり……，その結果苦汁を飲まされたことを度々経験してきた。一審が正にそうであった。裁判長は証言する原告の人たちに対し本当にやさしく接した。ほとんど誰もが，"勝訴"とまでいかないにしても，判決の理由の中で何か良いことを言ってくれる，と期待した。しかしその期待は見事に裏切られた。

　この点，高裁判決は，本来の判決のあるべき姿を示してくれた。

　判決は，1905 年以降の日本の朝鮮半島の支配の歴史から，徴用の経緯に一般的に触れ，本件元徴用工の人たちがどのような状況で広島まで連行されたのか，三菱重工広島における処遇はどうであったのか，そして被爆後どのようにして帰郷し，その後どのような辛酸を味わったか，等々ほぼ私たちが主張してきたことがらを，事実として認定した。しかも判決は，各原告の 1 人 1 人について，具体的に，連行時の状況から帰国後の状況まで，詳細な事実認定をした。それは，それぞれの原告の人たちが法廷で陳述し，また私たち弁護団が聞き取った内容を書面で提出したものに沿う内容であった。

　私たちが，一審判決を批判した重要な点の一つである「事実認定」において，地裁とは全く異なり高裁がこのような形で判断をしたことは，ただ「丁寧な事実認定をした」ということにとどまらない。このように，虚心坦懐に過去の歴史に向き合い，個々の当事者の顔が見える形で事実を認定することは，理論的に法的救済を図ることは困難な場面とはいえ，「何からの救済が図られるべきではないか」，という本来あるべき人間としての心情を沸き起こさせる前提となったはずである。

　判決は，「事実認定」の後に，「果たしてそれが『不法行為』といえるか？」，いえるとして，「『国家無答責論』によって国の責任を免罪することができるか？」，国や三菱は「時効や除斥により現段階で責任は負わないということになるのか？」の検討に移ることになる。また一方で，「安全配慮義務に違反していたといえるか？」，いえるとして，同じく国や三菱は「時効により現段階で責任は負わないということになるのか？」の検討が必要になる。

　結論的には，判決は「時効・除斥」と日韓請求権協定に基づく財産権措置法（法律 144 号）により，この点についての国と三菱の責任を否定した。

160

しかしながら，判決は，次の点について，国にも三菱にも「不法行為」「安全配慮義務違反」の「成立する余地がある」と認定した。

それは，「徴用の実施に際しては，実際に行われるかどうかも明らかでないのに賃金の半分を家族に送金するとか，徴用に応じないと家族までもが逮捕されたりするなどといった欺罔や脅迫とも評価されるような説明が徴用に当たった官吏等によって行われ，各人の居住地から広島までの連行の際も，警察官や旧三菱の従業員等が監視して，事実上軟禁に等しい状態で押送されたことが窺われる。控訴人らが徴用に応じたものであるとしても，このような行為は国民徴用令等の定めを逸脱した違法な行為というべきものと考えられ……」との認定である。強制労働に関しては違法を認めなかったが，強制連行の違法を認定した意義は大きいといえる。

そして判決は，私たちが注目していた「国家無答責」の問題については次のように評価できる判断を示した。

(2) 「国家無答責論」

明治憲法下における「国家の権力作用については国は責任を負わない」という「国家無答責論」は，一連の戦後補償裁判において国の責任を追及する上で大きな障害になっていた。

この壁が2003（平成15）年に至ってようやく崩れだした。中国人強制連行の裁判における東京地裁の2003年3月11日の判決と，朝鮮半島からの強制連行被害者の賠償請求についての裁判での東京高裁の7月22日の判決である。これらの判決において，不十分ではあるが初めて，「国家無答責論」は適用できない，との認定がなされていた。

この点について，広島高裁は明確に次のように認定した。「行政裁判所が廃止されて司法裁判所に一元化されたことや，国家賠償法のような特別法が存在しない状態においては，民法の不法行為規定は，公務員の公権力の行使に伴う不法行為も含めて不法行為に関する一般法ともいえる存在であると解すべきこと，明治憲法下においても限定された範囲内ではあっても個人の尊厳は尊重されていたものであり，少なくともこれを否定することは許されないこと，そして，国家無答責という考え方に一般的な正当性を認めることは

できないこと等からすれば，本件強制連行にかかる国の不法行為については，民法に基づいて不法行為による損害賠償責任が認められるべきものと判断する。よって，被控訴人国の国家無答責を内容とする上記主張は採用することができない。」

実に明解な論である。今回の判決は，「国家無答責」という国にとっての「特効薬」は既に過去の遺物であることを，判例の上で定着させてくれたものと評価できる。

(3) 時効・除斥

問題は，「時効」「除斥」である。

高裁判決ではこの点を乗り越えることはできなかった。

周知のように，民法上，不法行為の時効期間はその損害を知ったときから3年，不法行為のときから20年が除斥期間（この20年についても「時効期間」であるとの見解がある）とされている。また安全配慮義務違反による債務不履行責任の時効は10年とされている。賃金請求権の時効はもっと短く，当時の法律からすれば1年間（現行法では2年間）である。

多くの戦後補償裁判の直面する大きな障害のひとつである。しかし，他の戦後補償裁判の中には，戦争被害における責任ある者が「時効」や「除斥」を責任回避の根拠に主張することは信義に反する，という判決もある。しかし，広島高裁判決はこの障害を乗り越えるものではなかった。この点は広島高裁判決の大きな不十分点と言わざるを得ない。

現在の日本における裁判所という場でこの「時の壁」を乗り越えることはやはり非常に困難を伴う。

アジアにおいて何千万の人たちが日本の戦争の被害から立ち直れないでいるにもかかわらず，日本においては「戦後民主主義」が謳歌され，「奇跡的復興」がもてはやされていた。その間に時は非情に過ぎていっていたのである。日本の戦争責任を，アジアの視点で捉えることをしてこなかった，私たち日本人の大きな過ちが，現在の困難を導いているのだと思う。

しかし私たちは最後まで叫ぶ積もりである。「戦争被害者は，権利の上にあぐらをかいてきたのではない。時効・除斥など姑息な責任回避は少なくと

第2章　三菱重工広島・元徴用工被爆者裁判

も戦争を推し進めた当事者に認められるべきではない！」

⑷　供　　託

　戦後間もない1948年9月，三菱重工は，自ら強制労働を強いていた徴用工の人たちに対する未払賃金を広島法務局に供託していた。この事実は，三菱重工が「賃金未払」という事実を自認していたことを意味する。本来三菱重工は，原告の人たちを徴用した当の主体であったのであるから，その人たちの朝鮮半島における住所は当然把握していたはずである。したがって，未払いの賃金があるのであれば，各徴用工の人たちに何らかの方法で届けるなり，送金すべきであった。ところが，三菱重工は，そうした努力を全くすることなく，「居所不明」として，「未払賃金」を広島法務局に「供託」したのである。現在ではこうした杜撰な供託は絶対に認められない。このようなことができたのは，法務局即ち日本政府がこれを受け付けたからである。この点，高裁の段階になって更に重要な事実が判明した。古庄正駒澤大学名誉教授の指摘で判明したことであるが，当時日本政府は三菱重工のような徴用工を就労させてきた企業に対し，未払賃金の供託を奨励してきていたのである。

　私たちは，このような「供託」は無効であって，三菱重工と日本政府が，共謀の上で，徴用工の人たちの未払賃金についての権利を無きものにしようとした，と国と三菱の責任を追及した。

　結論的には，高裁判決はこの「供託」についての賠償責任は，国についても三菱についても否定した。

　しかし，高裁判決は地裁判決とは異なり，次のように認定した。「徴用工らは，国による徴用の手続を経て旧三菱の広島機械製作所及び広島造船所に配置されたのであるから，旧三菱が徴用時の控訴人らの住所を把握していないことは考えられず……」「（供託書には郡までしか記載がなかった）ために，控訴人らは，被供託者本人であることが証明されていないなどとして，供託関係書類の閲覧すらできなかった」，「そうである以上は，この供託を有効として弁済の効果を認めることはできない。また，少なくとも，旧三菱がそのような不十分な供託手続を行っている以上は，三菱や菱重が供託の効果を主張することは信義則上許されないというべきである。」

163

第2編　在外被爆者裁判　各説

　ここにおいても，裁判所が私たちの主張を一定程度正面から受け止めて判断をした，と評価することができる。

(5)　郭貴勲判決

　日本政府は，1974年7月22日，いわゆる402号通達を発して，被爆者健康手帳を取得した人が一歩でも日本国外に出ればその手帳の効力はなくなる，という扱いをとってきた。原爆医療法（1957年）・原爆特別措置法（1968年）のいわゆる「原爆二法」も，それに続く1994年の被爆者援護法も国籍要件を定めていないにもかかわらずである。

　この通達が発せられた時期は極めて重要な意味がある。前述の孫振斗の手帳交付申請却下処分取消訴訟で，1974（昭和49）年3月30日，第一審福岡地裁は福岡県知事の主張を排斥し孫に対して原爆医療法の適用を認める判決を下した【1】。要は被爆者法の適用が，それまでは日本に在住していなければ認められなかったものが，とにかく日本で手続きをすれば手帳の交付を受けることができる，という判断が示されたのである。当然のことながら，海外から多くの被爆者が来日して手続きをとることが予想された。ここにおいて日本政府（当時の厚生省）がとった措置が402号通達の発出（同年7月22日）であった。その内容は，被爆者健康手帳の効力は，日本国内にいるときだけ有効であって，国外に出れば効力が失われる，というものである。

　その後，この通達に基づく行政が続けられ，渡日治療のために来日し，手帳を取得して健康管理手当の受給を受けていても，帰国しようと日本国外に出た途端に手帳は失効させられていたのである。このような行政措置は国籍条項を設けていない原爆二法，それに続く被爆者援護法の趣旨に反する，と大阪地裁に訴えたのが郭貴勲であった。その後，李康寧が長崎地裁に同様の裁判を提起した。そして，2001（平成13）年6月1日大阪地裁は郭貴勲の請求を認め【5】，健康管理手当の不支給を違法と断罪した。続いて大阪高裁も翌2002（平成14）年12月5日同様の判決を下した【7】。李康寧も地裁（長崎地裁2001年12月26日判決【6】）・高裁（福岡高裁2003年2月7日判決【8】）と勝訴した。ただ，これらの判決においては健康管理手当の不支給処分の取消しは認められたが，慰謝料請求は棄却されていた（後に述べるようにこの点が今回の

広島高裁判決との大きな相違点である）。

　こうした画期的な一連の判決の結果，在外被爆者に対する日本政府の政策は根本的な見直しを迫られた。2003年3月1日，問題の402号通達はようやく廃止され，手帳交付に遡って健康管理手当の支給等が始められることとなった。

　ちなみに，この点に関して本件の1999（平成11）年3月の広島地裁判決【4】は次のように判示していた。「国民の税によって賄われる国の給付を外国居住の外国人が権利として請求することができるといった法制度は，通常では考え難いのであるから，当該法律がそのようなものであるとするためには，明確な根拠を必要とすると考えられる」「原爆二法等にはいずれも右に述べた意味での明確な根拠規定は存在していない。」つまり，国籍条項の有無にかかわらず，日本の国内法は特別の定めがない以上国外には適用されない，ということがあたかも当然のごとく論じられていた。

　この地裁判決の後に郭貴勲・李康寧についての前記の大阪地裁・長崎地裁の判断が示された。このわずか2年余りの間に，本件の広島地裁判決の判断が全く誤っていたことが明らかとなったのである。

　こうした経過から，私たちは，広島高裁は一審判決の判断を改めざるを得ない，と確信していた。しかし，この点について私たちが本件の訴訟で求めてきた具体的内容は，ただこの点の誤りを是正させるということにとどまるものではなかった。即ち，原爆二法・被爆者援護法の海外在住者への適用を402号通達等を根拠に拒絶してきた日本政府の対応により，韓国在住の被爆者に対し本来なされるべき救済措置がとられてこなかった，ということに対し，原告全員に対し“慰謝料”を支払うよう求めるものであった。前述のように郭貴勲と李康寧の判決においては，地裁も高裁も慰謝料の支払請求を退けている。本件の原告の人たちの中には渡日することもできず被爆者健康手帳の取得もできていない人もいる。広島高裁が，郭貴勲の大阪高裁判決にいう「被爆者はどこにいても被爆者」という基本的視点を更に進め，国の賠償責任を認め慰謝料の支払いを命じるか否か，これが控訴審における最大の焦点であった。

165

第2編　在外被爆者裁判　各説

6　高裁判決は何故に画期的であるか？

　広島高裁は，結論的に「国には，国家賠償法1条1項により違法な402号通達の作成，発出と，これに従った行政実務の運用の結果，控訴人らに生じた損害について賠償すべき義務があるものと認められる。」として，国が全ての控訴人に対し100万円の慰謝料と20万円の弁護士費用を支払うことを命じた【14】。

　マスコミは，一斉に「戦後補償裁判で，高裁段階で初めての賠償命令」と報じた。正にその点において画期的であった。

　私たちからすると，更に画期的であったのは，郭貴勲と李康寧の判決において明確に否定されていた「慰謝料」の支払いを国に命じた点に加え，前述したように，手帳取得の有無にかかわらず原告全員に対し慰謝料の支払いを命じた点である。この点において，高裁判決は実に慎重に，かつ綿密に論を展開し，日本政府の402号通達に象徴される対被爆者行政の誤りを断罪した。

　判決は次のように認定している。

　　「402号通達の内容やそれが出された経緯等からすれば，そこには在外被爆者からの被爆者健康手帳の交付や各種手当の支給に係る申請の増加が予想されたことから，在外被爆者に対して，被爆者健康手帳の交付等を受けることの意義が限定されたものにとどまることを認識させる意図があったものと認められる。」

　　「控訴人らは，原爆の被爆という被害を受けて以来，被爆に対するいわれのない差別を受けながら，適切な医療も受けることができずに募っていく健康や生活への不安，そのような境遇に追いやられ，在韓被爆者であるが故に何らの救済も受けられずに放置され続けていることへの怒りや無念さといった様々な感情を抱いていたところ，孫振斗訴訟等を契機に在韓被爆者にも被爆者健康手帳が交付される途が開かれ，ようやく被爆者法による救済が期待できる兆しが感じられた途端に本件の402号通達が発出され，以後これに従った行政実務が継続して行われることによって，従前にも増して，一層の落胆と怒り，被差別感，不満感を抱くこととなった。さらに，年月の経過と共に高齢化していくことによる焦燥感も加わって，本件訴訟を提起して在韓被爆者援護の必要性，相当性を訴えるとともに，402号通達及びこれに従った行政実務の取扱いの違法性，不当性を主張するという具体的な行動にまで出ざるを得なくなったものであり，

第2章　三菱重工広島・元徴用工被爆者裁判

控訴人らが，このような精神的損害というに足りる多くの複雑で深刻な感情を抱かされてきたことが認められる。」

「控訴人らの精神的損害については，被爆者健康手帳を既に取得している者と，そうでない者との間で，本件402号通達により被ったであろう上記のような失望感，不満感，怒り，無念さ，被差別感，焦燥感等の感情に差異はなく，また，この点は各控訴人ら相互の間においても同様であって，その精神的損害の程度に違いはないものと認めるのが相当である。」

「現在の，多様化した社会の中での生活においては，他者から内心の静謐な感情を害されることがあっても，一定限度では甘受すべきものとは考えられるものの，社会通念上その限度を超えると認められる場合には，人格的な利益として法的に保護されるものと解すべきである。本件は，原爆の被害という他に例を見ない深刻な被害を受けた被害者の救済に関して，被控訴人国の発出した通達が法の解釈を誤ったものであったという特殊な事案に関するものであり，これにより訴訟の提起にまで至った控訴人らが被った上記のような精神的損害の深刻さ，重大性，特異性に照らせばその甘受すべき限度を超えて法的な保護の対象となるものと認められるのが相当である。現在，控訴人ら在外被爆者自身の叫びに加えて，多くの人々の協力もあって，ようやく，在外被爆者の救済の必要性が認識され，少しずつではあるが，改善の兆しが見えてきているといえる。しかし，被爆者らの高齢化を考えると，救済は急がれるのであって，早急に可能な限りの保護，援護が望まれるところであるが，このように救済が遅れてしまったことについても，結果として在外被爆者を形式的に切り捨てることになったとも評価し得る本件402号通達の存在が大きく影響しているといわなければならない。」

少し長い引用になったが，まことに血の通った判決である。

7　最高裁で確定

私たちは，高裁判決に対し高い評価をしながらも，主たる請求が認められなかったのであるから，最高裁に上告・上告受理申立を行った。国は，当然のことながら上告受理申立に及んだ。

高裁判決から2年10か月近く経過した。最高裁第一小法廷は，弁論期日を指定することなく判決言渡期日を指定し，2007(平成19)年11月1日，判決を言い渡した【27】。最高裁が高裁判決を覆す際には弁論を開くのが通常で

167

第2編　在外被爆者裁判　各説

ある。したがって高裁判決がそのまま維持されることは事前にほぼ予測でき
た。しかし，一部勝訴とは言え，現実に最高裁の法廷で判決言渡しの場面に
立ち会うことは感激であった。提訴以来12年，原告の人たちの長い闘いは，
一部とはいえ報われた。今は亡き原告の李根睦が満面の笑みで両手を挙げて
喜ぶ姿が新聞でも報じられた。しかしこの最高裁判決の際には多くの原告の
人たちは“勝利”の確定を知ることなく世を去っていた。

　まず私たちの上告・上告受理申立に対する最高裁の上告棄却の理由は次の
とおりであった。最高裁は1968（昭和43）年11月27日の大法廷判決（平和条
約により在外資産を失ったとして憲法29条違反を主張した事案について国の責任
を否定した判決）を引用して，「第二次世界大戦の敗戦に伴う国家間の財産処
理といった事項は，本来憲法の予定しないところ」とし，憲法14条，29条
違反という私たちの主張を一蹴した。

　注目すべきは，国の上告受理申立に対する判決であった。

　最高裁も，402号通達が在外被爆者としての権利を失わせる取扱いの定め
るのは原爆二法の解釈を誤る違法なもの，と断じた。

　402号通達が発出された1974年段階では，失権取扱いが違法であること
を担当者は認識しながら402号通達を発出したことは，国家賠償法上違法と
の評価を受ける，という判断である。この点，最高裁は当然の如く高裁判決
を正当と判断した。この点についての最高裁の判断は極めて重要である。つ
まり，国家賠償法の解釈においていわゆる「職務行為説」を採用しながら，
国の政策自体の違法を認め，慰謝料の支払いを命じたことの重要性である。
1968年，原爆特別措置法が制定された際，国会において当時の厚生大臣は
「措置法は海外には適用されない」旨の答弁をしていた事実がある。裁判に
おいては国はこの点を殊更強調してきた。しかし最高裁は，「失権取扱いが
違法であることを担当者は認識しながら402号通達を発出した」と判示して
いるが，実質的には，国が政策として法の適用を日本国内に限定するとの措
置をとったことが，原爆二法の趣旨に反し違法と断じたに等しい。この点は，
やはり原告らの救済という趣旨を優先した最高裁の判断と言っても良いであ
ろう。最高裁判決における「慰謝料の支払いを命じた原審の判断は是認でき
ないではない。」との表現はそうした趣旨が込められているように思える。

168

最高裁第一小法廷の裁判官は全部で5名である。しかしそのうちの1人の裁判官は厚生省出身であったことから審理から外れた。残る4名の裁判官のうち3名の裁判官の意見で最高裁の判決が決せられた。残る1名は検察官出身の甲斐中辰夫裁判官であり，その多数意見に反対する意見を書いている。その内容は，402号通達の発出に国家賠償法上の違法はなかったとし，更に手帳を取得していない人には被害は発生していない，というものである。しかしこの意見は一裁判官のみのものであった。いわば薄氷を踏む勝利であったかも知れない。しかし最高裁の判決として，原告の人たちに対する国の賠償責任を認めただけでなく，原爆二法の適用を除外されてきた全ての在外被爆者に共通する極めて重要な判断が確定したことになった。

8　最高裁判決その後

最高裁判決の論は，402号通達によって法の適用から除外されてきた全ての在外被爆者の日本国に対する賠償請求権を肯定することになった。

国は原告となった三菱重工広島・元徴用工被爆者の人たちそしてその遺族に判決で定められた慰謝料・遅延損害金・弁護士費用を支払った。しかし問題はここから新たなスタートを迎えることとなった。日本国は，全ての在外の被爆者に対し同様の慰謝料の支払いをしなければならない状況に至ったのである。当時の舛添厚労大臣もその趣旨を認めた。

ここで日本の支援団体は，然るべき法的措置等をとることによる解決を政府に求めた。日本政府が国家賠償法上の賠償責任を負うことが確定したのだから，本来は，国の責任で在外被爆者の存在を確認し，その人たちに同様の賠償をしていかなければならないはずである。しかし現実には日本政府（厚労省）は在外被爆者がどこにどれだけの数存在するか，ということすら満足に把握していなかった。せいぜい，「世界30カ国以上，5,000名を超える」という程度の認識である。

結局，日本政府は，とにかく当事者の方から訴訟を提起されれば，「在外被爆者」である限りは最高裁判決と同内容で和解で解決する，という方針で臨むという態度をとった。私たちとしても，早期解決を図る趣旨で，やむな

第2編　在外被爆者裁判　各説

く訴訟を提起し早期に和解により救済を実現するという現実的な対応で臨むことにした。

　その後，長崎地裁・広島地裁・大阪地裁の3つの裁判所に訴訟が提起されていくことになる。私は，長崎・広島地裁の訴訟を担当した。その後提訴されたケースは，やはり在韓被爆者が中心である。それ以外にアメリカ，ブラジル，メキシコ，ペルーそしてスウェーデン等々に在住の被爆者（この方々はほとんどが日本人で戦後移住された方々である）が次々と訴訟を提起していった。韓国と同様の状況にある被爆者のケースは日本の旧植民地・台湾である。「台湾被爆者の会」も設立され現段階で14人の被爆者の方々の和解が成立している。また，最近ではオランダ人の戦争捕虜として長崎の捕虜収容所に収容されていたウィリー・ブッヘルさんがオランダ在住の被爆者として提訴し和解が実現している。

　この一連の裁判は現在も続けられている。日本政府のスタンスは，あくまでも「訴訟を提起されたら，その人が日本国外にいた被爆者と確認できれば和解によって賠償金を支払う」というものである。国家賠償法によって"慰謝料"の支払いを命じられた当事者のとるべき対応ではないであろう。世界中に存在するヒロシマ・ナガサキの被爆者の全てが救済されるわけではない。日本の法の埒外におかれてきた人たちは，現実に被爆した人たちであっても被爆者健康手帳を取得した人は希有である。今に至っては「被爆」の立証すら困難な人たちも多い。在外被爆者に対する救済がようやく実現し始めたのは，2003年以降である。既に被爆から60年近い年月が過ぎている。救済されるべき多くの人たちが世を去っている。あまりに遅すぎる，というほかない。

　この点で現在残された最大の課題は，朝鮮民主主義人民共和国（北朝鮮）の被爆者問題である。同国にも被爆者健康手帳を取得している被爆者が存在することが確認され，被爆者協会も存在しているようである。同国と日本との戦後処理問題との関連で複雑な問題があり，以前から問題の所在が指摘されながら，具体的には進展していない状況にある。ひとつの残された大きな未解決の問題である。

第2章　三菱重工広島・元徴用工被爆者裁判

9　容易ではない在外被爆者全てに対する救済

　前記のとおり，日本国外に居る全ての被爆者が日本政府に対し慰謝料を請求できる権利をもつ。そして日本における闘いは今でも続いている。しかし日本政府が，「訴訟を提起すれば和解で解決する」というスタンスをとったことの問題は，その後の展開に大きな問題を残している。

　日本政府は和解の前提として「当事者が“在外被爆者”であること」を求める。被爆者健康手帳を取得していた人，あるいは新たに取得した人が原告となる場合は「被爆者」であることは明らかであるからそれほど問題はない。しかしその場合でも，その人が402号通達が発出された後に日本国外に居た，という要件が充足されることを国は求める。402号通達故に権利が侵害されてきた，という点が日本国の賠償責任の根拠になっていることからすれば，やむを得ないことであろう。しかしその点についての根拠資料は，原告側即ち被爆者側が提出しなければならない。在韓の人たちであれば，通達が発出された1974年7月22日以降韓国に居たという証明である。韓国にも住所の変遷を記録する住民登録の制度があり，資料としては住民登録票を証拠として提出することが求められている。韓国の場合はそれほど困難は伴わない。しかし，この点についての「資料」となると，アメリカやブラジル，そしてその他の国々で様々であり，必ずしも容易ではない。

　問題は，その被爆者が亡くなっているケースである。402号通達故に法の適用から排除されてきた被爆者の権利は，相続により引き継がれることになる。原告となるのはその被爆者の「相続人」の人々である。「相続人」であることを証明するには，日本の実務においては死亡した人の出生以降の戸籍謄本の提出が厳格に求められる。「和解のための裁判」は当然ながら日本の裁判所でなされるので，その相続関係の資料も日本の厳格な裁判実務のレベルに合わせられる。しかし，死亡した被爆者は，韓国人であり，台湾人であり，またアメリカ人，ブラジル人等々である。現在では「戸籍制度」は世界的には日本にしか存在しない。日本が殖民地支配した朝鮮半島と台湾については，その支配に伴って日本本土と同様の戸籍制度が敷かれた（しかし当時

171

第2編　在外被爆者裁判　各説

の日本の戸籍法をそのまま適用したのではない)。しかし第二次大戦後の状況は，韓国と台湾でも異なる。韓国を例にとってみても，韓国では戦後しばらくは日本占領時代の戸籍制度が続いたが，その後数度の改変がなされ，現在では戸籍制度は廃止されている。したがって，日本におけると同じような感覚で戸籍謄本の収集ができるものではない。また，戦後大きな動乱を経験している。戸籍等の書類が失われたことも珍しくない。このような事情があっても，日本政府は，あくまでも日本におけると同様の厳格な戸籍の連続性を求める。そうした書類が何とか整っても，そこに記載されている文字は韓国語である。当然のごとく私たちに翻訳を要求する。その上で，政府の限られた数の担当者がそれらの書類を厳密にチェックする。必然的に和解に至るまでの時間は長期間にならざるを得ない。また，戸籍が満足に揃えることができないケースも存在する。そのようなケースでも国はあくまでも日本の実務レベルの資料を求めてくる。こうした事情から，死亡した被爆者の事案については，今なお「和解に向けた裁判」が続けられている。

　私たちが担当している韓国・台湾の被爆者方々でこれまで和解が成就したのは，生存・死亡被爆者の総数にして，韓国が1,919名，台湾が14名，他にスウェーデン，オランダの各1名である（2016年9月現在）。裁判はまだまだ続く。

　未だ解決に至っていない最大の原因は何か？　もちろん，402号通達に象徴される日本政府の在外被爆者を切り捨ててきた被爆者援護政策にあったことは勿論である。しかし，多くの被爆者が高齢となり，次々と他界されていく状況を目の当たりにすると，日本政府が何故もっと早い段階で政策を改めなかったのか，が最大の問題であるように思う。これまで国は，司法の場で度々その政策の誤りを指摘されてきた。しかし国は，裁判として提起された問題についてはそれ限りで対応を改めながら，根本的なところでの誤りは決して認めようとしなかった。この基本的な姿勢は現在においても変わっていない。

　日本政府は，裁判所において『慰謝料』の支払いを命じられた，という事実を真摯に且つ深刻に受け止めなければならない。そうでなければ「日本の戦後」は永遠に終わらないであろう。

10　韓国に引き継がれた日本の闘い

　(1)　日本における三菱重工広島・元徴用工被爆者の闘いは，その経過の中で日韓共同の取り組みへと発展し，その後現在に至るまで大きな展開をみせている。

　前述したように1999年3月25日，広島地裁は予想を裏切る不当判決を下した。私たちは当然控訴して争ったが，他に活路を見出せないか，と検討した結果，韓国から訴訟の形でこの問題を提起できないか，との考えに至った。当時，韓国の崔鳳泰弁護士そして張完翼弁護士が日本の戦争責任問題に取り組んでいるとの情報を得，接触を試みた。崔鳳泰弁護士が日本語に堪能なこともあり，短期間の意見交換で十分な意思疎通ができ，日韓の弁護士の協働作業で韓国で提訴するとの方向で急速に話が進んだ。よもや韓国の裁判所が日本の裁判所と同じ感覚でこの問題を見ないだろう，という発想が根底にあった。

　そして2000年5月1日，釜山地方法院に6名の元徴用工被爆者が原告となり三菱重工を被告として賠償を求める訴訟を提起した。このような訴訟は韓国では初めてである。代理人として名を連ねたのは韓国の両弁護士の他韓国の弁護士の方々（「民弁」──民主社会のための弁護士会所属の弁護士たち）であるが，実質においては正に日韓の弁護士の協働の取り組みであった。

　原告6名のうち5名は日本でも原告となっている元徴用工である。訴状の内容は，ほぼ日本の訴訟における訴状を韓国語に翻訳したものと言って良い。請求額は日本における裁判とほぼ同額である。当時一般的に「不法行為による損害賠償」における賠償額に関しては，韓国におけるレベルは日本より相当低額であった。したがって「1,000万円の損害賠償請求」というケースは韓国においては異例であった。また被告を三菱重工に絞り日本国を被告としなかったのは「主権免除」（国際民事訴訟において，被告が国または下部の行政組織の場合，外国の裁判権から免除される，という国際慣習法で認められている論）というハードルを越えるのは困難，という判断からであった。釜山地方法院に提訴したのは，当時三菱重工が韓国においてもっていた営業所は釜山

173

第2編　在外被爆者裁判　各説

にある事務所のみであったことによる（現在は三菱重工はソウルに営業拠点を置いている）。

　韓国における訴訟でも日本におけると同様の点が争われた。原告の5名が日本でも提訴していたので「重複した訴訟」も争点になった。

　(2)　この韓国訴訟の過程でも，三菱重工側が「1965年の韓日請求権協定により問題は解決した」との主張を展開した。そこで裁判所の審理において「韓日協定に至る協議の経過」を明らかにする必要が生じ，韓日協定に関する情報の公開問題として発展していった。そこで釜山地方法院での審理が一時的に停止され，韓日協議の経過についての情報公開問題の決着が先行されることとなった。日本でも同様であるが，1951年から1965年の日韓条約・日韓協定に至る協議の経過は韓国においても闇に葬られてきていた。韓国では軍事独裁政権が続いていたこともあり国家秘密の最たるものであった。それが裁判所が関与する形で韓日協議の経過が明らかにされる動きに繋がっていった。その後，その情報公開請求訴訟がソウル行政法院に提訴され，2004年2月13日，原告勝訴の判決が勝ち取られた。画期的な出来事である。

　この訴訟の中で驚くべきことは，韓国政府が韓日協議の経過を明らかにできない，とする理由として，次のような理由を挙げていたことである。即ち，日本政府から韓国政府に対し，今後の日朝協議に影響が生じるおそれがあるので，日韓協議の経過を明らかにしないようにとの圧力をかけていた，という事実である。韓国政府からすれば，もし情報公開に応じれば韓日の外交問題にも発展する，としてその情報の公開を拒否していたのである。こうしたことは日本においては全く知られていないことである。

　しかし，ソウル行政法院は，そうした韓国政府の主張がなされてもなお，韓日協議の経過について情報を公開するように命じたのである。その後，韓国において韓日協議に関する文書が公開されていった。日本においては，その後東京地裁に同様の文書公開請求訴訟が提起され，2007年12月26日同地裁により一部の公開を命じる判決がなされるに至った。韓国では，2003年盧武鉉政権が誕生したこともあって政府側の対応も大きな変化を遂げたが，情報公開に関しては日本の方が遥かに遅れをとった。さらに盧武鉉政権のもとで2004年11月「日帝強占下強制動員被害真相糾明特別法」が制定され，

以降軍人・軍属，徴用工，軍隊慰安婦等の被害申告を受け被害の認定をする，という措置がとられる。そして 2007 年 12 月「太平洋戦争前後国外強制動員被害者等支援法」が制定され，韓国政府は強制動員により死亡した被害者に 2000 万ウォン，障害を負った被害者に 300〜2,000 万ウォン，未収金に対しては 1 円当たり 2,000 ウォンを支払う措置をとるに至っている。

　(3)　前述の行政法院の判決を受けた情報公開が実現していく経過の中で，中断されていた釜山地方法院の審理は再開され，判決を迎える。2007 年 2 月 2 日，釜山地方法院は原告の人たちの請求を「消滅時効」を理由に棄却した。期待を裏切る不当判決であった。この判決に対しては当然釜山高等法院に控訴されたが，同裁判所でも原告らの請求は棄却された。三菱重工に対する訴訟は韓国では大きな反響を呼び，戦時中日本製鉄に連行され強制労働を強いられた元徴用工らも「新日鉄」（現在の「新日鉄住金」）を被告としてソウル地方法院に提訴した。しかしこの訴訟においても原告敗訴となり，その控訴審のソウル高等法院においても請求は認められなかった。これらの判決に対してはいずれも上告され韓国大法院における審理の場に移された。

　ここに及んでこの状況に大きな変化が生じた。

　(4)　まず，その変化の前兆ともいえる憲法裁判所の決定である。2011 年 8 月 30 日，韓国の憲法裁判所（韓国では日本における最高裁判所に当たる「大法院」と別に「憲法裁判所」が設けられている）は画期的な決定を下した。憲法訴願（申立て）の趣旨は，「『従軍慰安婦問題』と『原爆被害者問題』について，各被害者が日本国に対してもつ損害賠償請求権が請求権協定によって消滅したか否かについて，韓国政府と日本政府の間に解釈の相違があるにもかかわらず，請求権協定第 3 条による仲裁手続をとろうとしない韓国政府の対応は，不作為による憲法違反である」というものである。憲法裁判所はこれを認める決定を示した。つまり「従軍慰安婦問題」と「原爆被害者問題」は“未解決”であるから，これを“解決済み”とする日本政府に対し，韓国政府は請求権協定に定める手続に従って仲裁手続をとる義務があるというものである。いわゆる強制連行問題とは直接関係しないが，戦後補償問題は未だ「完全かつ最終的に解決」とは言えない，という判断を憲法裁判所が示したものであった。

175

第2編　在外被爆者裁判　各説

「原爆被害者問題」についての憲法裁判所の決定は，「請求人らは，日帝強占期に徴兵・徴用によって強制的に日本に滞在させられていたところ，広島と長崎に投下された原子爆弾によって被爆した韓国人原爆被害者であり，日本国に対してそれに起因する損害賠償を請求した」が，日本国は協定によって賠償請求権はすべて消滅した，と主張し，韓国政府は未解決と主張している。そして，憲法裁判所は，「結局，本件の協定の解釈に関して，韓日間に紛争が発生している状態」と認定した。日韓協定の締結過程において，「韓国人被爆者」に対する補償問題は俎上にはのぼっていない。この点は，「慰安婦問題」と同様である。また，徴用工訴訟においても，日本国は，請求権協定で解決済み，との主張を展開していた。したがって，結局は「本件の協定の解釈に関して，韓日間に紛争が発生している状態」ということはできる。ここにおける問題は，憲法裁決定のいう「それに起因する損害賠償」とは何か，である。「被爆者」については，日本の被爆者も，原爆二法・被爆者援護法による援護以外に補償を受けているわけではない。また，空襲による日本人被害者も補償請求は否定されている。

　ここでいう「それに起因する損害賠償」とは何か？　が検討される必要がある。憲法裁判所の決定は，「徴兵・徴用によって強制的に日本に滞在させられていた」と前置きしている。この部分に意味をもたせるとすれば，「強制連行」以前の（即ち国民徴用令以前の），「募集」「官斡旋」により朝鮮半島から「内地」に移り住んだ人たち，あるいは，1910年以降自己の意思により「内地」に移った人たちで，被爆した人たち，は，「それに起因する損害賠償」の請求権をもたないことになる。となれば，韓国側からする未解決の問題は，「強制連行により朝鮮半島から日本に滞在させられた人たち」で，広島・長崎で被爆した人たちの補償請求問題，ということになるのであろう。また，日本人でも，被爆死した犠牲者は何らの補償対象になっていないが，「強制連行により朝鮮半島から日本に滞在させられた人たち」で爆死した人の遺族も補償されるべき主体になるのではないか，という問題にもなる。また，そこでいう「それに起因する損害賠償」とは具体的に何を意味するのか，という点も検討される必要がある。原爆三法の適用を排除してきたことによる損害賠償，ということになれば，2007年の日本の最高裁判決が，「100

176

万円の慰謝料」を認定しているので，その額では不十分である，ということ
を意味する。問題はそれにとどまらず，「強制連行～被爆」という経過，「被
爆後の放置」という点についての損害賠償という趣旨も含むか，という点も
ある。この憲法裁判所の決定は以上の意味で，日本の戦後責任についての日
韓の基本的な認識のズレを考えさせるものである。

　(5)　この憲法裁判所の決定に引き続いて，韓国大法院が2012年5月24日，
三菱重工と新日鉄住友に対する訴訟について，いずれも請求を棄却した高等
法院の判決を取消し，両社の賠償責任はあるとして，それぞれ各高等法院に
差し戻す判決を下した。韓国の裁判所での闘いが開始されて12年を経てよ
うやく闘いは実を結んだ。判決の内容は，日本の裁判所の判決の既判力は及
ばないこと，時効の援用は信義誠実の原則に反すること，別会社論について
は会社は形式上別であっても実質的に同一である等と高等法院の判断を全て
覆した。最も重要な点は，日韓請求権協定により請求権問題は解決したか，
という問題であった。判決は，日本の反人道的な不法行為責任，植民地支配
に直結した不法行為による損害賠償請求権は，協定によっては解決されてい
ない，という画期的内容であった。

　この大法院の差戻し判決を受けて各高等法院ではその賠償額を確定する審
理が行われ，まず2013年7月10日，ソウル高等法院は新日鉄住金に対し1
人当たり1億ウォン（日本円で約1,000万円）の支払いを命じる判決を下した。
続いて，同年7月30日，釜山高等法院の判決は三菱重工に対し，1人当た
り8,000万ウォン（日本円で約800万円）の支払いを命じた。これらの判決
に対しては，両社とも大法院に上告し，未だ判決は確定していない。

　こうした動きは更に拡大し，以上の経過に並行して，日本の企業に対する
新規提訴が相次いだ。2012年10月24日，名古屋三菱重工勤労女子挺身隊
の被害者が光州地方法院に提訴し，2013年11月1日，同裁判所は三菱重工
に対し，1人当たり1億5,000万ウォン（日本円で約1,500万円）の支払いを
命じた。更に同年2月14日，不二越勤労挺身隊被害者がソウル中央地方法
院に提訴し，2014年10月30日，同裁判所は不二越に対し，1人当たり
8,000万～1億ウォンの支払いを命じた。また2013年には，新日鉄強制動員
被害者・三菱重工強制動員被害者らが相次いで提訴している（前記の大法院

判決から3年経過すれば「時効」とされる余地があることから，2015年5月以降は新たな訴訟は提起されていないようである）。

11　おわりに

　本来の与えられたテーマから大きくはみ出したかも知れない。しかし以上見てきた一連の経過は，私たちが考えるべき問題は，ただ強制連行・強制労働に対する賠償，そして被爆者に対する援護，という範囲にとどまらないことを示しているように思われる。

　先にみた現在に至る韓国の動きは日本における動きと対照的である。韓国では，司法の場で日本の戦後責任問題は「未解決」であることが確認され，日本の戦争遂行企業に対する責任追及が一層拡大している。日本では戦後補償問題を巡る裁判はほぼ終息し，日本の戦争責任問題は意図的に忘れ去られるべき過去の問題とされようとしている。

　この日韓の状況の違いを考える上で重要な問題は，「日本の戦争責任」の内容ではないかと思う。前述のように韓国では憲法裁判所でも大法院でも日本の「植民地支配」による責任が強く指摘されている。しかし日本では，14年に及ぶ日韓協議の間にしばしば日本政府代表の口から語られたように，そしてまた現在でも一部語られているように，「"植民地"支配をしたのは日本だけではない。連合国を構成した欧米列強も植民地を有していた。日本だけが責任を問われる問題ではない。」との論が幅を利かせている。確かに，1945年のニュルンベルグ裁判，そして東京裁判でも，「植民地支配」についての責任は俎上に上っていない。そこで裁きを受けたドイツは第一次世界大戦後に植民地を失っていたから当然として，東京裁判では「裁く側」の連合国を構成する国が植民地をもちながら日本の植民地支配の責任を裁くことはできなかったのであろう。しかし，植民地支配を受けた人々からすれば，そこで受けた筆舌に尽くし難い被害を忘れることはできない。

　2001年8月から9月に南アフリカのダーバンで開催された国連主催の「人種主義，人種差別，排外主義，及び関連する不寛容に反対する世界会議」（通称「ダーバン会議」）は，この植民地主義についての歴史的評価を下して

いる。そしてアフリカやカリブ海での植民地支配を巡って，現在でも裁判等でその責任が追及されている世界的状況がある（永原陽子編『「植民地責任」論』2009年，青木書店）。今日本政府に求められているのは，韓国から提起されている様々な問題に対し，ひたすら過去のものとして葬り去ろうという姿勢ではなく，事実に真摯に向き合い，謙虚に事実を検証することである。そこから自ずと戦後責任問題の解決は見えてくると思う。

　「私たちが心から求めているのは謝罪や賠償ではない。過去何があったのか，その事実を認めて欲しい。そうすれば問題はほとんど解決する。」私がこの三菱重工広島・元徴用工被爆者裁判に関わった当初原告のひとりから言われたことばである。以来20年余りを経た今でもこのことばの重みは変わらない。

（在間秀和）

第3章　在ブラジル被爆者裁判

1　在ブラジル被爆者訴訟（手帳・手当訴訟）とは

　在ブラジル被爆者訴訟（手帳・手当訴訟）は，2002年3月1日に，ブラジル被爆者協会の会長である森田隆が，日本国と広島県を被告として，ブラジルにいる状態でも，被爆者健康手帳の交付をもって取得した被爆者援護法1条1号に定める被爆者たる地位にあること，および，同法に定める健康管理手当証書の交付をもって取得した健康管理手当受給権者たる地位にあることの確認を求めるとともに，日本を出国した後に打ち切られ未払いとなっている健康管理手当の支払いなどを求めたものである。先行する韓国人被爆者の郭貴勲が大阪地裁に提訴した訴訟と同様の訴訟である。

2　在ブラジル被爆者の置かれてきた状況

　なぜ，ブラジルに被爆者がいるのか。それは，日本社会が戦後の混乱状況を経験してきたことの反映である。特に，広島や長崎は原子爆弾の爆撃により，戦後被爆者は厳しい生活を強いられることになった。当時，外務省は海外への移民を奨励し日本から多くの移民が南米，特にブラジルに移民した。そのような中で，新天地を夢みた広島・長崎の被爆者もブラジルに渡ることになった。2016年10月現在，ブラジルに被爆者は100名を下回ったと見られる。

　1945年の原爆投下，敗戦，その後のプレスコードによって，原爆被害者は，日本社会から見捨てられた状態で12年を経過し，1957年になってようやく原爆医療法が制定され，被爆者健康手帳制度ができ，まがりなりにも被爆者援護がスタートした。しかし，最初は健康診断が主で，限られた被爆者に医療がなされるだけだった。その後，東京地裁での原爆裁判判決（1963年12

181

月7日）は，被爆者の請求は棄却したものの，原爆投下を国際法違反と断じ，異例の付言で，原爆医療法のみでは援護が不十分であるとした。そして，1968年には原爆特別措置法が制定され，健康管理手当等の各種手当制度が創設され，被爆者の健康維持などのために手当が支給されることになった。1994年，これらの2つの法律は，被爆者援護法として一本化され現在に至る。

　1945年当時，広島市，長崎市には多くの朝鮮半島出身者が生活していたこともあってか，原爆二法および被爆者援護法には，他の戦争被害に対応する戦傷病者戦没者遺族等援護法などと異なり，日本国籍を有する者のみを援護するとする，いわゆる国籍条項はなかった。しかるに，日本政府は，日本国籍を有していても日本国外に生活する被爆者にさえ援護の手を差し伸べようとしなかった。

　1970年に在韓被爆者・孫振斗が日本に治療を求めて密入国した事件が発生し，困難な闘いの末，1978(昭和53)年3月30日，最高裁【3】は，原爆医療法が単なる社会保障法ではなく制度の根底に国家補償的配慮があることを認めて，密入国した者であっても，孫に被爆者健康手帳を交付するよう命じた。ところが，日本政府は，この裁判の一審判決【1】（福岡地裁・1974(昭和49)年3月30日）が出た後の同年7月22日，厚生省公衆衛生局長通達（いわゆる402号通達）を発出し，日本国外に出国した被爆者健康手帳所持者の医療や手当を受ける権利を失権させる取扱いをすることになった（以下，「失権取扱い」という）。このため，日本国外に居住する被爆者は，日本国籍であろうと否とにかかわらず，日本国を一歩でも出ると，何らの法律の明文の規定なく失権取扱いをされ，被爆者としての権利が認められないこととなった。

　1995年に至り，戦時中，広島の三菱重工業株式会社の機械製作所，造船所に徴用された元徴用工である在韓被爆者が強制連行・強制労働による被害と被爆者でありながら日本の被爆者差別されてきたことについて損害賠償を求めて訴訟をはじめた（三菱重工広島・元徴用工被爆者補償請求事件）。ついで，1998年に在韓被爆者の郭貴勲が日本に来て，被爆者健康手帳の交付を受けても，日本国外に出国すると，被爆者健康手帳が失権取扱いをされることが不当であるとして大阪地裁に提訴した。郭貴勲裁判で，2001(平成13)年6月1日，大阪地裁【5】は402号通達による失権取扱いが違法であり，日本を出

国しても，被爆者健康手帳は失権せず，健康管理手当の受給権があることを
認めた。これを受けて，同年8月，厚生労働大臣の諮問機関として「在外被
爆者に関する検討会」が設置され，同年10月，同検討会で韓国，米国，ブ
ラジルの被爆者からも意見が聴取され，いずれの国の被爆者も各国の実情に
応じた援護の実現と大阪地裁判決に基づく援護の実施を訴えた。同年12月，
同検討会は報告書を提出し，これを受けて，厚生労働省は，新しい在外被爆
者支援策をまとめた。しかし，この支援策は，在外被爆者を日本に来やすく
する措置を取る一方で，大阪地裁判決での郭貴勲の勝訴の結果を無力化し，
国外に居住する被爆者には，健康管理手当の支給を認めないことを柱とする
ものだった。

3　原告のとの出会い

　一次訴訟の原告は1924年生まれの森田隆だった。森田は，1956年にブラ
ジルに移民し，1984年7月にブラジルで在ブラジル原爆被爆者協会を立ち
上げ，以後会長を務めてきている。協会設立後，毎年日本に帰国して，在ブ
ラジル被爆者への援護の充実を日本政府に訴えてきた。このなかで，1985
年には，既に北米で実施されていた健康診断事業が南米でも実現することに
なるなどの成果を上げた。1996年からは，在韓被爆者，在米被爆者と一緒
に日本政府への要請行動に取り組むようになった。そのころから，私は森田
と知り合うようになった。

4　提訴に至るまで

　2001年10月，森田隆が，前述の厚生労働大臣の諮問機関である「在外被
爆者に関する検討会」で意見を陳述するため帰国されたとき，私は，「もう
訴訟しかないのではないか」と勧めた。しかし，森田隆は首を縦に振らな
かった。その言葉は重かった。「移民した者が祖国を訴えることはできない」，
「検討会の結論を待ってみる」。森田は，在ブラジル原爆被爆者協会を立ち上
げた後，毎年，来日して，厚生省に援護を要請してきたが，その際に，「国

183

第2編　在外被爆者裁判　各説

を捨てた者が何を言うか」という心ない対応に傷つけられたことがあった。郭貴勲裁判の第一審判決後のこの検討会の結論に一縷の望みを託していた。

　ところが，その期待は裏切られた。わざわざ日本まで来て，この検討会に出席して意見を述べた森田隆の落胆は想像するに余りあるものだった。「検討会の結果は南米被爆者には理解できません。日本に行くためには飛行機で24時間かかります。老齢化した私たちには，その旅に耐えらません。私たちも国を訴えることに決心しました」と述べた。

　森田隆が提訴する意向であることが，2002年1月，ブラジルの日系新聞で報道された。当時在ブラジル広島県人会の会館の建替えが進んでおり，広島県から補助金を受けようとしていた時期であったため，提訴に対し圧力がかかることが危惧された。後に控訴審において，広島県庁の職員が電子メールで，圧力をかけた事実が発覚したことからも窺えるように，森田隆には，提訴前に相当の心労があったものと推察できた。提訴の直前，同年2月15日，心筋梗塞で倒れたが，一命を取りとめ，なんとか2002年3月1日に本件を提訴することができた。

5　裁判がはじまってから，郭貴勲裁判高裁判決により一定の解決を見た

　2002年4月，私は，田村和之広島大学教授（現在名誉教授）とともに，初めてブラジルのサンパウロ市を訪問した。そこには，在ブラジル原爆被爆者協会を設立してから長い間，せめて日本の被爆者と同程度の援護をして欲しいと望む多くの被爆者がおり，私たちを歓迎してくれ，森田会長が提訴した裁判の意義を理解し裁判に加わる人々が立ち上がった。そうして，同年12月までに10名の原告団になった。

　2002（平成14）年12月5日，大阪高裁【7】でも，「被爆者はどこにいても被爆者である」ことが認められ，郭貴勲が勝訴した。大阪府と厚生労働省は上告を断念を働きかけ，超党派の国会議員で組織された「在外被爆者に援護法の適用を実現させる議員懇談会」の働きかけもあり，大阪府と厚生労働省は上告を断念した。その結果，同月19日，この判決は確定した。これにより，

184

2003年3月1日，厚生労働省は402号通達の失権取扱いを廃止した。そのため，いったん日本に来日し，被爆者健康手帳の交付を受け，また，健康管理手当（当時，月額34,330円）等の支給決定を受けていた被爆者は，日本を出国しても引き続き，健康管理手当が支給されることになった。その結果，当初の裁判の争点であった，402号通達失権取扱いの適法性という論点はなくなった。

厚生労働省は，上告を断念した2002年12月から遡って5年分の未払いの健康管理手当等は地方自治法236条で時効消滅していないので支払うこととした。そこで，一審の途中で森田隆を含む7名の原告は，訴訟で求めた未払手当金について全て支払いがなされ，健康管理手当がブラジルに送金されるようになり，2004年2月26日，訴えを取り下げた。

しかし，この段階で5年間遡る期間より前に健康管理手当が発生し，時効にかかった未払手当が残っている原告3人は，他の原告との格差が生じたことや，この時点で長崎地裁で時効の問題を争点とした訴訟（廣瀬訴訟）では，一審で勝訴判決を得ていたこと（長崎地裁2003(平成15)年3月19日判決【9】）もあり，判決を求めて訴訟を継続していくことになった。

6　一審判決では時効によって権利は消滅するとして敗訴した

ところが，一審判決（広島地裁2004(平成16)年10月14日・橋本良成裁判長）【13】は，地方自治法236条1項所定の時効の起算点につき，①同条3項，民法166条1項により「権利ヲ行使スルコトヲ得ル時」から進行する，そして，②「権利ヲ行使スルコトヲ得ル」とは，当該権利の行使につき，法律上の障害がないというだけではなく，さらに当該権利の性質上，その権利行使が現実に期待できるものであることを要する，とした上，③本件健康管理手当支給請求権の行使について，法律上の障害があったことを窺わせる事情はなく，また，原告らにとってその権利の行使を妨げる事情があったということはできない旨を判示し，3名の原告らを敗訴させた。

一審判決は，前記の402号通達の失権取扱いのため，健康管理手当支給請求権の行使を妨げる事情が存し，原告らがブラジルに居住し，権利行使の現

第2編　在外被爆者裁判　各説

実的期待可能性があったとはおよそ考えられないことに，敢えて目をつむったもので，悪しき形式論理に依拠した重大な誤りがある判決といわざるを得ないものだった。そこで控訴して争うことになった。

7　控訴審では逆転勝訴した

控訴審では，争点を402号通達の失権取扱いが単に違法であることにとどまらず，その違法であることの意味について，そもそも，このような違法な通達が存在すべきでなかったのだから，この402号通達の失権取扱いが存在したことの結果はすべて，巻き戻されて原状回復されなければならないとし，この裁判の真の争点はいわゆる402号通達の違法性を裁判所がどのように評価するのかという点にあることを打ち出して争った。

それは，当時，私が弁護団事務局を担当していた，三菱重工広島・元徴用工被爆者補償請求事件で，2005（平成17）年1月19日，広島高裁【14】が，被爆後に韓国人元徴用工の原告らを放置し，その後も402号通達で援護措置から除外してきたことについて，402号通達を発出したこと自体，誤った法律解釈に基づき在外被爆者を切り捨てようとしていた当時の厚生省の姿勢の現れである旨，厳しく断罪し，国賠法上も違法行為と評価されるものであると判断し，国家賠償請求を認容する判決をしたことによるものである。

そして，在ブラジル被爆者訴訟の控訴審の審理の中では，森田隆がブラジル在住の被爆者の被爆者としての権利が認められないまま放置されてきた状況などを証言した。また，広島県が時効消滅の主張をしたことにつき，地方自治法236条では，援用なくして権利消滅するとされているが，援用が必要でないとしても，時効主張自体は必要であり，その場面で権利濫用が問題となり，「除斥」とは異なること，及び，判例上時効主張の権利濫用がどのような場合に認定されてきているかを詳しく主張した。

その結果，在ブラジル被爆者訴訟の控訴審判決【20】（広島高裁2006（平成18）年2月8日・草野芳郎裁判長）は，広島県の時効主張が権利濫用であることを認めて，控訴人ら3名を勝訴させた。この判決の理由の核心部分は，以下のとおりである。

186

「被爆者援護法もまた，その成立経緯や前文からみて，社会保障と国家補償との双方の性格を併有すると解すべきであるから，社会保障法であることを根拠にして，日本に居住も現在もしない者には被爆者援護法が適用されないと解釈することは相当ではない。そして，402号通達は……，正当な法律の解釈を誤ったものであって，国家補償的配慮から認められた被爆者の権利を，長期間にわたり否定してきたのであり，本件に地方自治法236条2項を適用することは，その奪われた権利を回復する道を閉ざすものであって，著しく正義に反するといわなければならない。」

　「控訴人らが権利を行使することができなかったのは，被控訴人が支給義務があるのに，402号通達に従って本件健康管理手当を支給しなかったためであり，被控訴人が控訴人らの権利行使を妨げたのと同視することができる。」

　この判決は，原告らの主張を真正面から受け止めてくれた納得のできる判決であった。しかし，同月21日，広島県によって上告された。

8　上告審判決はどんな判決だったのか

　最高裁第三小法廷（藤田宙靖裁判長）2007(平成19)年2月6日判決【26】は，本件で広島県が消滅時効を主張して未支給の本件健康管理手当の支給義務を免れようとすることは，違法な通達を定めて受給権者の権利行使を困難にしていた国から事務の委任を受け，又は事務を受託し，自らも上記通達に従い違法な事務処理をしており，受給権者によるその権利の不行使を理由として支払義務を免れようとするに等しいことを指摘して，権利を失権させても，すぐに訴訟提起をするであろうと考えられるような特段の事情のある場合でない限りは，時効主張は信義則に反し許されないとした。

　簡単にいうと，広島県（但し，実質的には厚生労働省と思われる）は，行政上の便宜という観点から消滅時効を主張してきていたが，権利がないといっておきながら，いざ裁判すると，早く裁判を提起しないから悪かったと主張していたわけである。しかし，最高裁でも，広島高裁判決と同様に，そのような広島県の主張を排斥した。

　本件の上告審判決は，いくら「公法上の債権」で迅速な確定が必要という行政上の便宜という観点が働くことがあるとはいえ，行政上の便宜を認める

187

ことのできない程度の違法な状態があるときは,「公法上の債権」についても時効で一刀両断ということが通らない場合があることを認めた。行政行為にも信義誠実の原則が働くことを改めて確認した点で画期的判決であると思う。

9 おわりに

2007年2月に,本件の判決を受け,最高裁が在外被爆者を救済するという方向に確実にシフトを切ったと感じるようになった。

その後,同年11月1日,最高裁第一小法廷【27】(涌井紀夫裁判長)は,三菱重工に強制連行された韓国人被爆者が,402号通達によって被爆者の権利を剥奪されることによって受けた精神的苦痛について,402号通達を発出したこと自体を職務義務違反とした上,それと相当因果関係にある損害であることを認め,国家賠償請求を認容した。この判断は,在ブラジル被爆者訴訟最高裁判決の判断を引き継ぎ,1974年の402号通達発出以降の在外被爆者に対する差別的取扱いを厳しく断罪し,存在してはならなかった通達であるとして,その補償を促すものであった。

また,在外被爆者をめぐっては,2015年9月8日,最高裁【42】で在韓被爆者の医療費訴訟の判決が出て,日本に在住する被爆者との差別的取扱いはほぼなくなったとみてよい状態になった。

ただ,2016年10月時点でも,介護手当をめぐる問題や証人がいないため被爆者健康手帳を取得できないといった問題がなお残っていることを指摘しておく。

(足立修一)

第4章　崔季澈裁判——身動きできない在韓被爆者救済訴訟

1　はじめに

崔季澈（チェ・ゲチョル）は，15歳のときに職を求めて日本にわたり，長崎で入市被爆をした被爆者である。終戦後，韓国へ帰った後，1年もたたないうちに原因不明の腰と足の痛みに苦しみだした。痛みは次第に激しくなり，働くこともできなくなった。

すがる思いで韓国の被爆者協会に頼ったところ，日本の被爆者支援団体と出会い，その支援を受けて，1976年10月に来日し，日本の病院で治療を受け，長年苦しめられた痛みから解放された。同年12月に被爆者健康手帳を取得し，翌年1月には健康管理手当の認定も受けて数か月受給した。退院後は韓国へ戻ったため，当時の402号通達によって被爆者として援護を受ける権利を失い，健康管理手当の受給もなくなった。やっと取得した手帳は紙切れとなった。

その後，1980年に手術の経過治療のために再び来日し，再度手帳を取得し，健康管理手当の認定も受けた。しかし，退院後には韓国へ戻ったため，402号通達により被爆者として援護を受ける権利は失われ，健康管理手当を受給することはできなかった。

1990年には，手術で埋めた人工関節が身体の大きさと合わなくなり，再び激痛に苦しむようになった。次第に，ほぼ寝たきりの状態になっていった。

転機は2003年に訪れる。同じ在外被爆者の郭貴勲，李康寧の勝訴判決【7】【8】によって402号通達が廃止され，2003年3月から離日失権がなくなり，一度健康管理手当の認定を受ければ，海外に出ても，継続して健康管理手当の受給が可能となった。

しかし，当時の崔の容態は，来日するのも難しい状態であったため，韓国の居住地から健康管理手当支給申請を行うほかなかった。2004年1月8日，

189

第2編　在外被爆者裁判　各説

長崎市に対し申請を行ったが，同年1月22日，崔の居住地が長崎市でない，という理由で申請は却下された。

病床に伏している被爆者こそ援護を受けられるべきであるのに，来日しなければ健康管理手当の申請すらできず，健康管理手当が受給できないというのは，あまりに不合理な事態であった。

そこで，崔は，被爆者支援団体の支援を受けて，来日しなければ被爆者援護が受けられないという事態の打開を図るべく，裁判の提起を決意し，次に述べる①および③の裁判を提起した。その後，同氏は死亡したので，さらに②の裁判が提起された。

①　健康管理手当認定申請却下処分取消訴訟

2004年2月20日，長崎市長を被告として健康管理手当支給申請却下処分の取り消しを求める訴訟を長崎地裁に提起した。訴状には「身動きできない在韓被爆者救済」訴状と記された。これが訴訟の真の目的である。

②　葬祭料支給申請却下処分取消請求訴訟

崔は，2004年7月25日に亡くなった。同人の葬儀を執り行った妻の白樂任は，長崎市に対し，被爆者援護法に基づき，亡崔季澈氏の葬祭料の支給申請を行ったが，同市は「亡崔の死亡の際の居住地が日本に無い」との理由でこれを却下したため，妻の白樂任は，長崎地裁に同却下処分の取消訴訟を提起した。

③　健康管理手当支給等請求訴訟

①の訴え提起の3か月後，1977年と1980年に離日したことにより打ち切られ，不支給の健康管理手当の支給を求める裁判を，長崎地裁に提起した。

①および②の裁判は，いずれも国外の被爆者の居住地から被爆者援護法による手当等の支給申請を行うことが認められるかどうかが，主な争点である。③の裁判の争点は，20余年前の出国により支給を打ち切られた健康管理手当の受給権が消滅時効の制度により消滅しているかどうかである。

2 健康管理手当認定申請却下処分取消訴訟

(1) 原告・被告の主張

まずは，本訴訟でその解釈が問題となった健康管理手当申請に関する法令の定めを紹介しよう。

被爆者援護法27条は次のように定める。

第1項「都道府県知事は，被爆者であって，造血機能障害，肝臓機能障害その他の厚生労働省令で定める障害を伴う疾病……にかかっているものに対し，健康管理手当を支給する。（ただし書　略）」

第2項「前項に規定する者は，健康管理手当の支給を受けようとするときは，同項に規定する要件に該当することについて，都道府県知事の認定を受けなければならない。」

また，被爆者援護法施行規則52条1項は，「法第27条第2項の認定の申請は，……これを居住地の都道府県知事に提出することによって行わなければならない。」と定める。

これらの規定の解釈について，原告と被告は，次のように争った。

原告（崔）は次のように主張した。被爆者援護法27条は，健康管理手当の支給義務を負う者について，単に「都道府県知事」と規定しているだけで，居住地の都道府県知事に限定していない。日本国内に居住または現在しない者の申請が一律に排除されるとなれば，在外被爆者の権利行使が事実上不可能ないし困難となり，法律によって認められた権利について，来日できない在外被爆者だけが不合理に差別されることになる。とりわけ，身動きできない身体状態にある在外被爆者は，絶対的，永久的に権利行使の手段，可能性を剥奪される結果になり，憲法の平等条項に違反する。したがって，申請を居住地の首長に制限する規定は法の委任の範囲をこえ無効である。

これに対し，被告（長崎市）は次のように反論した。

被爆者援護法は，健康管理手当認定の申請について，被爆者の住居地の都道府県知事に対してすることとし，国外からの申請を想定していない。なぜなら，手帳の交付申請については，「住居地の」都道府県知事に申請しなけ

第2編　在外被爆者裁判　各説

ればならない（2条1項）とされている。その趣旨は，手帳に基づき実施される事業は，いずれも，被爆者の日常的な健康状態と密接に関わるものであるため，それらを容易に把握できる居住地の都道府県知事が行うことが，法の目的の達成および事業の適性な運営に資するという点にある。したがって，健康管理手当の申請においても，手帳交付申請と同様に，「その住居地の」都道府県知事と解すべきである。同法施行規則52条1項が，健康管理手当の申請先を「居住地の」都道府県知事としているのは，健康管理手当認定制度の適正を確保するためである。

　要するに，この裁判では，被爆者援護法27条2項の「都道府県知事」を「その居住地の都道府県知事」と解するべきか，それとも，居住地の限定のない，単なる「都道府県知事」と解するべきか，その法律解釈が問われたのである。

(2)　長崎地裁判決

　長崎地裁2004(平成16)年9月28日判決【12】は，被爆者援護法27条2項の「都道府県知事」は「その居住地の」都道府県知事に限定されるものではないと判示した。

　法文を解釈するには，当該法律の立法目的や趣旨を踏まえて実質的に検討する必要があるとし，「被爆による健康被害に苦しむ被爆者を広く救済することを目的として立法化された法理であるから，その各条項の意味及び趣旨が一義的に明らかでない場合は，この立法目的に沿うよう合理的な解釈をすべきである。」「被爆により被った障害の程度やその後の高齢化により，来日して法の定める各種申請手続きをするのが不可能ないし極めて困難な者が存在することは容易に推測されるところ，このように特に援護の必要性の高い被爆者について，被爆により健康被害を被った者の救済を目的とする法が，その援護を全く想定していなということは考えられない。」との解釈を示したのである。

　これは，法の性格，目的を正しく把握して被爆者援護法27条を解釈したものであり，原告の主張に沿うものであった。

　なお，「法27条2項の認定の申請は，……居住地の都道府県知事に提出す

ることによって行わなければならない」との文言で規定されている施行規則
52条1項については，来日して申請手続を行うことが不可能ないし極めて
困難な在外被爆者に対しても，申請書の提出先を居住地の都道府県知事に指
定している限度において，法52条の委任の範囲を超えた無効なものである
と判示した。

　第一審は，2004年2月20日の提訴に始まり，わずか2回の口頭弁論期日
ののち，2004年9月28日に原告側の完全勝訴判決が下った。崔の病状が急
激に悪化していたため，弁護団は判決を急いだのである。しかし，崔はその
2か月前に亡くなっていた。

　駆け足で進めた裁判であったが，判決では正しい判断が下された。被爆者
援護法の文言，趣旨，目的から当然に導かれる帰結であり，争う余地がな
かったことのあらわれである。同時に，憲法が要求する良心に従った裁判官
の存在証明である。

(3)　福岡高裁判決

　被告の長崎市は，福岡高裁に控訴した。

　控訴審では，新たな争点として訴訟承継の問題が浮上した。事の発端は，
第一審係属中，判決前の2004年7月25日に，原告の崔が死亡したことに始
まる。この事実を確認した高裁は，「健康管理手当の支給を受ける権利が一
身専属的権利なのかどうか」という点につき，控訴人，被控訴人双方に意見
を求めてきた。

　当時，各種被爆者援護の手当申請後に死亡した被爆者の遺族からの申請却
下処分取消訴訟は，各地，各段階の裁判所に係属していたが，訴訟手続きの
受継に疑義が提起された例はなかった。

　行政実務においては，被爆者本人が手帳認定申請後に死亡した場合，その
ことによって却下とせず，認定の可否を行い，認定を可とした場合には相続
承継を容認し，生存期間の手当支給を実施しているのである。この行政実務
に対し，今までどこからも異論が提起されたことはなく，少なくとも，被爆
者援護行政の関係者の間では，正当な法の解釈，運用であるとされてきたも
のである。

193

第2編　在外被爆者裁判　各説

まさに晴天の霹靂である。皮肉を交えた意見書を作成し、裁判所へ提出した。

控訴審でも国側は、国外からの申請の場合、支給の適正を保てないとの主張を繰り返した。

そもそも、支給の適正確保と申請機関をどこにするかは別次元の問題である。申請は書類提出によって行う。本人出頭主義ではないから、提出は使者によっても郵送によってもよく、申請時に本人を出頭させて審査を行う訳でもない。要するに、居住地は申請における事務管轄機関を決定する形式的契機にすぎない。支給の適正を確保する手段は、申請ではなく審査である。支給の適正が確保される否かは、審査の質、すなわち審査担当部門の素質、能力、勤勉さ、職務忠実性など、機関側の問題であり、被爆者の居住地如何は、全くといってよいほど、関係のない問題なのである。

行政は、あいかわらず、自らの怠慢を棚上げにして、日本国外からの申請を拒否する姿勢をとり続けたのである。

2004年10月7日に控訴され始まった控訴審は、2005（平成17）年9月26日の控訴棄却判決【17】により、またしても1年足らずのうちに亡き崔側の全面勝訴で幕を閉じた。

高裁判決は、地裁判決を概ね踏襲し、被爆者援護法27条の「都道府県知事」は「その居住地の」都道府県知事に限定されるものではないとの解釈を維持し、同法施行規則52条1項についても、健康管理手当認定申請書の提出先を「居住地の都道府県知事」に限定することによって、在外被爆者の国外からの申請を一律に不可能にしているというのであって、その限度において、同条項は、法52条の委任の範囲を超えた無効なものと言わざるを得ない、つまり、法27条の解釈に反する限度で無効であるとの解釈を示した。

なお、判決は、訴訟承継の問題点についても言及し、健康管理手当の受給権は相続の対象となるものであり、かかる受給権は長崎市による認定によって発生するのであるから、相続人は、被相続人の認定却下処分の取り消しを求める法律上の利益を承継するものと解し、訴訟承継を肯定した。

その後、長崎市側からの上告はなく、崔に対する健康管理手当認定申請却下処分を取り消す判決が確定した。

194

第 4 章　崔季澈裁判――身動きできない在韓被爆者救済訴訟

この法廷闘争での勝利により，在外被爆者は，国外に居ながら，健康管理
手当を申請することが可能になったのである。

3　葬祭料支給申請却下処分取消請求訴訟

2004 年 7 月 25 日に崔が亡くなった後，その家族は葬儀を行った。被爆者
援護法では，被爆者が亡くなると，葬祭を行った者に対して葬祭料が支給さ
れる（法 32 条）。

そこで，2004 年 7 月 29 日，亡き崔の妻・白樂任は，同法に基づき長崎市
へ葬祭料を請求した。しかし，長崎市は，2004 年 8 月 10 日，「死亡した崔
季澈の死亡の際の住所地が本市でないから，援護法に基づく葬祭料の支給要
件に該当しない」との理由で，白樂任の申請を却下した。そこで，白樂任は，
2004 年 9 月 21 日，長崎地裁へ葬祭料支給申請却下処分の取消しを求め，提
訴した。

この訴訟では，被爆者援護法 32 条本文が「都道府県知事は，被爆者が死
亡したときは，葬祭を行う者に対し，政令で定めるところにより，葬祭料を
支給する。」という文言になっている一方，施行令と施行規則は「被爆者の
死亡の際における居住地の都道府県知事」へ申請し，「被爆者の死亡の際に
おける居住地の都道府県知事」が支給する，との規定になっていることから，
法 32 条の「都道府県知事」を「居住地」の限定があるものと解釈すべきか
否か，が問題となった。

争点の構造は，健康管理手当認定申請却下処分取消訴訟と同じであり，ス
ピード裁判で，2005（平成 17）年 3 月 8 日には，原告勝訴の判決が出た【15】。

長崎市は福岡高裁へ控訴し，地裁同様の主張を繰り返したが，2005 年 9
月 26 日には，控訴棄却判決【18】が下され，これで確定した。

福岡高裁判決の確定により，被爆者が日本国外で死亡したとしても，当該
被爆者の家族は，葬祭料を請求できるようになったのである。

第2編　在外被爆者裁判　各説

4　不支給健康管理手当支給等請求訴訟

(1)　長崎地裁に提訴

　2004年5月18日，存命中の崔は，長崎市および国に対して，1980年7月の離日以降も受給できるはずであった健康管理手当（1980年7月分から2004年1月分に至るまで）総額847万9,240円の支給，および離日失権取扱という違法な措置により精神的損害を被ったとして，慰謝料100万円の国家賠償を求め，長崎地裁に提訴した。健康管理手当認定申請却下処分取消訴訟の提訴後，同訴訟の第一審判決の前のことである。

　健康管理手当不支給分の支払いを求める崔側の論理はこうである。

　崔は，1980年5月2日に手帳の交付を受け，被爆者たる地位を得た。さらに同年5月19日には，健康管理手当の認定も受け，同手当の受給権を得た。

　しかし，当時の長崎市は，402号通達に基づき，離日により被爆者たる地位を失うとの取扱いをしていたため，1980年7月に崔が離日して以降，崔に健康管理手当は支給されなくなった。その後，402号通達の廃止により，被爆者たる地位および手当請求権は，崔が存命する限り，どこにいても持続する，という取扱いがなされるようになった。

　この取扱いに基づけば，崔は1980年5月に健康管理手当の認定を受けて以降，離日にかかわらず，健康管理手当受給権は持続していることになる。そこで，不支給となっている離日後の1980年7月以降の同手当の支給を求めた。

　なお，崔の健康管理手当の受給期間について，被告は，3年あるいは5年の有期に限定していた。これについては，崔に対する手当支給の有期限定は，裁量権を逸脱した違法無効な措置であり，大腿骨頭壊死という終身的症状を有している崔に対しては，終身で手当の支給が認められるべきであると主張し，終身で受給できる場合の不支給金額を請求した。

　長崎市は，1980年当時の健康管理手当受給期間は，原子爆弾被爆者に対する特別措置に関する法律5条3項，及び昭和49年7月20日厚生省告示第

196

第4章　崔季澈裁判──身動きできない在韓被爆者救済訴訟

208号に基づき，最長3年間であったから，受給できる期間は1983年5月までであること，そして当該認定にかかる手当支給請求権の消滅時効を主張した。

これに対する原告の主張は，次のようである。

（i）　3年間の有期であるとの点について

告示第208号に全く合理性がないとはいわない。しかし，崔に対する具体的取扱い，適用が不法かつ非合理的なのである。崔の症状は，一見明白に不可逆的である。したがって，無批判に終身的症状の被爆者に対し，健康管理手当の支給期間を有期に限定することは，その適用に裁量権の逸脱があるといわざるを得ない。後になって，国が慌てて，同種の症状について期間を終身と改めたのは，告示208号の運用に裁量権の逸脱があったことの証左である。

（ii）　消滅時効の主張について

まさに権利の濫用である。在外被爆者にとっては，長崎市が隷従してきた402号通達により，離日後は，健康管理手当支給権行使の期待可能性すらなかったのである。にもかかわらず，長崎市が一転して，権利はあったがその行使を怠っていたとして時効消滅を主張するなど，信義則上の禁反言の法理により，断じて許されるものではない。

長崎市の消滅時効の主張を目にしたとき，司馬遼太郎の「故郷忘じがたく候」という作品が心に浮かんだ。この作品は，16世紀末に朝鮮の役で島津軍の捕虜となり，薩摩へ流れ着いた陶工たちの物語を書いたものである。彼らは薩摩へ流れつき，当初は海浜に小屋を建て陶器を焼いて生活をしていたが，海浜の土民の迫害に遭い，流浪した果てに，故郷の景色に似た丘陵に住まいをもうけた。韓人が領地内にいることを耳に入れた島津の当主は，彼らを哀れみ，屋敷をあたえ，保護を加えるので鹿児島城下に居住するよう進めた。しかし，彼らは，鹿児島には故郷を裏切った仇がいるとの理由で，これを断った。すると，島津の当主は，「では，その丘陵に土地と屋敷を与えよ。扶持も与え，なお不足のことがあらば申し出させよ」と述べ，彼らが望む地での生活に保護を与えたのである。この時代，島津の当主と言えば，その言葉はすなわちそのまま法であり，逆らうことは死を覚悟せねばならないとい

197

第2編　在外被爆者裁判　各説

うほどの封建的な当主であった。この陶人らの子孫は，後に，鹿児島市内にある某中学校に入学する。すると，入学早々，上級者の日本人少年らは，彼を朝鮮人という理由だけで，袋叩きにした。

　まるで長崎市と国の思想，行動は，本来そうあるべき島津の当主の姿ではなく，朝鮮人であるとの理由で袋叩きにした日本人少年らそのものである。

　そこで，司馬遼太郎の「故郷忘じがたく候」に思いを馳せながら，同作品を長々と引用し，「被告らの思想や行動が，封建的だが朝鮮人を大切にした島津の当主のものか，それとも，朝鮮人という理由だけで袋叩きにした日本人少年らのものか，吟味する必要がある」（すなわち，被告らの思想・行動は，日本人少年らと同じだ）と述べ，長崎市および国を痛烈に皮肉ったのである。

　この訴訟では，在韓被爆者にとって，被爆者健康管理手当の請求権行使がいかに困難であったかを立証するため，在外被爆者支援活動に奔走する鎌田信子，平野伸人の証人尋問を行い，在外被爆者がおかれている現実を語ってもらった。

（2）　長崎地裁判決

　2004年5月18日の崔の提訴で始まったこの訴訟は，2005（平成17）年12月20日に判決【19】が下された。

　判決の内容は，1980年7月から1983年5月分まで3年間に限り，長崎市に健康管理手当の支給を命じるものであった。

　崔側の手当の受給期間は終身であるとの主張は認められなかったが，手当の受給権が時効により消滅したとの長崎市の主張は，「権利行使に重大な障害をもたらした者が，後にその権利が消滅時効により消滅したと主張することは，やはり信義則に違反するものといわなければならない」として，退けられた。

　なお，崔の国および長崎市に対する国賠請求は，402号通達発出やこれに基づく取扱いが，故意過失による違法行為であるとまでは認められないとして退けられた。

　ちなみに，このときの裁判官も，健康管理手当認定申請却下処分取消訴訟の第一審を担当した裁判官であった。

198

(3) 福岡高裁判決

長崎地裁判決に対しては，2005年12月26日に亡崔側から，2005年12月28日に長崎市側からそれぞれ控訴され，舞台は福岡高裁へと移った。

亡崔側は，健康管理手当受給の認定期間が3年ではなく終身であること，時効の起算点は402号通達の廃止以後であり，時効期間は未だ経過していないこと，国賠請求の3点を主張した。

長崎市側は，地方自治法236条に基づく消滅時効は，時効の援用を要せず，その利益を放棄することができないものであって期間の経過により法律上消滅するものであるとして，当事者の個別的・主観的事情等を基礎に判断される信義則違反を観念する余地はない（すなわち，信義則違反を理由に消滅時効の主張が退けられるものではない）と主張した。

2007(平成19)年1月22日に言い渡された福岡高裁判決【25】では，地裁での原告勝訴部分が覆され，一転して亡崔側の全面敗訴判決となった。

高裁判決は，最大の争点である時効の濫用について，402号通達の存在で，亡崔が権利を行使することが困難だったとしても，それは事実上の問題であり，訴訟を提起して権利行使を図る法的な障害はなかったうえ，長崎市は，一応の根拠がある402号通達に基づき，亡崔の離日に伴い失権の取扱いをしただけで，それ以上に権利行使や時効の中断の措置を講じるのをことさらに妨害したりしたものではないとして，長崎市において，健康管理手当受給権につき消滅時効を主張することが，信義則違反ないし権利濫用とはいえない，と判示した。

(4) 最 高 裁

福岡高裁での全面敗訴判決を受け，亡崔の相続人は，2007年1月31日，最高裁へ上告受理を申し立てた。上告審での審理の核心は，健康管理手当の受給権が時効消滅したとの長崎市の主張が信義則に反し許されないか否か，である。

本件上告受理申立直後の2007(平成19)年2月6日，最高裁第三小法廷にて，本件と同様に消滅時効が問題となっていたもうひとつの裁判，在ブラジル被爆者健康管理手当等請求事件の上告審判決【26】がくだった。最高裁は，上告

第2編　在外被爆者裁判　各説

人の広島県による消滅時効の主張は信義則に反し許されない，として，在ブラジル被爆者勝利の判断を示したのである。

　この最高裁判決後，本件において，最高裁で弁論が開かれることが決定した。この最高裁の動きをみて，長崎市は，訴外で，亡崔の相続人に対し，亡崔が離日したことにより支給を受けられなかった月数分の健康管理手当を，遅延損害金とともに支払う旨通知してきた。そして，態度を翻し，上告理由書への答弁書には，「原判決を破棄する，との判決及び更に相当の裁判を求める」として，自らの敗訴判決を求める答弁をしたのである。なお，この答弁書には，訴外で亡崔の相続人に対し，不支給の健康管理手当全額を既に支払済みであることも付記されていた。

　以上のようにして，同種訴訟の在ブラジル被爆者健康手帳等請求事件において最高裁判決が消滅時効の問題についての方向性を示したことで，本件上告審においても，長崎市側が態度を翻し，2008(平成20)年2月18日に勝訴判決【28】を得ることができたのである。

　本件最高裁判決においても，こちらがこだわっていた時効の起算点については，402号通達の廃止以後ではなく，健康管理手当の各支給月とし，消滅時効期間が経過したこと自体を認めている。

　これにより，402号通達に基づき，離日で打ち切られた健康管理手当の不支給分については，時効期間を過ぎていたとしても，支給を求めることができるようになった。402号通達の発出およびそれに基づく取扱いにより，在外被爆者らは，自国において，被爆者援護法に基づき援護を受ける権利を剥奪されていたのであるから，同通達の廃止に伴い，剥奪されていた分の権利行使ができるようになるのは，当然の帰結といえよう。

（崔季澈に関する裁判および主要な出来事の流れ）
1974年7月22日　　402号通達発出
1976年10月25日　　崔季澈，来日して被爆者健康手帳の交付および健康管理手当の申請を行う。
1976年12月28日　　手帳の交付を受ける。
1977年1月　　　　　健康管理手当受給の認定を受け，健康管理手当の支給開始。
1977年7月　　　　　韓国へ戻ったことによって，失権取扱いを受けた。

200

第 4 章　崔季澈裁判——身動きできない在韓被爆者救済訴訟

1980 年 5 月 2 日	崔季澈，来日して被爆者健康手帳の交付を申請。 手帳の交付を受ける。
1980 年 5 月 19 日	原爆被爆者手当（健康管理手当）の認定を申請。 手当受給の認定を受け，健康管理手当の支給開始。
1980 年 7 月	韓国へ戻ったことによって，失権取扱いを受けた。
2003 年 3 月	402 号通達の廃止（関係部分の削除）
2004 年 1 月 8 日	韓国から健康管理手当認定申請
2004 年 1 月 22 日	健康管理手当認定申請却下
2004 年 2 月 20 日	健康管理手当認定申請却下処分取消訴訟（①）提訴
2004 年 5 月 18 日	健康管理手当支給等請求訴訟（③）提訴
2004 年 7 月 25 日	崔季澈死亡
2004 年 7 月 29 日	韓国から葬祭料支給申請
2004 年 8 月 10 日	葬祭料支給申請却下
2004 年 9 月 21 日	葬祭料支給申請却下処分取消請求訴訟（②）提訴
2004 年 9 月 28 日	①訴訟　長崎地裁原告勝訴判決【12】
2004 年 10 月 7 日	①訴訟　長崎市控訴
2005 年 3 月 8 日	③訴訟　長崎地裁原告勝訴判決【15】
2005 年 3 月 16 日	③訴訟　長崎市控訴
2005 年 9 月 26 日	①訴訟　福岡高裁原告勝訴判決【確定】【17】 ③訴訟　福岡高裁原告勝訴判決【確定】【18】
2005 年 12 月 20 日	②訴訟　長崎地裁原告一部勝訴判決【19】
2005 年 12 月 26 日	②訴訟　亡崔季澈控訴
2005 年 12 月 28 日	②訴訟　長崎市側控訴
2007 年 1 月 22 日	②訴訟　福岡高裁原告敗訴判決【25】
2007 年 1 月 31 日	②訴訟　亡崔季澈上告受理申立
2007 年 2 月 6 日	在ブラジル被爆者健康管理手当等請求事件最高裁判決 【26】
2007 年 10 月 25 日	訴訟外において，長崎市から，1977 年 8 月〜1979 年 12 月 までの健康管理手当および 1980 年 7 月〜1983 年 5 月まで の健康管理手当（遅延損害金を含む）合計 306 万 4,253 円 が支払われる。
2008 年 2 月 18 日	②訴訟　上告一部勝訴判決【確定】【28】（1980 年 7 月〜 1983 年 5 月分までの請求につき勝訴）

（付記）本稿執筆にあたり，龍田紘一郎弁護士の助言を得た。

（中鋪美香）

第5章　在外被爆者医療費裁判

1　被爆者援護の根幹としての医療費支給

　被爆者援護施策の歴史は，1957年の原爆医療法制定に始まる。原爆医療法は，健康診断，認定疾病に対する医療の給付，これに代わる医療費の支給，一般疾病医療費の支給を定めた（1960年改正以降）。これらは被爆者援護法に引き継がれ，今も被爆者援護の根幹にある（以下，本稿にいう「被爆者」被爆者援護法にいう被爆者を指す）。

　援護施策としての医療について，被爆者援護法は具体的には，次のように定めている。

　厚労大臣は，原子爆弾の傷害作用に起因して負傷し，又は疾病にかかり，現に医療を要する状態にある被爆者に対し，必要な医療の給付を行う。ただし，当該負傷又は疾病（以下「当該疾病等」という）が原子爆弾の放射能に起因するものでないときは，その者の治癒能力が原子爆弾の放射能の影響を受けているため現に医療を要する状態にある場合に限る（被爆者援護法10条1項，以下「法10条1項」のように記す）。この医療の給付（その範囲は法10条2項が定める）は，厚労大臣が法12条1項の規定により指定する医療機関（指定医療機関）に委託して行われる（法10条3項）。また，この医療の給付を受けようとする者は，あらかじめ，当該疾病等が原子爆弾の傷害作用に起因する旨の厚労大臣の認定（原爆症認定）を受けなければならない（法11条1項）。

　厚労大臣は，被爆者が，緊急その他やむを得ない理由により，指定医療機関以外の者から法10条2項各号に掲げる医療を受けた場合において，必要があると認めるときは，医療の給付に代えて，医療費を支給することができる（法17条1項）。

　厚労大臣は，被爆者が，疾病等（法10条1項に規定する医療の給付を受ける

ことができる疾病等，遺伝性疾病，先天性疾病及び厚労大臣の定めるその他の疾病等を除く）につき，都道府県知事が法19条1項の規定により指定する医療機関（被爆者一般疾病医療機関）から法10条2項各号に掲げる医療を受け，又は緊急その他やむを得ない理由により上記医療機関以外の者からこれらの医療を受けたときは，その者に対し，当該医療に要した費用の額を限度として，一般疾病医療費を支給することができる（法18条1項本文）。ただし，その者が，当該負傷もしくは疾病につき，健康保険法等の規定により医療に関する給付を受け，若しくは受けることができたとき，又は当該医療が法令の規定により国若しくは地方公共団体の負担による医療に関する給付として行われたときは，当該医療に要した費用の額から当該医療に関する給付の額を控除した額の限度において支給するものとする（同項ただし書き）。

2　提訴に至る経緯

医療費の支給は被爆者援護の根幹であるにもかかわらず，郭貴勲裁判以後の長い裁判の後も，在外被爆者には認められないままだった（本稿では2008年制定の被爆者援護法改正法附則2条の定義にしたがって「被爆者であって国内に居住地及び現在地を有しないもの」を「在外被爆者」と呼ぶ）。2003年3月1日に402号通達を廃止して後も，厚労省は「海外からの手帳交付申請，手当支給申請，医療費の支給は，援護法上の定めがないので，あくまでも渡日が前提である」と主張していた。そして，医療費について「在外被爆者保健医療助成事業」による上限がある支給（すなわち被爆者援護法に基づかない法外の事業）を始めたため，厚労省に被爆者援護法に基づく医療費を支給する考えのないことは明らかだった。このため，被爆者援護法に基づいて医療費の支給を申請する在外被爆者もいなかった。在外被爆者をめぐる多くの裁判に一応の目途がついた段階で，医療費の支給を求める裁判に着手することが決まった。

これも大阪地裁・広島地裁・長崎地裁での訴訟提起が準備された。

大阪地裁には，それぞれ重い心疾患を有し，あるいは腎移植後人工透析を受け，あるいは肝ガンに苦しみながら，多額の医療費負担を余儀なくされて

いる韓国に住む，大阪府から手帳を交付された3人の被爆者が原告となって提訴することになった（この3人の被爆者を以下「本件被爆者」と呼ぶ）。

提訴の前提として，大阪府知事に一般疾病医療費を申請しなければならない。では，われわれ（原告，支援者，弁護団を併せてこう呼ぶ）は申請すべき医療費をどう考えるのか。

一般疾病医療費の支給申請は，大阪府知事宛に，一般疾病医療費支給申請書を提出して行う。この申請書は，当該医療を受けた被爆者の「氏名」「性別」「生年月日」「居住地」「負傷又は疾病の名称」「医療に要した費用」「併用できる医療保険等の種類」「医療に要した費用のうち自己負担額分」「被爆者健康手帳の交付年月日及び番号」「被爆者一般疾病医療機関から医療をうけることができなかった理由」「医療を受けた期間」「医療を受けた機関の名称・所在地」「支払希望機関」「申請年月日」の記入と「申請者の自署押印」が求められる。このうち，「被爆者一般疾病医療機関から医療をうけることができなかった理由」欄は「居住国の韓国で治療を受けているが韓国には『被爆者一般疾病医療機関』がないため」と記入するとして，「医療に要した費用」「併用できる医療保険等の種類」「医療に要した費用のうち自己負担額」をどう記入するか。

日本国内に居住する健康保険・国民健康保険の被保険者である被爆者の場合，「医療に要した費用」には診療報酬の総額を，「併用できる医療保険等の種類」にはあらかじめ不動文字で記載された「健保・国保・退職・生保・介護・その他」と「本人・家族」のそれぞれにつき，いずれかを○で囲み，「医療に要した費用のうち自己負担額」には，自己負担分を記入している。

当時，韓国に住む被爆者が韓国で受けた医療に対しては，医療行為に要した医療費のうち，まず韓国で健康保険の適用のある医療行為（韓国も国民皆保険である。ただし，保険適用対象は日本と同一ではない。）について医療費のうちの一定割合が韓国の健康保険から支払われる。つぎに，健康保険から支払いがない自己負担分について日本政府の在外被爆者保健医療助成事業から，年額上限16万5千円まで支払われる（助成の年間上限額と対象となる医療行為は時期によって違いがある）。そして，最後にそれでも残る自己負担分の医療費のうち韓国の健康保険の適用のある医療行為について韓国保健福祉部か

ら被爆者支援政策として支払いが行われる。

　従って，これらによる支払いを受けてもなお残る医療費は被爆者が自己負担しなければならない。韓国における健康保険の適用範囲は日本のそれよりも狭いために，本件被爆者らのように手術入院した場合や重い慢性疾患を抱える被爆者の医療費の自己負担は大きかった。

　議論の結果，現に自己負担した医療費についてのみ支給を求めることとし，①「医療に要した費用」には保険適用の有無に関わらない医療費の総額を，②「併用できる医療保険等の種類」には，「その他」「本人」に○をした上で，その他として，韓国の健康保険，日本政府による在外被爆者保健医療助成事業，韓国保健福祉部予算編成による事業を，そして③「医療に要した費用のうち自己負担額」には①から②による支払いを控除して被爆者が現に自己負担した医療費の額を記入することとした。

　この時点では被爆者援護法の諸規定との整合性を精密に議論してこのような結論に至ったのではなかった。しかし，結果的にはこのような考えは，その後にわれわれが展開することになる法18条2項が準用する法17条2項の「現に要した費用の額」の解釈とも一貫することになった。

　このような方針が決まっても，申請する一般疾病医療費を具体的に確定するには大きな労力を要した。支援者が本件被爆者について過去5年にさかのぼって，ハングルで記載された膨大なレセプト・領収証を収集し整理して，医療費総額を算出した。さらに，そこから韓国の健康保険，日本政府による在外被爆者保健医療助成事業，韓国保健福祉部予算編成による事業からの支給を控除して，被爆者が実際に支払って負担した額を算出した。また，このような作業と並行して，弁護団と支援者が訪韓して，提訴予定の本件被爆者やその家族から，病状や医療費の支給がないことによる実情の状況について聴取を行った。

3　一般疾病医療費支給申請の却下と医療費裁判の提訴

(1)　一般疾病医療費支給申請の却下
　このようにして提訴の準備を整えた上で，2011年1月28日大阪府知事に

対して一般疾病医療費の支給申請を行った。

申請を受けた大阪府知事は，厚労省の指導に従い，2011年3月11日，申請を却下した。却下の通知に書かれた理由は以下のとおりだった。「原子爆弾被爆者に対する援護に関する法律施行規則第26条は，一般疾病医療費の支給の申請について，居住地の都道府県知事を申請先と定めている。また，原子爆弾被爆者に対する援護に関する法律においては，在外被爆者に対して医療の給付及び医療費の支給を認める明文の規定は設けられておらず，医療提供体制などの事情が異なる国々の在外被爆者に対して，国内に居住地を有する被爆者と同様に医療の給付及び医療費の支給に係る規定を適用することは困難と考える。したがって，国内に居住地を有しない在外被爆者からの一般疾病医療費の支給の申請については，却下します。」

(2)　医療費裁判の提訴

本件は，この大阪府知事による却下処分の取消を求める裁判として提起した（本件被爆者3名のうち提訴までに1名が，さらに一審判決までに1名が亡くなったため，最高裁判決時の当事者は本件被爆者本人が1名，本件被爆者の相続人である子が2名）。

加えて，医療費を支給してこなかったこと及び本件却下処分が違法であるとして国と大阪府に対する慰謝料も請求した。

請求の趣旨は，以下のとおりであった。

「1　大阪府知事が，各原告に対し，2011年（平成23年）3月22日付けでした各一般疾病医療費支給申請却下処分をいずれも取り消す。
2　被告らは，各原告に対して各自金110万円及びこれらに対する2011年（平成23年）3月22日から支払済みまで年5分の割合による金員を支払え。
3　訴訟費用は被告らの負担とする。
4　この判決は，第2項に限り，仮に執行することができる。との判決を求める。」

われわれは2011年1月29日に大阪地裁に訴状を提出した。

第2編　在外被爆者裁判　各説

4　大阪地裁における双方の主張と判決

(1)　厚労省の当初の主張とその破綻

（被告の主張は実質的には厚労省の主張に他ならないから，以下，特に断らない
限り，被告らを厚労省と表記する。）

当初，厚労省は，法18条は在外被爆者には適用がない，なぜなら，国外
医療機関には厚労大臣の監督が及ばないからだ，と主張した。

しかし，われわれは，日本国内に居住する被爆者が国外旅行中に国外の医
療機関で医療を受けた際の医療費支給事務に関する厚生省の2000年12月
28日厚生省保健医療局企画課長通知（以下「2000年通知」という）があるこ
とを知っていた。

2000年通知は，国民健康保険の被保険者等が国外で療養等を受けた場合
の費用について国民健康保険法に基づく療養費の支給対象とする医療保険制
度の改正に伴うものである（国民健康保険の被保険者が国外の医療機関で医療
を受けた場合，その医療費は，被保険者が一旦当該医療機関に全額支払った後，
受けた医療の診療内容明細などを添えて加入している国民健康保険に請求すれば，
日本国内で保険適用のある医療行為については，日本国内の保険診療の診療報酬
基準に基づく医療費額から2割あるいは3割などの自己負担分を控除した額が支
払われることになる。健康保険については以前からそのような取扱いとなってい
た）。

この通知は，冒頭に「法第1条に規定する被爆者が，海外旅行等の一時的
な出国をしている間に，緊急その他やむを得ない理由により海外において療
養等を受けた場合の費用については，原子爆弾被爆者に対する援護に関する
法律施行規則第32条又は第36条の規定による医療費の支給申請が可能であ
る」と明記した上で，当該申請に係る費用等の審査に関する留意点を示して
いる。その上で，通知はその末尾で「法による給付の対象となるのは，日本
国内に居住又は現在する被爆者であることから，都道府県知事は，海外にお
ける療養等に係る医療費の審査に当たっては，当該療養等を受けた日を確認
し，当該療養等が日本国内に居住関係を有する間のものであるか等を確認す

208

ること。」としていた。

　つまり，2000年通知は被爆者が国外の医療機関で医療を受けた場合，その被爆者が日本に居住していれば医療費を支給し，日本に居住していなければ医療費を支給しないこととするという通知だったのである。国外医療機関に厚労大臣の監督が及ばないことを却下の理由とするなら，被爆者の居住の場所を問わず，国外医療機関での医療には一律に一般疾病医療費は支給できないはずである。厚労省の主張は自身の2000年通知と矛盾しており，はじめから破綻していた。

　このことをわれわれが指摘すると，厚労省は，「わが国の主権の及ばない国外の医療機関で医療を受けることが常態である在外被爆者」には法の適用は予定されない，と主張を変えた。われわれは，「常態」とは何か，何をもって「常態」というのか，法のどこに根拠を持つのか尋ねた。すると，厚労省は「常態」の語を用いることを止め，医療費の支給が各医療保険制度をはじめとする「わが国の医療提供体制を前提とした医療給付を補完する制度」だから却下したと答えた。

(2)　裁判所から厚労省への求釈明
　このようなやりとりを承けて，第6回弁論期日において，裁判所は厚労省に

　　「(1)　現在，予算措置として行われている在外被爆者保健医療助成事業において，申請者が受けた医療の内容及びその額の適正性についてどのように確認しているか。
　(2)　生活保護受給者等の無保険者が海外で医療を受けた場合について，一般疾病医療費の支給対象となるのか。
　　上記(2)で支給対象となる場合，医療の内容及び医療費の適正さの担保手段について。」

と求釈明した。
　「我が国の医療保険制度」を前提にする厚労大臣の監督が及ばなければ適正性が保てないと厚労省がいうのであれば，裁判所の(1)の疑問は当然であった。また，「我が国の医療保険制度」を前提にしていなければ国外で医療を受けた場合に一般疾病医療費の支給がないと厚労省が言うのであれば，日本

第2編　在外被爆者裁判　各説

に居住していても被保険者ではない，例えば生活保護受給者の被爆者はどう
なるのか，裁判所の(2)の疑問も当然であった。

われわれも「日本に居住していない被保険者の海外医療に法18条の適用
があるか。」と求釈明した。

これらに対して，厚労省は「日本に居住していても無保険者には適用がな
い。居住していなくても被保険者には適用がある。」と釈明した。ここにお
いて，却下理由は，「日本に居住していないから却下した」から「保険に加
入していないから却下する」に変わってしまった。厚労省は，在外被爆者に
は法18条の適用がないという当初の却下理由を放棄してしまったのである。

(3)　厚労省の最終的な主張

厚労省が一審最終準備書面で述べたその主張の骨子は以下のとおりである。

第1に，一般疾病医療費の支給には適正性の担保が求められる。本件被爆
者らが大韓民国の医療機関において負担した医療費については，一般疾病医
療費の支給の適正性を担保する制度的な仕組みが存在しない。

第2に，被爆者援護法は2008年改正され，国外からの手帳交付申請が可
能であることを法文上明記した。その改正法附則2条1項は「在外被爆者に
対して行う医療に要する費用の支給について，国内に居住する被爆者の状況
及びその者の居住地における医療の実情等を踏まえて検討を行い，その結果
に基づいて必要な措置を講ずるものとする」としている。これは，在外被爆
者に対する一般疾病医療費等について，法による援護の適用外とした立法者
意思を示している。

第3に，厚労省の解釈は，法律制度による一般疾病医療費の支給に替えて，
保健医療助成事業に係る支給額の上限額の引上げを含む各種の予算措置によ
る援護施策の拡充が図られていることとも整合する。

第4に，郭貴勲裁判大阪高裁判決は，指定医療機関及び被爆者一般疾病医
療機関の指定及び監督の問題や，国家主権に由来する対他国家不干渉義務に
反するおそれがあること，また，日本国以外ではその実施が事実上困難であ
ることを理由に，医療の給付や一般疾病医療費の支給について従前の行政解
釈を是認している。

第 5 章　在外被爆者医療費裁判

⑷　われわれの反論

　われわれは反論を以下のようにまとめた。

　第 1 の論拠に対して，2000 年通知によって日本に居住する被爆者であれば国外の医療機関において負担した医療費であっても支給するのだから，国外の医療機関であれば当然に適正性が担保されないという理由には根拠がない。

　第 2 の論拠に対して，2008 年改正法附則 2 条は，1 項に続けて，同条 2 項で「政府は，この法律の施行の状況等を踏まえ，在外被爆者に係るこの法律による改正後の原子爆弾被爆者に対する援護に関する法律第 11 条の認定の申請の在り方について検討を行い，その結果に基づいて必要な措置を講ずるものとする。」と定めていた。そして，改正付則 2 条 2 項にいう国外からの原爆症認定申請については，2010 年 4 月 1 日以降，被爆者援護法を改正することなく，施行規則の改正によって，渡日せずに日本の在外公館を通じて原爆症認定申請を行うことが可能となっていた。2008 年改正付則 2 条 1 項を理由に，立法者意思が在外被爆者に対する一般疾病医療費を法による援護の適用外としていると言えない。

　第 3 の論拠に対して，厚労省の施策を指摘するにすぎず法の解釈には何の影響もない。

　第 4 の論拠に対して，郭貴勲裁判は，日本国外における医療の給付や一般疾病医療費の支給それ自体を争点としたものではないし，大阪高裁判決も日本に居住も現在もしない被爆者への医療の給付は否定しているが，一般疾病医療費の支給については否定していない。

⑸　大阪地裁判決

　これら双方の主張と証拠調べ（死亡した本件被爆者の息子で原告となっていた者が亡父の病状や生活が苦しく十分に医療を受けることができなかった状況について証言した）を経て，2013 年 10 月 24 日の大阪地裁判決【35】に至った。同判決は本件却下処分を取り消し，慰謝料請求を棄却した。

　判決は，被爆者援護法の趣旨と性格を述べた上で，要旨として，次のように判示た。

211

法18条に基づく一般疾病医療費の支給も，その一環としての被爆者に対する医療の援護の一つであることに鑑みれば，同規定を在外被爆者に適用することがおよそ予定されていないと限定解釈することが合理的であるとは認められず，また，同法の立法者意思としても同法条に基づく一般疾病医療費の支給対象から在外被爆者を排除することが明らかであったともいえない以上，法18条は，社会保険各法に加入していない在外被爆者が国外の医療機関で医療を受けた場合を一般疾病医療費の支給対象から除外するものではないと解するのが相当である。そして，在外被爆者がその居住国の医療機関で医療を受けた場合は，特段の事情がない限り，法18条1項にいう「緊急その他やむを得ない理由により被爆者一般疾病医療機関以外の者からこれらの医療を受けたとき」に当たるものと解するのが相当である。

　こう述べて厚労省の主張を斥けた。

　慰謝料請求については，1960年原爆医療法に一般疾病医療費を導入したとき，1974年402号通達を発出したとき，1980年海外の医療機関において療養を受けた場合の費用も健康保険法44条に基づき療養費の支給対象となったとき，2000年通知を発出したとき，2003年402号通達の失権取扱いを廃止したとき，2008年改正附則2条1項が定められたとき，これらのいずれにおいても，厚労省の担当者において在外被爆者が日本国外で受けた医療につき一般疾病医療費の支給対象としなかったことをもって，その職務上通常尽くすべき注意義務を尽くさなかったものとはいい難く，国家賠償法上違法であるとは言えない，またこれによれば，大阪府知事が本件却下処分をしたことや厚労省の担当者が大阪府の担当者に対して在外被爆者からの一般疾病医療費支給申請が却下相当と回答したことも，国家賠償法上違法とはいえないとして，請求を斥けた。

5　大阪高裁における双方の主張と判決

⑴　控訴にあたっての大阪府知事の説明

　大阪地裁判決【35】に対し，一審原告，一審被告の双方が控訴した。

　大阪府知事は控訴にあたって次のように述べた。「厚労省の新たな仕組み

はスピーディーに在外被爆者を救済できる」，「控訴を断念して判決が確定すれば，（支給の）手続きが煩雑になるなど，様々な影響が出る」。

「厚労省の新たな仕組み」とは，厚労大臣が原判決を次のように評価して考え出されたものである。「現行の制度をそのまま判決に則って適用していくようなことになりますと，非常に在外被爆者にとって利便性の問題等々で非常に不便になるというようなこともございます。また，医療費自体が日本より高い国々においては，日本の保険制度，診療報酬で決められておりますけれども，その日本の制度に準じて対応をするということになりますと，今まで以上に実際問題給付される金額が下がってしまう」。（2013年11月1日，田村大臣閣議後記者会見）

大阪府知事も厚労大臣も，大阪地裁判決が被爆者援護法の解釈を誤っているとは言えなかった。本件被爆者らに被爆者援護法を適用できないとは言えなかった。大阪府知事も厚労大臣も大阪地裁判決にしたがって被爆者援護法を適用することはできるが，在外被爆者の利便性を考慮して新たな予算事業を実施すると述べているに過ぎない。

すなわち，厚労省は，大阪府の控訴になんらの理由もないことを熟知していた。

(2) 大阪府の控訴理由書

大阪地裁判決【35】にはなんら被爆者援護法の解釈を誤るところがないと知りながら，厚労省はあえて独自の見解を強弁して，控訴理由の要旨として，次のように述べた。

第1に，法18条1項と法19条1項から，法は原則として国内の一般疾病医療機関から医療を受けた場合を想定しており，在外被爆者が国外の医療機関で医療を受けた場合を想定していない。法18条1項は，「緊急その他やむを得ない理由」があるという例外的な場合に限り，一般疾病医療機関以外の者から医療を受けた場合についても一般疾病医療費の請求が認められるとしている。在外被爆者であることのみによって，原則として，このような例外的な請求を認めることは，原則と例外を逆にするもので，被爆者援護法が予定しているところではない。

第2編　在外被爆者裁判　各説

　第2に，法は，医療費の支給については，支給の適正性を担保する各種規定を設け，過剰給付を防止するための，社会保険等との併給調整規定がある。このような被爆者援護法の全体の仕組みに照らせば，法18条1項の一般疾病医療費は，その支給の適正性が確保されている限度において支給されることが予定されている。ところが，我が国の公的医療保険の被保険者ではない在外被爆者については，適正性の担保の手段は全くなく，在外被爆者の居住する各国の公的医療保障制度との併給調整規定も設けられていないのであり，この点からも被爆者援護法が在外被爆者に法17条及び18条を適用することを想定していないことは明らかである。

　第3に，平成20年改正付則2条1項について，原審と同様の主張を行った。

　なお，厚労省は控訴審で『法令解釈の常識』という書籍の抜粋を「法令の解釈に当たって立法者の意思が重要な指針となること」という立証趣旨で証拠申請しようとして，裁判長から「これを読めと言うんですか」と強くとがめられて，撤回している。

(3)　われわれの反論

　われわれは要旨以下のように反論をまとめた。

　第1の論拠に対して，法に根拠のない原則・例外をいうことの恣意に加え，論旨も判然とせず無論理というしかない。いずれにせよ，在外被爆者に対する支給は原則と例外を逆転させるから被爆者援護法が予定していないとする主張は，厚労省自身が，裁判所の求釈明に対して在外被爆者であっても被保険者であれば国外の医療機関での医療につき医療費を支給すると主張していることと矛盾している。

　第2の論拠に対して，被爆者援護法上の支給の適正性担保の手段は，国外に居住する被爆者が公的医療保険の被保険者かそうでないかで何も変わらない。被保険者かどうかで支給の適正が担保されるかどうかを区別できない。また，厚労省がいう「併給調整規定も設けられていない」とは，法18条1項ただし書きの規定が国外で他国の公的医療保険を受ける者には適用されないことを指している。併給調整とは「公費が支給される場合において，複数

の受給権が発生する場合」の「各種法律において両者を受給することによる過剰給付を避けるための調整規定」である。しかし，法18条1項ただし書きは，併給調整ではなく社会保険各法に加入している場合の他法優先を示す規定である。このことは，厚労省も訴訟の当初，1960年の国会審議の際に作成された逐条解説である「原子爆弾被爆者の医療等に関する法律の一部を改正する法律案逐条解説」の「本条による医療費の支給は，本項ただし書の規定により，他法優先の建前をとっている。」という記載や，1974年の一般疾病医療費の対象者の改正が行われた際の国会審議において，一般疾病医療費の制度について政府委員から他法の医療の給付の優先適用を前提にした上で自己負担分を補完する制度であると説明されていたことなどを挙げて認めていた（ただし，厚労省は，ここから他法の医療の給付を受けない者には法18条1項の適用がないという誤った結論を導いたのである）。過剰給付は，法18条1項ただし書きではなく，法18条2項が準用する法17条2項の「現に要した費用の額を超えることができない」の規定によって防止される。

　第3の論拠は，原審でのわれわれの批判に答えていない。

　なお，慰謝料請求にかかる大阪地裁の判断については，われわれは，大阪地裁判決が指摘する各時点において厚労省はその取扱いの違法について容易に認識し得たことを控訴理由として主張した。

⑷　大阪高裁判決

2014年6月20日，大阪高裁判決【40】は，双方の控訴を棄却した。

　厚労省の控訴については，一般疾病医療費の支給に関する同法全体の構造，立法者意思等を考慮しても，その支給対象者について法文上明記されていない条件を付加して限定解釈されることを予定しているものとは解し難いこと等を考慮すると，同条について，国外に居住する被爆者が国外の医療機関で医療を受けた場合を一般疾病医療費の支給対象から除外するものと限定解釈することが合理的なものということはできないとしてこれを斥けた。

　われわれの控訴については，これまで，在外被爆者が国外の医療機関で医療を受けた場合に，法18条に基づく一般疾病医療費の支給対象となるかが訴訟の場で正面から争われたことがなく，大阪地裁判決が言い渡されるまで，

第2編　在外被爆者裁判　各説

厚労省の解釈が違法であるとの司法判断が示されたことはなかったことや，被爆者援護法上，在外被爆者に一般疾病医療費を支給し得る旨の明文の規定がないことなどから，在外被爆者が国外の医療機関で医療を受けた場合に法18条に基づく一般疾病医療費は支給しないとする解釈にはそれなりの根拠が存したとしてこれを斥けた。

6　最高裁判決

　大阪府だけが上告受理申立てを行った。われわれは，より早期に最高裁の判断を求めるため，上告受理申立てを行わなかった。

　厚労省の上告受理申立て理由書の主張は，従前の厚労省の主張をほぼ繰り返すものであり，われわれは簡単な意見書を提出してこれに反論した。

　最高裁は，これを上告審として受理した上で，2015年9月8日上告を棄却した【42】（民集69・6・1607，判タ1420・75，判時2283・23）。

　最高裁が示した理由は，次のとおり極めて簡潔だった。

　法18条1項の定めや同法の趣旨に照らして，医療の安全を確保するための医療法等による各種の規制，支給の適正を確保するための規制が，日本国外で医療を行う者に及ばないからといって，在外被爆者が日本国外で医療を受けた場合に同項の規定の適用を除外する旨の規定がないにもかかわらず，厚労省の解釈（法18条1項にいう一般疾病医療機関以外の者を日本国内で医療を行う者に限定されるという解釈）を採ることは，同法の趣旨に反するものであって相当でない。

　被爆者の居住地又は現在地の付近に一般疾病医療機関がないため近隣に所在する一般疾病医療機関以外の者から医療を受けることとなった場合には，「緊急その他やむを得ない理由」の要件が満たされるものと解され，在外被爆者が日本国外で医療を受けた場合にも，これと同様に解することができる。「以上によれば，18条1項の規定は，在外被爆者が日本国外で医療を受けた場合にも適用されるものと解するのが相当である。したがって，在外被爆者が日本国外で医療を受けた場合につき，同項所定の要件に該当するか否かについて判断することなく同項の規定を適用する余地がないことを理由として

された本件各却下処分は違法である。」

7　最高裁判決の意義

　最高裁判決【42】により，大阪府知事が原告らに対して行った日本国内に居住地を有しないことを理由とする一般疾病医療費申請の却下処分が違法であることが確定した。この最高裁判決の趣旨は，本件被爆者だけでなく，世界中のすべての日本国外に居住する被爆者の申請に及ぶものであった。韓国やアメリカに居住する被爆者を原告とする同種事件が，福岡高裁，広島高裁に係属していたが，本件最高裁判決を受けて，長崎・広島両県知事はいずれも却下処分を職権で取り消した。本件最高裁判決により，日本国外に居住する世界中のすべての被爆者が日本国外の医療機関で受けた医療費について，被爆者援護法の適用が認められることになった。

　2015年12月28日，厚労省は，在外被爆者の医療費支給申請手続を定める省令（原子爆弾被爆者に対する援護に関する法律施行規則の一部を改正する省令（平成27年厚生労働省令第174号））を公布した。これにより2016年1月1日から，韓国に居住する被爆者は長崎県に，韓国以外の国・地域に居住する被爆者は広島県に支給申請を行い，法の規定に基づく医療費の支給を受けることが可能となった（なお，厚労省は過去の医療費支給について時効を適用しなかった）。

8　医療費裁判の困難

　煩雑にわたるほどに厚労省の主張を引用したのは，その主張が，転々と混乱したことを示すためである。厚労省が主張する却下理由が転々としたことは，厚労省が法に基づいて却下したのではなく，却下の結論だけが先にあったことを露わにしていた。また，その主張は，すべてすでにこれまでの裁判で斥けられたものか，あるいは論旨が通らないか，強弁としか言えないものだった。しかし，その主張があまりに転々とし混乱し晦渋であるため，それに端的に反論することは容易ではなかった。われわれの訴訟活動は，この厚

第2編　在外被爆者裁判　各説

労省の主張を，いかに整理し，矛盾を明らかにし，明解に批判するかに尽きた。

　長崎地裁や広島地裁に提起された裁判では，裁判所が厚労省の主張に幻惑されて（そうとしか表現しようがない），原告の請求を棄却していた。特に，長崎地裁判決【39】は，厚労省が国外に居住する被爆者であっても，被保険者であれば法18条の適用があると明確に主張していたにもかかわらず，争点を「法17条1項及び18条1項にいう被爆者について，国内に居住地又は現在地を有するものに限られると解すべきか。」と提示した上で，判決を書き進めた。

　最高裁判決【42】は，上記のとおり法令解釈の当然の原則を示して簡明な理由で結論を導いた。これは厚労省が法令解釈の原則をねじ曲げていたことを白日の下にさらけ出したという意味で大きな意義を有している。

9　一連の訴訟を終えて

　本件最高裁判決【42】を勝ち取るまで，郭貴勲裁判提訴から17年，その大阪高裁判決確定【7】から13年，孫振斗裁判から数えれば同裁判提訴から実に43年，同裁判最高裁判決【3】から37年を要した。この間にも，日本国外に居住する被爆者は，差別と無援護に苦しめられ，その大半は「原爆棄民」として亡くなった。本件被爆者3名のうち2名も医療費支給を受けられぬまま亡くなった。

　原爆二法と被爆者援護法の平等適用を求めて，日本国外に居住する被爆者が次々と提起したすべての裁判では，事実認定にはまったく争いがなく，ただ条文の解釈だけが争いとなり，厚労省と地方自治体は敗訴し続けた。

　なぜ「法律による行政」の原理に悖る運用が行われてきたのか。なぜ在外被爆者に対しては「法律による行政」が行われず，差別的な運用がこれほどに長く続いたのか。何がそれを許したのか。そして，これからは「法律による行政」が行われるのか。

　今，あらためて，そのことが問われなければならない。

（永嶋靖久）

◆ 第3編 ◆
在外被爆者支援と裁判

第1章　在韓被爆者の闘いにおける
在外被爆者裁判の意義

在韓被爆者が日本政府とアメリカ政府に補償を求める声を上げてから足か
け50年という長い歳月が流れた。在韓被爆者は膨大な汗と血と涙を注いで
補償を求めてつづけてきた。この50年におよぶ在韓被爆者の闘いにおいて
在外被爆者裁判はどういう意味をもつのか。これを考察することが本稿の目
的である。

1　在韓被爆者問題とは何か

(1)　在韓被爆者とは

大韓民国に暮らす韓国人原爆被害者のことを日本では「在韓被爆者」と呼
ぶ。この言葉の起源は1970年に出版された書籍の題名『見捨てられた在韓
被爆者』（竹中労・編著，日新報道出版部）に求めることができるだろう。

日本で在韓被爆者の存在および惨状がメディア等を通じて知られるように
なったのは，1965年の「日韓基本条約」締結以降のことである。その理由は，
一つには日韓の国交回復により人や情報の往来が可能になったからである。
そしてもう一つには，条約にともない締結された「大韓民国と日本国間の財
産および請求権に関する問題の解決ならびに経済協力に関する協定」（以下，
「請求権協定」という）において，在韓被爆者への補償問題が取り上げられな
かったことに失望し憤った在韓被爆者が声を挙げ始めたからである。

先覚的な在韓被爆者らが，名もなく声もなく原爆の被害に苦しむ同胞被爆
者の掘り起こしに奔走し，1967年7月10日に韓国政府から社団法人の認可
を受けた「韓国原爆被害者援護協会」（1971年に「援護」を削除して改名。以
下，「協会」という）を結成した。協会は「第2次世界大戦（太平洋戦争）当時，
日本国広島及び長崎で連合国側（米軍）の原子爆弾により陽性または陰性的
な身体上の被害を受けて生きのびた大韓民国国民に対して，各種実態調査，

221

第3編　在外被爆者支援と裁判

原爆病の治療可能性の研究，被爆患者に対する啓蒙および治療の斡旋，その他の援護を行うことを目的」とした。結成時の会員数は 1,857 名で，その数は 1975 年には 9,315 名にも達した。

　2016 年 8 月現在，協会はその目的を「韓国人の被爆者およびその子孫たちの健康管理と福祉向上を図り，権益を保護する」ことに置き，会員数は 2,467 名である。

　いったい何人の朝鮮半島出身者が広島・長崎で原爆の犠牲になったのか。その被害の実態はいまだに不明のままであるが，協会が 1978 年に推定したところによれば，次のとおりである。

朝鮮人被爆の状況（推定）				
	被爆者	死者	生存者	日本残留	帰国者
広島	50,000 人	30,000 人	20,000 人	5,000 人	15,000 人
長崎	20,000 人	10,000 人	10,000 人	2,000 人	8,000 人
合計	70,000 人	40,000 人	30,000 人	7,000 人	23,000 人

(2)　問題の核心

　朝鮮人が原爆によって受けた被害に対する補償責任は，原爆を投下したアメリカのみならず，朝鮮を植民地支配して朝鮮人を日本が引き起こした侵略戦争に巻き込んだ日本にもある。それゆえに，在韓被爆者は日韓基本条約および請求権協定締結の動きを，固唾をのんで見守っていたのである。しかし，日米両国とも自らの戦争責任を果たそうとせず，死者への弔意や償いはおろか，九死に一生を得て朝鮮半島に生還した被爆者をも，原爆被害の肉体的，精神的，経済的惨状のなかに放置しつづけた。このことが在韓被爆者問題の核心である。

　協会は結成直後の 1967 年 11 月 4 日，代表者 20 数名が「私の体を弁償しろ」「日本政府は韓国の被爆者に補償せよ」と書かれたプラカードを持ってソウルの日本大使館まで街頭デモを繰り広げ，大使館前で籠城して大使との面談を要求した。大使の代わりに参事官が対応して次のようなやり取りがあった。

協　　会：韓国の原爆被害者を補償せよ。

参事官：日本政府は日韓会談の際にすべて補償済みである。

協　　会：請求権協定の内容には被爆者に関することは一つもなかったが，韓国の被爆者のために別途に指定して補償したということか。

参事官：別途指定したのではなく，一括して補償した。政府と政府間の補償問題はすでに終わっている。

1971年8月6日には協会代表者10数名が「アメリカ政府も韓国の原爆被害者を補償せよ」というプラカードを掲げてソウルのアメリカ大使館までデモを行い，ニクソン大統領宛てのメッセージを提出した。対応した一等書記官は「メッセージは大統領に伝えはするが，アメリカは歴史上戦争補償をしたことはない」と返答しただけで，その後，ニクソン大統領からの回答はなかった。

補償問題に対する日本政府とアメリカ政府の態度はその後も何一つ変わることなく今日に至っている。とりわけアメリカ政府に対しては，在韓被爆者はまったく為す術を持たなかった。

在韓被爆者はこの冷酷で強固な政治の壁の前で座して死を待つことはできなかった。

原爆後障害に苦しみ，働くこともできず，治療を受けることもできないという病苦と貧困の悪循環に陥った在韓被爆者は，日本の被爆者に援護を実施していた日本政府に対して，生存権確保のために「せめて日本人被爆者と同等の援護を」と訴えた。その訴えの根底にあったのは，「日本は植民地時代と同じく今も韓国人を差別するのか」という強い怒りであった。

(3)　在韓被爆者支援運動
①　支援運動の開始

日本で在韓被爆者の対日本政府活動を支援する市民運動が始まったのは1970年代に入ってからである。

1970年12月に在韓被爆者の孫振斗（ソン・ジンドゥ）が原爆後障害の治療を求めて佐賀県の港に密入国した事件を機に，広島・長崎・東京・福岡・大阪などの市民が孫振斗の救援活動を開始し，「孫さんの日本在留と治療を求める全国市民の会」（以下「孫振斗市民の会」という）が結成され，1972年

第3編　在外被爆者支援と裁判

の孫振斗裁判提訴へとつながっていく。

　1971年には，協会が「援護」の二文字を削除し，被爆者自身の組織として再出発した際に会長に選出された辛泳洙（シン・ヨンス）が大阪に来日し，日本の市民に協会活動の支援と治療を受けられない被爆者の救援を訴えた。これに呼応して同年12月21日に大阪で「韓国の原爆被害者を救援する市民の会」（以下，「市民の会」という）が結成され，協会が日本政府と直接交渉するための支援，協会運営費支援，困窮被爆者支援の活動を開始した（市民の会は，2016年現在，事務局を大阪に置き，支部を大阪・広島・長崎に置いて活動している。広島支部の結成は1973年始め，長崎支部の結成は1992年8月4日である）。

　1972年8月には辛泳洙会長が三木武夫副総理に直接補償を訴え，「責任を感じている」との発言を引き出した。同年10月には市民の会の本吉義宏会長（当時）が大平正芳外相と面談し，協会の田中総理大臣宛の被害補償要望書を手渡し，大平外相の「外国人被爆者救済のための特別立法措置を摂る必要がある」との返答を得た。しかし，対日補償要求の運動はその後，1978年の孫振斗裁判の勝訴が日韓の政治を動かし始めるまで，目に見える進展はなかった。

②　支援運動の理念

　孫振斗市民の会の結成を呼びかけるために広島で初めてまかれたビラには次のように書かれていた。

　　「孫さんは……『日本で検診，治療してほしい』と一貫した主張を続けている。……1910年，日韓併合以来特に第2次世界大戦中，日本が朝鮮に植民地政策をしいてその政策の中で数多くの人々が強制連行され，広島市内にも約4万人が（1945年）在住していた。そして彼らは被爆した。このことを考えるとき，孫氏の訴えは当然であり，私達広島の市民が彼の要求を支援することも当然である。」

　また，市民の会結成時の趣意書には次のように記されていた。

　　「（前略）韓国の原爆被害者たちは，自分から好んで日本に移住し，原爆に遭ったというのではありません。1910年の韓国併合以来，日本政府の出先機関である朝鮮総督府によって土地を奪われ，日本の資本による搾取を受け，多くの朝

224

第1章　在韓被爆者の闘いにおける在外被爆者裁判の意義

鮮人が，困窮の末やむなく日本に渡ってきていました。特に太平洋戦争末期には，徴用や『強制連行』によって，無理矢理に連れてこられた人たちがあり，被爆朝鮮人の大半は，この人たちであるといわれています。いずれにしましても，朝鮮人が原爆に遭ったということの背後には，このような戦前における日本の過酷な朝鮮支配の歴史があったことを，まず想起すべきだと思います。(中略)

私たちの国は，原爆の被害者であると同時に，韓国の被爆者に対しては，加害者の立場にあることは，前述のとおりですが，にもかかわらず，私たちの政府は，戦争によるすべてのことは，日韓条約によってすべて清算ずみであるとの建前をとり，この問題に対して目もくれようとしません。私たちはこの運動の中で，政府がこの問題に具体的に取り組むよう，強く訴えていかなければなりません。また，日本は韓国をはじめ東南アジアへ再び経済的軍事的な支配体制を築きつつあります。そして，私たちのうちには，そうした国の人々に対する偏見と差別が，相変わらず根深く存在し，さらに拡がろうとしています。私たちの運動は，こうした事実を告発することなしには決して進められないと考えます。(後略)」

　日本で始まった在韓被爆者支援の市民運動は，在韓被爆者に対して日本は加害国であるという歴史認識に立ち，日本政府の責任を追及することは日本市民の責任であるという理念に基づくものであり，この歴史認識と理念は今日まで続いている。

2　在韓被爆者の裁判闘争史Ⅰ──戦後補償裁判期──

　在韓被爆者の日本政府に対する補償要求闘争は，日本政府および関係各界との直接・間接交渉と裁判闘争の2本柱で，粘り強く進められていった。その長きにわたる闘いの歴史を裁判闘争の展開に沿って区分すれば，「戦後補償裁判期」「在外被爆者裁判期」「韓国裁判期」という3区分に分けることができる。

　始めの「戦後補償裁判闘争期」を構成する裁判は「孫振斗裁判」と「三菱裁判」である。

(1)　孫振斗裁判

　日本では1957年に原爆医療法が，1968年に原爆特別措置法が制定された。日韓国交回復後，この情報が韓国にも伝わり，日本への渡航が可能になると，

225

第3編　在外被爆者支援と裁判

日本に渡って原爆後障害の治療を求める在韓被爆者が現れ始めた。原爆二法には法の適用を日本国籍者や日本国内居住者に限定する規定はなかった。しかし，日本政府は「原爆二法の適用については，居住の本拠が日本にあることが前提」という理由で，在韓被爆者への適用を拒んだ。

　これに対して最初にその不当性を裁判によって訴えたのが孫振斗だった。

　裁判のなかで原告側は，法律論の主張に加えて，日本の植民地支配下で「日本国籍」を付与され，日本の引き起こした戦争に総動員され，被爆させられた孫振斗に対し，日本政府は補償責任を負う立場にありながら，孫振斗が被爆後に植民地支配から解放された祖国で暮らすようになったことを理由に，被爆者援護から排除することの理不尽さを強調した。

　それゆえに，1978年3月30日の最高裁判決【3】は，「原爆医療法は，このような特殊の戦争被害について戦争遂行主体であった国が自らの責任によりその救済をはかるという一面をも有するものであり，その点では実質的に国家補償的配慮が制度の根底にある」(A)としたうえで，さらに「被上告人（孫振斗）が被爆当時は日本国籍を有し，戦後平和条約の発効によって自己の意思にかかわりなく日本国籍を喪失したものであるという事情をも勘案すれば，国家的道義のうえからも首肯されるところである」(B)と，在韓被爆者の歴史性にも言及したのである。

　孫振斗裁判の完全勝訴により，在韓被爆者の無援護状況が大きく改善されることへの期待が高まった。しかし，日本政府は韓国政府との共同で在韓被爆者の渡日治療に着手しただけで，韓国における無援護状況には何の変化も見られなかった。さらには被爆者行政全般に対しては，「戦争によって何らかの被害を余儀なくされたとしても，それは，国を挙げての戦争による『一般の犠牲』として，すべての国民が等しく受忍しなければならない」として，国家補償としての被爆者援護の必要性を否定した。孫振斗裁判の切り開いた地平をなし崩しにしようとしたのである。

　孫振斗裁判は「戦後補償」あるいは「在外被爆者」という概念も言葉もなかった時代に闘われた裁判である。孫振斗判決の上記(A)の部分は，後の在外被爆者裁判すべてにおいて在外被爆者の主張が認められる根拠となった。その意味では，孫振斗裁判は「在外被爆者裁判」に分類されるべきものであ

第1章　在韓被爆者の闘いにおける在外被爆者裁判の意義

る。しかし，孫振斗判決の上記(B)の部分が示しているように，日本の朝鮮植民地支配の責任を追求した裁判であったという点において，孫振斗裁判は「戦後補償裁判」に分類されるものであった。

(2)　二つの三菱裁判

①　同志会・遺族会の結成

　協会の結成および始動期の活動において中心的役割を担ったのは，1944年に国民徴用令の朝鮮人への適用によってソウル，平澤周辺地域から集中的に広島の三菱重工業（機械製作所および造船所）に強制連行され，被爆させられた人たちであった。

　彼らは徴用令書1枚で有無を言わせず強制的に広島の三菱に連行され，労働を強いられ，残された家族に賃金の半額を送金するという約束も反故にされ，挙げ句の果てに原爆被害を受けるという過酷な体験から，在韓被爆者のなかでもとりわけ植民地支配に対する強い怒りを持っていた。彼らは協会活動の中心になると同時に，1974年には約200人で「韓国原爆被害者三菱徴用者同志会」（以下，「同志会」という）を結成した。また，被爆後に三菱が用意した帰国船に乗りこんだ後，玄界灘で台風にあい，船が沈没し遭難した三菱徴用工241名の遺族たちも同年，「日本広島三菱重工業韓国人被爆者沈没遺族会」（以下，「遺族会」という）を結成した。

　両会は日本政府と三菱重工業に対して，強制連行・強制労働・原爆被爆・未払い賃金に対する補償を求めるために，1974年8月，協会および市民の会広島支部の支援を得て，日本外務省および三菱との直接交渉に臨んだ。三菱は「補償問題は請求権協定で解決済み」としながらも「国や自治体，他の企業，一般社会が救援する動きを見せたとき，三菱もその一員として協力する」と人ごとのような対応をし，外務省は「請求権協定は国と国の貸し借りに決着を付けたもので，雇用関係にあった三菱という個別企業に関わることまでは含まれない」と，自らの責任逃れに終始した。その後も両会の日本政府・三菱交渉は1980年代末まで頻繁に続けられた。その活動を中心的に支えたのは，1976年に市民の会広島支部を基盤に広島で結成された「三菱重工韓国人徴用工原爆被爆者・沈没遺家族を支援する会」だった。

227

第3編　在外被爆者支援と裁判

②　金順吉裁判と広島三菱裁判

　孫振斗裁判の完全勝訴にも関わらず在韓被爆者の韓国における無援護状態は続いた。これに失望する在韓被爆者を勇気づけたのは韓国社会における変化であった。1987年6月の民主化措置宣言以降，日本の植民地支配による被害者への「戦後未処理問題」に対する社会的関心が高まり始めた。協会はこの機をとらえて同年11月に日本政府に対する「23億ドル補償請求」を発表し，補償要求運動を強化した。

　1990年5月，日韓首脳会談で海部首相は「過去の一時期，朝鮮半島の方々が我が国の行為により耐え難い苦しみと悲しみを体験されたことについて謙虚に反省し，率直にお詫びの気持を申し述べたい」と謝罪し，在韓被爆者には「医療支援金40億円」を拠出することを表明した。

　40億円により在韓被爆者は被爆後45年目にして初めて，韓国における医療費支援を受けることができるようになった。しかし，日本政府は40億円を，日本の被爆者に支給しているのと同様の手当金の支給に用いることを禁じた。植民地支配の責任を取ろうとしない日本政府が，「人道」を口にしながら日韓の被爆者援護に格差を設けたことに，在韓被爆者は怒った。協会は「日本政府は支援金40億円で戦後処理は終わったと考えているようだが，一時支援金はあくまでも支援金に過ぎない」と訴えた。

　一方，上記の日韓首脳会談で盧泰愚（ノ・テウ）大統領が海部首相に強制連行者名簿の公開を要請したことや，日本軍「慰安婦」にされた金學順（キム・ハクスン）の名乗り出を機に，1991年以降，徴用工，軍人軍属，日本軍「慰安婦」等の強制連行被害者たちが，日本政府および連行企業を相手取った損害賠償請求訴訟，いわゆる「戦後補償裁判」を相次いで提訴するようになった。

　広島と長崎の三菱重工業に強制連行され被爆させられた人たちも，この戦後補償裁判の闘いに合流した。まず1992年に元長崎三菱徴用工の金順吉（キム・スンギル）が，つづいて1995年（1次）と1996年（2次）に同志会のメンバー46人が，日本政府と三菱重工業に強制連行・強制労働・被爆・未払い賃金に対する損害賠償を求める裁判（以下，「広島三菱裁判」という）を提訴したのである。

228

第 1 章　在韓被爆者の闘いにおける在外被爆者裁判の意義

これらの裁判を支援するために，長崎で「金順吉裁判を支援する会」が，広島で「三菱広島・元徴用工被爆者の裁判を支援する会」が結成された。

3　援護法と在外被爆者——在外被爆者裁判前史——

三菱徴用工被爆者らが戦後補償裁判を開始した 1990 年代前半は，在韓被爆者の闘いが在ブラジル被爆者や在アメリカの被爆者の訴えと接点を持つようになり，「在外被爆者」という言葉が創出され，「在外被爆者裁判の萌芽期」が形成された時期でもあった。

(1)　手帳の有効活用を求める被爆者たち
①　在韓被爆者

孫振斗裁判勝訴以降，日本政府の在韓被爆者渡日治療により，1980 年から 1986 年にかけて，349 人の在韓被爆者が被爆者健康手帳（以下，「手帳」という）を交付され，広島，長崎の原爆病院で 2 カ月の入院治療を受けた。その他にも，市民団体「在韓被爆者渡日治療広島委員会」（1984 年に発足。以下，「渡日治療委員会」という）や市民の会の民間招請で来日して手帳を取得し，治療を受ける在韓被爆者が増えていった。しかし，日本政府は「手帳は日本滞在期間中のみ有効であり，韓国に帰国すれば手帳は無効となり，日本で得た手当受給権も失権する」という取扱いを続けた。

これに対して，在韓被爆者は韓国で暮らしながら日本の被爆者と同等の援護を受けられることを求めてきたが，日本政府が医療支援金 40 億円の使途に「手当支給は不可」という差別的な制限を設けたことが発火点となり，日本で受給していた手当を韓国でも継続支給するよう求める声が高まった。

②　在ブラジル被爆者

時期を同じくして在ブラジル被爆者による動きも始まった。在ブラジル被爆者とは，日本政府が敗戦後の人口過剰対策として行った移民奨励策（1952 年～1973 年）に応じてブラジルに移民した被爆者たちである。1984 年に「在ブラジル原爆被爆者協会」（2008 年に「ブラジル被爆者平和協会」に改称）を

229

結成し，日本政府に対して原爆二法の適用による援護を求めた。しかし，日本政府からは「日本を出た人は税金を払っていないのだから援護できない。ブラジル政府に頼め」と，棄民扱いされた。

在ブラジル被爆者協会の森田隆会長は，日本で取得した手帳をブラジルでも有効に活用できる方法はないものかと，1991年に日本に帰国した際に，『原爆犯罪』の著者である椎名麻紗枝弁護士を訪問して相談したのであった。

③　在米被爆者

日系アメリカ人が多くを占める在米被爆者は，1971年に「在米被爆者協会」（後に「米国原爆被爆者協会」に改称）を結成し，米国議会での被爆者支援法の制定を目指した。1973年に連邦議会，1974年にカリフォルニア州議会，1977年に連邦議会下院に支援法案が提出されたがいずれも廃案となった。

そのために在米被爆者は日本政府に対して「アメリカでの原爆二法適用」を求めることに力を注ぐようになった。日本政府は，来日して原爆二法の適用を求める在韓被爆者に対して適用を拒んでいた時代（孫振斗裁判が勝訴した1978年以前）にも，里帰り来日した在米被爆者には原爆二法を適用し，手帳を交付し，手当を支給していたからである。しかし，日本政府は「アメリカに適用すれば韓国にも適用しなければならなくなる」との理由で在米被爆者の要望を拒絶した。

当時，日本政府は韓国，アメリカ，ブラジルの被爆者らにまちまちの対応をしていたわけであるが，在外被爆者らは分断されており，日本政府の巧妙な分断政策に気づくことはできなかった。

(2)　402号通達と在外被爆者

在ブラジル被爆者の要請を受けた椎名弁護士は，孫振斗裁判1審勝訴直後の1974年7月22日に厚生省が発出した402号通達の存在を突き止め，その違法性を裁判で問うことにより日本国外における手当受給の道が開かれる可能性があることを提起した。

これを契機に，1990年代初頭に日本で在韓被爆者支援に取り組んでいた市民団体（市民の会，渡日治療委員会，1988年に発足した「在韓被爆者問題市民

第1章　在韓被爆者の闘いにおける在外被爆者裁判の意義

会議」（以下，「市民会議」という）は，手帳と手当の問題は在韓被爆者固有の問題ではなく，すべての日本国外居住被爆者に共通する問題であるという認識を持つようになり，「在外被爆者」という観点から問題解決の方策を模索し始めた。

すなわち，「在外被爆者」という言葉は，「被爆者でありながら，居住地が日本国外であることを理由に，日本政府の差別排外主義により原爆二法から不当に排除され，さらなる被害を受けている被爆者」を総称する言葉として，日本の市民運動において創出されたものであった。そこには，各国の被爆者の歴史性をあえて捨象し，原爆二法から除外されているという共通点に焦点を絞って問題解決を図ろうとする意図があった。

だが，この時期，当の在外被爆者らが一堂に会する機会はなく，各国の被爆者らはそれぞれに日本政府に対する援護要請を続けていた。その後，1994年6月に村山政権が誕生し，日本原水爆被害者団体協議会（以下，「被団協」という）が長年求めてきた援護法制定が現実味を帯びたときにも，韓国，アメリカ，ブラジルの被爆者らはそれぞれに，日本国外への適用を規定した援護法の制定を求める活動に精力を傾けていた。

(3)　3カ国被爆者の共同行動

1994年12月，「被爆者援護法」（以下「援護法」という）が制定された。被団協が長年求めてきた「国家補償を明記した法律」とはならなかったが，原爆二法を一本化したうえで国家補償的性格を強め，援護内容をより充実させた法律にはなった。

援護法制定が山場を迎えていた同年7月，協会は韓国を訪問した村山首相（当時）に改めて23億ドル補償と援護法適用を要求した。村山首相は8月に「他の被爆者についても日本の被爆者と同様に処理する」と発表した。

ところが制定された援護法から在外被爆者はまたしても排除されたのである。在韓被爆者はだまされたと思った。在外被爆者の怒り・失望がいかばかりであったかは想像に難くないであろう。

これを機に3カ国の被爆者の共同行動が開始された。1996年に3カ国の被爆者団体の代表者に被団協も加わり，在外被爆者に援護法適用を求める日

231

第3編　在外被爆者支援と裁判

本政府（厚生労働省，外務省）交渉，国会ロビー活動が取り組まれた。初の
被爆者国際連帯行動が実現したのである。

　この共同行動はその後毎年行われるようになり，後述の郭貴勲裁判勝利に
重要な役割を果たした。

(4)　援護法と三菱広島重工裁判

　援護法が在韓被爆者に適用されないことへの違法性を最初に裁判で訴えた
のは，援護法制定の翌年に提訴された三菱広島重工裁判であった。

　しかし，1999年3月25日の広島地裁判決【4】は，「法はそれを制定した国
家の主権が及ぶ人的・場所的範囲において効力を有するのが原則である」
「原爆被爆による損害のような戦争損害ないし戦争犠牲に対する補償は，憲
法の予想するところではない」「（1965年の請求権協定においては）大韓民国
政府において，在韓被爆者の日本国に対する請求権に関する外交保護権を放
棄していた」等の理由から，日本政府が在韓被爆者に援護法を適用しないこ
とを正当化した。さらに，強制連行・強制労働に関する日本政府と三菱の賠
償責任も一切認めなかった。

　原告らは，大日本帝国擁護の歴史認識と在韓被爆者への差別意識に立脚し
た不当判決に大きな衝撃を受けて怒った。しかし，原告らはこの衝撃と怒り
をバネに，2007年11月1日に最高裁で画期的な国賠一部勝訴を勝ち取り
【27】，さらには韓国における裁判でも大きな成果を挙げていくこととなるの
である。

(5)　在朝被爆者

　朝鮮民主主義人民共和国（以下，朝鮮）には約2,000人の被爆者が日本か
ら帰国したと推定されているが，国交のない日本にその実態はなかなか伝
わって来ず，日本政府も完全放置を決め込んできた。しかし，在朝被爆者も
在韓被爆者と同じく，日本の朝鮮植民地支配の結果，原爆被害を被った人々
であり，日本政府には補償する責任がある。

　1990年初頭より広島朝鮮人被爆者協議会が祖国での被爆者調査を開始し，
被爆者の掘り起こしが進み，1995年2月に「反核平和のための朝鮮被爆者

協会」（2010年に「朝鮮被爆者協会」に改称）が結成された。同年12月の第1回総会には190人の被爆者が参加した。在朝被爆者は在韓被爆者と同じく，日本政府に対して，日本の植民地支配の結果としての原爆被害に対する補償を求めると同時に，援護法の平等適用や，原爆症の治療に必要な医療設備や薬品提供等の人道的医療支援措置を求めた。

4　在韓被爆者の裁判闘争史 II ──在外被爆者裁判期──

(1)　402号通達と郭貴勲裁判

　日本政府は援護法制定後も402号通達を存続させることで，在外被爆者を援護法から排除し続けた。在外被爆者に残された道は，椎名弁護士が提起した「402号通達の違法性を問う裁判」しかなかった。

　その第一歩となったのが，在韓被爆者・沈載烈（シム・ジェヨル）が1996年に広島県に対して行った「健康管理手当の支給停止に係る審査請求申立」であった。

　これに続いて裁判に踏み切ったのが，協会発足時より支部長，副会長，会長を歴任してきた郭貴勲（クァク・クィフン）だった。

　1998年に提訴された郭貴勲裁判は，402号通達の違法性を問う目的で提訴された裁判であった。在韓被爆者の「補償が叶わないのであれば，せめて日本人被爆者と同等の援護を」との思いで始まった「第2の孫振斗裁判」とも言えるものであった。さらに郭貴勲に裁判を決意させた要因として，医療支援金40億円の底が見え始めたことが挙げられる。40億円がなくなれば在韓被爆者は再び無援護状態に陥るとの危機感があった。

　提訴地を大阪に決めたのは支援運動側の事情からだった。市民の会の支部がある広島，長崎，大阪のうち広島と長崎ではすでに金順吉裁判や広島三菱裁判の支援に取り組んでいた。そのために大阪で郭貴勲裁判を支援することになった。

(2)　在外被爆者裁判の始まり

　第1回目の郭貴勲裁判は，「朝，韓国の家を出るときは被爆者でなく，昼，

第3編　在外被爆者支援と裁判

大阪に着いて手帳を取れば被爆者になり，夜，家に戻れば被爆者ではなくなる。これではまるでファッションモデルではないか。援護法の定めによらず通達一つで被爆者の権利を奪う日本は本当に法治国家か」という原告冒頭意見陳述で始まった。

　郭貴勲裁判は在外被爆者を等しく排除する402号通達の違法性を問う裁判であったが，原告の郭貴勲と裁判を支援する市民の会にとっては，孫振斗裁判勝訴後も在韓被爆者に対する補償責任を絶対に認めようとしなかった日本政府との闘いであり，孫振斗，金順吉，広島三菱裁判に継ぐ4番目の在韓被爆者裁判であるとの認識が強かった。

　その認識を一変させたのが1999年11月の第8回口頭弁論だった。この日の法廷には米国原爆被爆者協会の倉本寛司名誉会長と，在ブラジル原爆被爆者協会の森田隆会長が原告側証人として出廷し，アメリカとブラジルの被爆者が置かれている苦境と，日本政府からの冷淡な仕打ちについて証言したのである。これを機に郭貴勲裁判は「在外被爆者裁判」として位置づけられることとなった。

　韓国のみならずアメリカとブラジルの被爆者の力に支えられて第1審勝訴【5】を勝ち取った郭貴勲は，第2審で「被爆者はどこにいても被爆者」と陳述し，その言葉が第2審の判決文にも取り入れられ，郭貴勲裁判の勝訴を確定した【7】。

　この「被爆者はどこにいても被爆者」という郭貴勲の言葉は，その後に続いた数々の在外被爆者裁判闘争のなかで，在外被爆者および支援者たちの「合言葉」となった。

(3)　国会に議員懇談会が結成

　郭貴勲裁判を「在外被爆者裁判」たらしめたもう一つの重要な出来事があった。国会に超党派の「在外被爆者に援護法適用を実現させる議員懇談会」（以下「議員懇」という）が結成されたことである。

　郭貴勲裁判は，四半世紀も続く402号通達行政を打ち崩すことは容易でないことを承知のうえで，負けを覚悟して始められた裁判だった。そのうえ提訴翌年の1999年には三菱広島裁判の1審敗訴と金順吉裁判の2審敗訴が続

234

いた。

こうした状況下で、たとえ裁判で負けるとしても、裁判闘争で世論を喚起し、政治の力で在外被爆者救済の道を切り開かなければならないとの思いが強まった。そこで市民の会が裁判支援と並行して取り組んだのが国会議員へのロビー活動であった。1996年以降毎年行われていた韓国・アメリカ・ブラジルの被爆者代表と被団協との援護法適用要請行動で、日本の国会内にも在外被爆者に対する認識が広まりつつあったことも功を奏した。

郭貴勲裁判1審判決期日を直前に控えた2001年4月、超党派の国会議員54名による議員懇が国会のなかに結成された。結成集会には在韓被爆者の金分順（キム・ブンスン）と李一守（イ・イルス）が招待されて、在韓被爆者の苦しみを涙ながらに訴えた。

その後、議員懇は超党派としての活動を国会内で広げていくが、その過程で在ブラジル被爆者の存在は大きかった。韓国やアメリカの被爆者の問題は、日韓、日米の植民地支配や戦争を巡る歴史認識を抜きに考えることは難しい。しかし、日本の移民政策で異国に移民した日本人被爆者の訴えは、郭貴勲裁判が日韓の戦後未処理問題ではなく在外被爆者問題の裁判であることを国会議員に印象づけるのに大いに寄与した。

2002年12月5日、郭貴勲裁判が第2審で勝訴したとき、上告期限の2週間、在韓被爆者を支援する市民運動（郭貴勲裁判の傍聴闘争を続けた「在日コリアン青年連合」、市民会議、被団協東友会、市民の会）と議員懇が協力して、国会内外で日本政府に上告断念を求めつづけ、日本政府に上告を断念させたのである。そして2003年3月1日、ついに402号通達は廃止された。

その後も、市民運動と議員懇の協力の下に、在外被爆者の援護拡充が勝ち取られていった。

（4）　逐条提訴で闘った在外被爆者裁判

1998年10月1日の郭貴勲裁判の提訴以降に提訴された在外被爆者裁判は、2015年9月8日に最高裁勝訴【42】を勝ち取った在韓被爆者医療費訴訟まで、実に17件に及ぶ。

却下処分取消の訴えではすべて原告が勝訴した。その結果、援護法に定め

235

第3編　在外被爆者支援と裁判

られた援護のうち手帳，手当，葬祭料，医療費については，在外被爆者の居住国からの申請，居住国での受給が可能になった。ただし，日本と国交のない朝鮮に暮らす被爆者には何の適用もない。

在外被爆者はなぜ17件もの裁判を提訴しなければならなかったのか。それは，援護法の条文一つ一つについて，まずは出国による失権扱いの違法性を問う裁判を提訴し，次に日本国外から申請して却下されたら却下取消を求める裁判を提訴するという具合に，手帳・手当・葬祭料・医療費に関して，各援護が規定されている条文一つ一つについて逐条提訴の方法をとったからである。また，一つの裁判所だけで争って敗訴してしまうリスクを避けるために，同様の裁判を裁判支援体制が組める広島，長崎，大阪で重複して提訴する戦術を取ったためでもある。

援護法適用問題の解決法は，日本政府の法運用の違法性を裁判所に認めさせるか，政治の力で日本政府の法運用を変えさせるか，この二つが考えられる。在外被爆者の場合，その二つによって適用が実現していったと言える。政治力が働いたのは，議員懇が2002年12月に日本政府の郭貴勲裁判への上告を断念させたときと，2008年に援護法の第2条（被爆者健康手帳の交付に関する規定）を，日本国外からでも手帳交付申請ができることを明記した条文に改正したときである。第2条に関しては，法改正以前にすでにブラジルと韓国の被爆者が「居住国から行った手帳交付申請の却下処分取消を求める裁判」を3件闘っていたが，法改正により判決を待たずして早期解決が可能となった。だがその後，被爆者にとって最も必要な援護である医療費支給については，またもや裁判で勝ち取るしかなかった。

裁判闘争に多くの時間が費やされ，その間に，原告になった人も含めて多くの在外被爆者が何の援護も受けられないまま亡くなったことを思うと，17件の裁判を終えた今，「はたして時間のかかる逐条提訴の方法は最善のものだったのだろうか」「援護法の全面適用を勝ち取れるような裁判を提訴することはできなかったのだろうか」「議員懇の政治力で援護法全面適用の道を切り開くことはできなかったのだろうか」等々，数々の反省混じりの疑問が残る。

第1章　在韓被爆者の闘いにおける在外被爆者裁判の意義

⑸　未完の援護法完全平等適用

17件の在外被爆者裁判を闘いぬいた今もなお，援護法の適用を巡って，次のような未解決問題が残されている。

① 被爆者健康手帳を未取得の被爆者

在外被爆者裁判の進展によって援護法の適用範囲が拡大するにつれ，日本国内外の被爆者格差が縮まっていった反面，在外被爆者間に格差が生じるという新たな問題が起きた。援護法による援護策享受の前提となる手帳が取得できない被爆者の問題である。

被爆地から遠く離れた異国で暮らしてきた在外被爆者のなかには，被爆後半世紀以上がたち，手帳交付に必要な被爆立証の手段（証人，証拠，本人の記憶など）を失ってしまった人たちがいる。在韓被爆者の場合，2016年8月現在，協会会員2,467人中手帳交付を受けた会員は2,392人で，手帳交付を受けられずにいる会員は75人いる。

この問題を解決するために，日本の支援者によって，証人・証拠探しや，被爆の事実が立証できないとして手帳交付申請を却下された在韓被爆者の却下処分取消訴訟を支援する取り組みが続いている。

② 402号慰謝料請求訴訟

第1審で原告が完敗を喫した広島三菱裁判は，郭貴勲裁判勝訴を梃子に原告の逆転勝訴を勝ち取ろうと，控訴審において402号通達で原爆二法上の権利が奪われたことに対する国家賠償請求の訴えを追加した。そしてこの訴えが2005年の控訴審判決【14】で認められ，2007年の最高裁で確定し【27】，原告1人あたり120万円の賠償金（慰謝料100万円と弁護士費用20万円）が勝ち取られたのである。

その結果，日本政府には，402号通達で原爆二法および援護法上の権利行使を阻害されたすべての在外被爆者に対して，慰謝料を支払う義務が発生した。慰謝料の対象となる被爆者の数は韓国だけでも生存，死亡被爆者を合わせて三千数百人になることが想定された。

支援者らは厚生労働省（以下「厚労省」という）に対して補償法の制定に

237

第3編　在外被爆者支援と裁判

よる早期支払いを求めた。だが，厚労省は「法律の制定には時間がかかる。慰謝料請求訴訟を提起してくれれば早期に和解する」として，補償法の制定を拒んだ。

この問題に関しては，2001年5月に，らい予防法違憲国家賠償請求訴訟で原告が全面勝訴を勝ち取り，小泉首相が原告らに謝罪し，同年6月には「ハンセン病療養所入所者等に対する補償金の支給等に関する法律」が施行されたことが想起された。この場合，補償法の制定に1ヶ月しかかかっていない。しかし，在外被爆者支援運動には日本の政治を動かして補償法を制定させるだけの力はなかった。やむなく3,000人を超す在外被爆者を原告とする402号慰謝料請求訴訟を提起するほかなかった。

この裁判は次の3つの類型に分けられる。㋐生存被爆者が原告となって自身の慰謝料を請求する，㋑手帳取得後に死亡した被爆者の慰謝料を相続人が原告となって請求する，㋒手帳を取得できずに死亡した被爆者の慰謝料を相続人が原告となって請求する。

現時点で㋐は終了しているが，㋑については相続人の確定，㋒については被爆者の被爆立証および相続人の確定が難航し，弁護団および原告らが多大な苦労を続けている。

1人でも多くの在外被爆者の慰謝料を獲得することにより，402号通達により30年間も被爆者本人およびその子らにも及んだ苦痛が少しでも癒やされることの意義は大きい。だが，慰謝料を得るために在外被爆者や弁護団がまたしても苦労を強いられることは承伏しがたい。

③　援護法の未適用条文

援護法に定められた援護策のうち厚労省が未だに在外被爆者への適用を認めていないものがある。「第7条・健康診断」「第10条・医療の給付」「第12条・医療機関の指定」「第18条3項・一般疾病医療費の医療機関への支払い」「第19条・被爆者一般疾病医療機関」「第31条・介護手当の支給」である。これらは言い換えれば，在外被爆者が適用の可否を裁判で争っていないものである。日本政府は裁判に負けない限り，自ら進んで適用しようとはしないのである。

厚労省は，未適用条文のうち第7条と第31条については，法律ではない単年度措置である「在外被爆者保健医療助成事業」によって部分的にカバーしているが，法適用ができない理由を次のように述べた。

2015年9月，医療費裁判最高裁判決【42】直後に行われた厚労省交渉において，厚労省担当官は第7条と第31条が適用できない理由として，「健康診断は手当とは異なり現物給付として医療機関に委託して行うものだが，33か国にいる被爆者全員を対象に法適用による健診を行うことは難しい」，「介護手当の支給について援護法は『国は……都道府県が支弁する……費用のうち，介護手当の支給に要する費用についてはその10分の8を，介護手当に係る事務の処理に要する費用については2分の1を負担する』と定めており，居住・現在する都道府県があることを前提とする『建て付け』になっているため，法の適用は法律論として難しい」と述べた。

「適用は難しいから適用しない」という理由は，これまでのすべての在外被爆者裁判で斥けられたものである。「適用を望むならまた裁判をしろ」と言わんばかりの態度は許しがたいものである。

第10条，12条，18条3項，19条については，郭貴勲裁判から医療費裁判を通じて一貫して，「国家主権に由来する対他国家不干渉義務に反するおそれがある」から適用できないと主張してきた。そのために，次項のような問題が発生している。

④ 医療費支給の実態

2016年1月1日に在外被爆者に対する援護法に基づく医療費の支給がスタートした。これは，援護法第17条の「厚生労働大臣は，被爆者が，緊急その他やむを得ない理由により，指定医療機関以外の者から第10条第2項各号に掲げる医療を受けた場合において，必要があると認めるときは，同条第1項に規定する医療の給付に代えて，医療費を支給することができる」，第18条第1項の「厚生労働大臣は，被爆者が，負傷又は疾病につき……緊急その他やむを得ない理由により被爆者一般疾病医療機関以外の者からこれらの医療を受けたときは，その者に対し，当該医療に要した費用の額を限度として，一般疾病医療費を支給することができる」という規定に基づくもの

第3編　在外被爆者支援と裁判

である。

援護法は，第11条に基づいて厚生労働大臣から原爆症の認定を受けた「原子爆弾の傷害作用に起因する負傷又は疾病」について，第12条により厚労大臣の指定を受けた医療機関で治療を受けた場合には，その医療費を日本政府が医療機関に支払うよう定めており，被爆者は医療費を支払う必要がない。

また，原爆症認定を受けた負傷や疾病以外の一般疾病についても，第19条により都道府県知事の指定を受けた医療機関で治療を受けた場合には，その一般疾病医療費を日本政府が医療機関に支払うよう定めており，被爆者は医療費を支払う必要がない。

ところが，日本以外の国には第12条および第19条に定める指定医療機関がないために，在外被爆者はいったん医療機関に医療費の自己負担分を支払った後に，第17条および第18条1項の定めにしたがって，自己負担した医療費を領収書や診療明細書等の必要書類を添付して日本政府に支給申請することになる。

そのために，医療費のかさむ治療を受ける場合に支払い能力のない被爆者が治療を抑制せざるを得ない，あるいは高齢化した被爆者には医療費の支給申請手続きが煩雑で支給申請をあきらめざるを得ない，というケースが発生している。さらに，医療費支給制度が始まって，支給申請をしてから医療費が支給されるまでに3，4カ月かかるという実態が分かってくると，経済的に余裕のない被爆者が治療を抑制するケースが増えてきている。

医療費裁判に勝っても，在外被爆者が安心して医療を受けることのできる環境を整えるためには，引き続き日本政府に法運用の改善や，第10条，12条，18条3項，19条の適用を求めていく必要がある。

⑤　在朝被爆者への適用なし

日本政府は2001年3月に外務省・厚労省の合同調査団を朝鮮に派遣し，朝鮮被爆者協会の登録被爆者が2000年末現在で1353人，うち生存者が928人である得ることを確認した。これをふまえて，402号通達廃止後の2003年10月に坂口厚労大臣（当時）は国会で在朝被爆者への援護法適用問題関して

240

「被爆者の問題は国と国の問題ではなく，日本と被爆者の問題であり，援護法の適用に関しては在朝被爆者への対応に差はない」と答弁した。

しかし，在外被爆者裁判が勝ち進み援護法の適用範囲が拡大されていっても，日本政府は日本と国交のない朝鮮の被爆者が援護法上の申請手続きができるような手立てを講じなかった。

日本政府は在外被爆者の援護法上の申請については，援護法施行規則で「申請を行う者の住所を管轄する領事館（……領事館を経由して申請を行うことが著しく困難である地域として外務大臣および厚生労働大臣が定める地域にあっては，外務大臣および厚生労働大臣が定める者とする）又は最寄りの領事館を経由して行わなければならない」と定めた。

厚労省は，在朝被爆者については「隣国の中国にある日本領事館を利用すればよい」と言ったのである。その一方で，朝鮮と同様に日本と国交のない台湾に暮らす被爆者については，台湾にある財団法人機関を利用できるようにした。

健康被害に苦しむ被爆者が居住国で援護を受けられるようにしたのが在外被爆者裁判の切り開いた地平であった。にもかかわらず，在朝被爆者に対してのみ「中国にある日本領事館を利用すればよい」とする日本政府の姿勢は許しがたいものである。

2006年に朝鮮被爆者協会が行った実態調査では，登録被爆者1911人中生存被爆者は392人にしかならなかった。2000年の928人から激減していた。その後今日までの10年間も日本政府から何の援護も受けられなかった在朝被爆者の数はさらに激減している。

戦後処理の問題を話し合うべき日朝国交正常化交渉もストップしたままであるために，在朝被爆者に対する補償問題も一切進展していない。

5　在韓被爆者の裁判闘争史Ⅲ──韓国裁判期

2000年代に入り日本では在外被爆者裁判が大きく躍進した。この動きと並行して，在韓被爆者は韓国における裁判闘争により，在韓被爆者問題の核心の一つである「日本の植民地支配によって受けた原爆被害への賠償問題」

第3編　在外被爆者支援と裁判

の解決に向け，大きく歩を進めていった。

(1)　韓国三菱裁判から請求権協定文書開示訴訟へ

①　三菱を相手に損害賠償請求訴訟

　広島三菱裁判の第一審判決【4】は，前述したように，日本の朝鮮植民地支配およびアジアへの侵略戦争をまったく反省せず，その被害者である原告らに「日本国民として戦争被害を受忍すべき」としたあまりにも理不尽な判決であった。「はたして被侵略国韓国の司法も侵略国日本の司法と同様の判断をなしうるのだろうか」との思いから，三菱広島裁判の弁護団と韓国の弁護士が協力して，韓国でも同様の訴訟を起こすこととなった。2000年5月，広島三菱裁判の原告ら5人が釜山地方裁判所に三菱重工業を相手取り，強制動員・強制労働・被爆後の放置・未払い賃金に対する損害賠償請求訴訟（以下，「韓国三菱裁判」という）を提訴した。韓国では日本政府を訴えることはできないために，被告は三菱のみとした。

　裁判の中で被告三菱が「請求権協定で原告らの損害賠償請求権は消滅した」と主張したために，原告側は三菱の主張の虚偽を立証するため，裁判所に韓国政府が保管している請求権協定時の外交文書の開示を求めた。だが韓国政府はそれを拒否した。

　そこで原告らは2002年9月，三菱を相手に「請求権協定文書の公開請求」を行った。これに対して三菱は「進行中の北朝鮮との国交回復交渉に障害があるとの理由で，日本政府より非公開を要請された」として公開を拒否した。そのため原告らの闘いはその矛先を韓国政府にも向けていくこととなった。

②　請求権協定文書開示請求訴訟の勝利

　2002年10月，韓国三菱裁判原告の元三菱徴用工被爆者や元日本軍「慰安婦」ら90人が，「57の韓日請求権協定関連文書の公開を求める裁判」をソウル行政裁判所に提訴した。2004年2月，韓国政府に一部文書の公開を命じる判決が出たため，2005年1月，韓国政府は請求権協定関連文書の一部を公開し，「請求権協定締結により個人の対日請求権は消滅すること，個人

242

第1章　在韓被爆者の闘いにおける在外被爆者裁判の意義

補償については韓国政府が補償義務を負うことを，日韓両政府間で確認して
いた」ことを認めた。

　この間に日本では2002年12月に郭貴勲裁判が勝訴し【7】，2005年1月に
は広島三菱裁判が控訴審で一部勝訴【14】して日本政府による賠償金を勝ち
取った。これらのニュースは韓国でも大々的に報じられ，韓国政府の請求権
協定文書の公開と相まって，在韓被爆者に対する韓国社会の関心はかつてな
いほどに高まった。

　それに加えて2005年は韓国が日本の植民地から解放されて60年目という
節目の年でもあり，韓国では日本の植民地支配下での被害全般に対する真相
糾明を求める声が高まり，同年8月，盧武鉉（ノ・ムヒョン）大統領は請求
権協定文書の全面公開に踏み切った。そして「韓日国交回復会談文書公開の
後続対策関連民官共同委員会」を設置して請求権協定文書を検証し，「原爆
被害者・日本軍『慰安婦』・サハリン残留韓国人のような重大な人権被害問
題は韓日請求権協定の対象になっておらず，日本政府に法的な責任がある」
と結論づけた。

　協会結成以来，在韓被爆者が訴え続けてきたことが，韓国政府によって初
めて認められたのである。そして，同年10月には韓国国会の統一外交通商
委員会が，在韓被爆者への賠償問題が未解決であることを確認するために，
韓国原爆被害者協会の郭貴勲会長（当時）を招致して，請求権協定時に在韓
被爆者問題が抜け落ちた事実に関する証言を聴取した。証言する郭貴勲の横
には潘基文（パン・ギムン）外交通商部長官（その後，国際連合事務総長を務
めた）が座っていた。

⑵　憲法裁判所における闘い

①　違憲確認の憲法訴願

　韓国政府は，2005年1月の請求権協定文書一部公開で「請求権協定によ
り韓国政府が補償義務を負うことになった」と認めた強制動員被害者に対し，
2007年12月に「太平洋戦争前後国外強制動員犠牲者等支援に関する法律」
を制定し，支援金の支払い等を開始した。ところが，2005年8月に請求権
協定から除外されていたことを認めた原爆被害者・日本軍『慰安婦』・サハ

243

第3編　在外被爆者支援と裁判

リン残留韓国人に対してはその後何もせずに放置した。

　そのため，2006 年 7 月に元日本軍「慰安婦」109 人が，つづいて 2008 年 10 月に在韓被爆者 2,745 人（協会会員全員）が，憲法裁判所（韓国には日本と同様に 3 審制の通常裁判所があるほかに，憲法に関する判断を取り扱う 1 審制の憲法裁判所がある）に，「韓国政府が請求権協定から除外されていたことを認めた被害者の賠償問題に関して，日本政府と積極的に交渉しないこと（韓国政府の不作為）は，原爆被害者らの財産権，人間の尊厳と価値および幸福追求権，国家から外交保護を受ける権利を侵害したものであって違憲であることを確認する」という憲法訴願審判請求を行った。

②　憲法裁判所が違憲決定

　2011 年 8 月，憲法裁判所は次のとおりの違憲決定を行った。

　「被害者らが日本国に対して有する賠償請求権が，『日韓請求権協定』の第 2 条第 1 項によって消滅したか否かに関する韓日両国間の解釈上の紛争を，同協定第 3 条が定めた手続きに従って解決せずにいる韓国政府の不作為は，人間の尊厳と価値および幸福追求権，国家の基本的人権保障義務を宣言している憲法第 10 条に違反する」。

　さらに憲法裁判所は，審判請求を行った元日本軍「慰安婦」のうち 45 人が，在韓被爆者のうち 203 人が，決定言い渡しまでに亡くなった事実を重視し，「これ以上時間を引き延ばす場合，被害者の賠償請求権を実現することによって歴史的正義を打ち立てて，侵害された人間の尊厳と価値を回復することは永遠に不可能となりうる」として，韓国政府に早急に日本と協議するよう命じたのである。

　日韓条約締結以降，在韓被爆者は日本が補償しないことへの無念の思いを抱きつづけ，けっしてあきらめることなく日韓両政府に補償と援護を求めつづけた。その汗と血と涙の結晶が憲法裁判所の決定であった。

　　「大韓民国と日本国間の財産および請求権に関する問題の解決ならびに経済協力に関する協定」
　　＜第 2 条＞
　　1　両締約国は，両締約国およびその国民（法人を含む）の財産，権利およ

244

第1章　在韓被爆者の闘いにおける在外被爆者裁判の意義

び利益ならびに両締約国およびその国民の間の請求権に関する問題が，1951年9月8日にサンフランシスコ市で署名された日本国との平和条約第4条(a)に規定されたものを含めて，完全かつ最終的に解決されたこととなることを確認する。

＜第3条＞

1　本協定の解釈および実施に関する両締約国の紛争は，まず外交上の経路を通じて解決する。

2　1の規定により解決することができなかった紛争は，いずれか一方の締約国の政府が他方の締約国の政府から紛争の仲裁を要請する公文を受領した日から30日の期間内に，各締約国政府が任命する1人の仲裁委員と，こうして選定された2人の仲裁委員が当該期間の後30日の期間内に合意する第3の仲裁委員，または当該期間内にその2人の仲裁委員が合意する第3国の政府が指名する第3の仲裁委員との3人の仲裁委員からなる仲裁委員会に決定のために回付する。ただし，第3の仲裁委員は両締約国のうちいずれかの国民であってはならない。

3　いずれか一方の締約国の政府が当該期間内に仲裁委員を任命しなかったとき，または第3の仲裁委員もしくは第3国について当該期間内に合意されなかったときは，仲裁委員会は締約国政府の各々が30日の期間内に選定する国の政府が指名する各1人の仲裁委員とそれらの政府が協議により決定する第3国の政府が指名する第3の仲裁委員をもって構成される。

4　両締約国政府は本条の規定に基づく仲裁委員会の決定に服する。

「大韓民国憲法」

＜第10条＞　全ての国民は人間としての尊厳と価値を有し，幸福を追求する権利を有する。国家は個人が有する不可侵の基本的人権を確認し，これを保障する義務を負う。

③　在外被爆者裁判で勝ち取られたもの

憲法裁判所の決定は，日本が在韓被爆者に対して果たすべき賠償責任について，日本人被爆者と同等な援護を行うことで事足りるものではないことを，以下のとおり明快に指摘している。

「韓国人原爆被害者らの日本国および日本企業に対する賠償請求は，日本人原爆被害者らとは異なり，侵略戦争のための徴兵・徴用等，不法動員によって被爆地である日本に強制的に滞在させられていたときに被爆させられ，

第3編　在外被爆者支援と裁判

日本の自国民らとは異なり，救護措置や保護措置を受けられず放置されることによって被害が拡大したことについて，侵略戦争国でありかつ非人道的な差別国としての日本にその責任を問うものである。

　韓国人原爆被害者の問題を提起する時，上記のような特殊性を度外視したまま，広島と長崎に投下された原爆の被害者すべての共通点だけを強調することは，原爆投下の原因となった日本の侵略戦争とそれに伴う各種の犯罪的行為に対して，日本が加害者としての責任を忘却し回避する道を開くものであり，それでは被爆させられた経緯およびそれ以降の差別と排除の過程において二重，三重に苦痛を体験した被害者らを適切に救済することはできない。」

　日本政府による補償を求めて協会を結成した在韓被爆者たちは，病苦と貧困の悪循環の中で生命を維持するために「せめて日本人被爆者と同等の援護を」と訴え，孫振斗裁判および郭貴勲裁判以降の在外被爆者裁判を闘った。それらの裁判の勝訴で得られたものは，「原爆の被害者すべての共通点だけ」からの被害回復であり，それだけで在韓被爆者が日本から受けてきた被害が完全に回復されたとはいえないこと，すなわち日本政府の賠償責任はいまだ果たされていないことが，憲法裁判所の決定によって韓国における揺るぎのない公式見解となったのである。

　日本における在外被爆者裁判の相次ぐ勝訴がなかったならば，在外被爆者裁判が韓国，アメリカ，ブラジルの被爆者の協同で闘われていなかったならば，協会が取り組んできた日本政府に対する補償要求の闘いと，「せめて日本人被爆者と同等の援護を」という反差別の闘いの位置付けを，憲法裁判所がここまで明解に分析することはなかったであろう。

(3)　韓国三菱裁判が大法院で逆転勝訴

　2000年5月に釜山地裁に提訴された韓国三菱裁判は，請求権協定文書公開請求訴訟と並行して進められ，2005年に韓国政府による請求権協定文書全面公開さらには憲法裁判所の違憲決定を導いた。

　にもかかわらず，韓国三菱裁判そのものは2007年に釜山地裁，2009年に釜山高裁が，「原告らの三菱に対する損害賠償請求権は時効で消滅した」と

第 1 章　在韓被爆者の闘いにおける在外被爆者裁判の意義

いう理由で，原告の訴えを退けた。ところが 2012 年 5 月 24 日，韓国大法院（最高裁判所に当たる）は劇的な原告逆転勝訴の判決を言い渡したのである。

　判決は「2005 年 1 月韓国で韓日請求権協定関連文書が公開された後，2005 年 8 月 26 日日本の国家権力が関与した反人道的不法行為や植民地支配に直結した不法行為に因る損害賠償請求権は請求権協定で消滅したとみることはできないという民官共同委員会の公式的見解が表明された……少なくとも原告らが本件の訴訟を起こした時点である 2005 年 5 月 1 日までは，原告らが大韓民国で客観的に権利を事実上行使できない障害事由があったとみるのが相当である。……原審が……被告が消滅時効の完成を主張することが信義則違反に依る権利濫用に該当しないと判断したのは，消滅時効の信義則違反に依る制限の法理を誤解して判決結果に影響を及ぼす違法をおかしたものである……したがって原審判決を破棄し，事件を再び審理・判断するよう原審裁判所に差し戻す」と判示した。

　提訴から 12 年後に勝ち取られた歴史的な勝訴判決だったが，これを原告 5 人の誰一人として生きて聞くことはできなかった。判決は父親の裁判を承継した息子らが無念の思いで受け取った。

　2013 年 7 月 30 日，釜山高裁における差し戻し審で，三菱重工業に原告 1 人当たり 8,000 万ウォンの慰謝料を支払うよう命じた判決が出た。

　日本政府は，同志会が 1974 年に初めて三菱東京本社を訪問して補償を求めた時以来 40 年間，一貫して「民間のことに政府は関与しない」という態度を取りつづけてきたが，釜山高裁判決が出るや否やその態度を一変させ，菅官房長官が記者会見で「判決は容認できない」と述べた。そして三菱は大法院に上告した。

　日本政府からの圧力が韓国政府にかかっているためか，大法院の判決がなかなか出ないなか，2016 年 8 月 25 日，ソウル中央地裁は，2013 年 7 月に元三菱徴用工被爆者およびその遺族ら 14 人が三菱を相手取って起こした第 2 次韓国三菱裁判において，三菱に原告 1 人あたり 9,000 万ウォンの支払いを命じる判決を言い渡した。

247

第3編　在外被爆者支援と裁判

(4)　韓国政府の不作為を問う賠償請求訴訟

2011年9月，韓国外交通商部東北アジア局長は憲法裁判所の決定に従って，在韓日本大使館公使に「原爆被害者と日本軍『慰安婦』の賠償請求権問題つき2国間協議を開催すること」を申し入れた。しかし日本政府は「請求権問題に関しては請求権協定ですべて解決済み」とするこれまでの見解を繰り返しただけで，協議に応じようとはしなかった。

日韓協議がまったく進まぬまま2年がたった2013年8月，協会会員79人が，原爆被害の損害賠償責任に関して日本政府と協議しない韓国政府の「不作為」に対する損害賠償請求訴訟（第1次訴訟）をソウル中央地裁に提訴した。この裁判の目的は「在韓被爆者に対する賠償責任の所在が韓日のどちらにあるのかを，韓日両政府間で明確にさせること」にあった。

その後，韓国の朴槿恵（パク・クンヘ）大統領は日本軍「慰安婦」問題の解決を日韓間の最優先事項に掲げ，2014年4月以降の「日韓の懸案に関する外務省局長級協議」において「慰安婦」問題の協議を継続した。その一方で原爆被害者問題は議題に取り上げられなかった。

原告側が裁判でこの事実を指摘すると，韓国政府は「2014年9月の第4次局長級協議から原爆被害者問題も提起しているが，日本政府が我々の望むような反応を示さない」と，消極的な答弁を行っただけであった。

ところが2015年6月の第1審判決は，「韓国政府は原爆被害者問題を解決するために日本を相手に外交的努力をしている。政府の外交的努力は不十分ながらも義務に違反しているとはいえない」という理由で，原告らの訴えを棄却した。原告らはこれに控訴した。

協会ソウル支部では第1次訴訟の控訴審闘争をバックアップする目的で，同年10月に支部員230人がソウル南部地裁に，141人がソウル北部地裁に，韓国政府の不作為を追求する第2次訴訟を提訴した。その後，第1次訴訟は2016年1月にソウル高裁で，同年5月には大法院判決で原告の請求が棄却され，原告の敗訴が確定した。第2次訴訟も同年7月に南部地裁が，8月に北部地裁が原告らの訴えを棄却した。

一方で，この間に日韓両政府は日本軍「慰安婦」問題に関する協議を急展開させ，2015年12月28日，被害女性たちの頭ごなしに政府間合意を行った。

第 1 章　在韓被爆者の闘いにおける在外被爆者裁判の意義

これに対し，被害女性 12 人が 2016 年 8 月 30 日に，「韓国政府は憲法裁判所の判断に反し，日本政府が法的責任を認めていないにもかかわらず『最終的かつ不可逆的な解決』に合意し，違憲状態を解消するどころか，永続化を宣言して，我々に精神的，物理的損害を与えた」として，韓国政府に原告 1 人当たり 1 億ウォンの賠償を求める訴訟をソウル中央地裁に起こした。

韓国政府は「憲法裁判所の決定以降，日本軍『慰安婦』や原爆被害者の補償問題を日本政府と協議してきた」と言うが，2016 年 3 月に日本の岸田外務大臣は「（『慰安婦』問題の日韓）合意に至ることとなった協議は請求権協定第 3 条に基づく協議ではない」と国会答弁し，日韓の見解は食い違ったままである。

結局，原爆被害者問題も日本軍「慰安婦」問題も憲法裁判所が示した根本解決の方策が実行に移されぬまま 5 年が経過した。その間に憲法裁判所が懸念したようにさらに多くの被害者が亡くなったが，命ある被害者らは今も日本政府による賠償を求めて闘い続けている。

6　韓国で原爆被害者法が制定

協会は日本と韓国における裁判闘争と並行して，2005 年以降，韓国の被爆 2 世組織である「韓国原爆 2 世患友会」（2002 年 3 月に結成。以下，「2 世患友会」という）と共に，韓国での原爆被害者法の制定運動にも取り組んできた。そして 2016 年 5 月 29 日，ついに韓国国会において「韓国人原子爆弾被害者支援のための特別法（略称：原爆被害者法）」が制定された。

原爆被害者法は第 1 条で法の目的を「原子爆弾により被害を受けた韓国人被害者に対する実態を調査し，医療に対する実質的な支援を行うことにより，これらの者に対する生存権を保障し，人間らしい生を営むことができるようにすることを目的とする」と規定し，第 7 条（被害者実態調査）・第 12 条（医療支援）・第 14 条（記念事業）の 3 つを被爆者の支援策として定めた。

第 7 条（被害者実態調査）は，未だに被爆者数を推定でしか語れない韓国人（朝鮮）原爆被害者の被害実態を解明する責任を韓国政府に課すもので，2011 年の憲法裁判所の決定が韓国政府に命じた「被害者の賠償請求権を実

249

第3編　在外被爆者支援と裁判

現する」ための基礎データーを得るための施策でもある。第12条（医療支援）は，日本の援護法による手帳交付を受け，援護法の医療費支給を受けることができる者は対象外とすることが定められている。援護法による援護が受けられない手帳未取得被爆者は，原爆被害者法によって健康診断と医療費支給を受けることができる。第14条（記念事業）は，長年，歴史の闇に葬られてきた在韓被爆者の多大な犠牲を，平和の礎として未来永劫歴史に深く刻み込むための第一歩となる。

これらの施策の実施に必要な事項を審議・議決する機関として，第3条（韓国人原爆被害者支援委員会の設置）の定めがある。委員には被爆1世のみならず2世もなれる。特別法を最大限に活かすために被害当事者が委員会で果たすべき役割は大きい。

国会に上程された原爆被害者法案には，協会と2世患友会が望む「被爆者への生活支援金支給」と「被爆2世，3世支援」を定めた条文が盛り込まれていたが，法案審議の過程で削られてしまった。協会も2世患友会もそれらを盛り込んだ「改正案」を通過させることを次の目標にしている。

7　アメリカ政府に対する補償要求

2016年5月27日，原爆を投下したアメリカの現職大統領が初めて広島平和公園を訪れ，犠牲者を追悼した。平和公園の中には，全被爆者の1割以上を占めると推定される韓国人被爆者のための席は用意されていなかった。オバマ大統領に謝罪と補償を求める書簡を手渡そうと，前日に韓国から広島入りした協会の代表5名と2世患友会の代表1名は，厳重な警備により立ち入りを禁じられた平和公園の外で，韓国と日本の支援者らとともに，オバマ大統領に謝罪と補償を求める街頭行動に取り組むしかなかった。

そのときオバマ大統領がスピーチのなかで「私たちはなぜここ広島を訪れるのでしょうか。それほど遠くない過去に解き放たれた，恐ろしい力についてじっくりと考えるためです。10万人を超える日本人の男女そして子どもたち，何千人もの朝鮮半島出身の人々（原文：thousands of Koreans），12人の米国人捕虜など，亡くなった方々を悼むためです」（在日本米国大使館の日

第1章　在韓被爆者の闘いにおける在外被爆者裁判の意義

本語仮訳）と語った。

オバマ大統領が言及した広島における朝鮮人犠牲者数（何千人：thousands of）については，協会の推定数3万人よりはるかに少なく，アメリカ政府の根拠を確認する必要があるが，アメリカ政府が初めて多くの朝鮮半島出身者が原爆の犠牲になった事実を認定した瞬間であった。

アメリカ合衆国はじめ連合国首脳は1943年のカイロ宣言および1945年のポツダム宣言において，朝鮮半島出身の人々は日本の支配による奴隷状態から解放されるべき人々であると謳った。ところが，アメリカは原爆投下によってその人たちを無差別に殺傷したのである。この事実はどのような言葉をもってしても決して正当化できはしない。

オバマ大統領は2009年4月のプラハ演説で「核保有国として，核兵器を使用したことのある唯一の核保有国として，合衆国には行動する道義的責任がある」と語ったが，アメリカは朝鮮半島出身の原爆犠牲者に対して，道義的責任ではなく法的賠償責任を有しているのである。

8　在韓被爆者支援運動の方向性

「在外被爆者」という言葉は，前述したように「居住国が日本ではないことを理由に，日本政府の差別排外主義によって原爆二法から不当に排除される被爆者」を総称する言葉として，日本の在韓被爆者を支援する市民運動のなかで創出された言葉である。

ところが，この言葉を，加害者である日本政府が在外被爆者裁判のなかで，「被爆者であって国内に居住地及び現在地を有しないもの」と手前勝手に定義して使用しはじめた。さらには，在外被爆者裁判における相次ぐ敗訴で援護法の適用拡大を余儀なくされると，全面適用を未然に防ごうと，「国外に居住している被爆者は，援護法に基づく援護を国内の被爆者と同様に受けることができない部分もあるため，それを補うための事業を予算事業として実施する」として，2002年に「在外被爆者渡日等支援事業」，2004年に「在外被爆者保健医療助成事業」という「在外被爆者」を冠した法外事業をスタートさせたのであった。

251

第3編　在外被爆者支援と裁判

　日本政府は，「在外被爆者」という言葉から「日本政府の差別排外主義による被害者」という意味を奪い去り，「居住国が日本ではないことから当然に法の下の不平等が容認される被爆者」を意味する言葉にすり替えてしまったのである。

　日本政府による日本国外居住の被爆者に対する差別がなくなれば，本来の意味での「在外被爆者」という言葉は自ずと消滅するはずであるが，日本政府に差別をなくす気など毛頭なく，それゆえに「在外被爆者」という言葉はまだ生命力を持っている。

　しかし，在韓被爆者の闘いは今や「在外被爆者」から「在韓被爆者」へと軸足を元に戻した段階に入ったと言えよう。

　1967年にソウルの日本大使館前で「日本政府は韓国の被爆者に補償せよ」と叫び，1971年にソウルのアメリカ大使館前で「アメリカ政府も韓国の原爆被害者を補償せよ」と叫んだ在韓被爆者はこの50年間に，「援護法による医療と生活の保障」「韓国憲法裁判所の決定」「韓国三菱裁判の大法院判決」「原爆被害者法」「『何千人もの朝鮮半島出身の人々（原文：thousands of Koreans）……亡くなった方々を悼む』というアメリカ大統領の言葉」を自らの力で勝ち取り，大きな力を蓄えて，在韓被爆者問題の核心である対日，対米賠償請求の問題に真正面から対峙している。

　在韓被爆者の50年にわたる闘いにおいて，在外被爆者裁判は「補償が叶わぬのであれば，せめて日本人被爆者と同等の援護を」という「次善の策」として闘われた。だが日本における在外被爆者裁判の勝利が，韓国における裁判闘争勝利や，原爆被害者法の制定に大きな影響を及ぼしたことを考えるとき，在外被爆者裁判は「次善の策」ではなく「必要不可欠の策」だったのではないかと思えてくる。日本政府が在韓被爆者を差別する限り，その差別の解体なくして日本政府に謝罪や補償を望むことは不可能なのだと，今にして言えるのである。

　今日，日本における在韓被爆者支援運動には，金順吉裁判および広島三菱裁判で負けてしまった日本における戦後補償闘争の再構築が求められている。さらには，まったく未踏の領域であるアメリカ政府を相手にした取り組みが求められている。この領域での取り組みにおいては，「被爆者はどこにいて

第 1 章　在韓被爆者の闘いにおける在外被爆者裁判の意義

も意爆者」の合言葉で築かれた韓国・アメリカ・ブラジル被爆者の絆が，再び重要な意味を持ってくるであろう。

　協会が結成された 1967 年と半世紀後の今日で，在韓被爆者問題の何が変わって何が変わっていないのかをよく見極め，支援運動の次の一歩を踏み出したい。本書はそのための一助となるであろう。

（2016 年 9 月 23 日）（市場淳子）

第2章　長崎における在韓被爆者
（在外被爆者）の支援活動

1　長崎原爆の被害者と在外被爆者

　1945年8月9日，広島の原爆投下から3日目に投下された原子爆弾では，7万人もの人々が亡くなった。原爆の被害にあった人たちの中には，約3万人とも推定される朝鮮半島出身者を始めとし，台湾出身者，中国東北部から強制連行された人たち，連合軍捕虜収容所に収容されていたオランダ軍，イギリス軍，オーストラリア軍の捕虜たち，ドイツやフランス出身の聖職者なども存在している。

2　在韓被爆者支援の活動のきっかけ

　1971年　韓国の原爆被害者を救援する市民の会が大阪で発足した。しかし，その当時，長崎における在韓被爆者の支援活動はごく限られた人たちによっておこなわれていたにすぎなかった。その理由として在韓被爆者（在外被爆者）の実態が知られていなかったことや，もともと在韓被爆者の中で長崎での被爆者が少ないことなどがあり，ほとんど長崎市民の関心を引くことはなかった。

　1985年，原爆被爆から40年がたち被爆者が高齢化してきたことがきっかけとなり被爆二世の活動がはじまった。1987年，日本の被爆二世訪韓団が韓国を訪問した。韓国の被爆者や被爆二世と交流するためであった。この韓国訪問がその後の在韓被爆者との関わりを持つきっかけとなった。韓国の被爆者が放置されている現実を知った長崎の被爆二世の中から在韓被爆者の支援活動がはじまった。「韓国の被爆者の現状」の写真展を開催したり，募金活動をおこなったりした。

255

第3編　在外被爆者支援と裁判

3　韓国の被爆者調査

　1987年の訪韓時，韓国原爆被害者協会には約2,500人の被爆者が登録していた。ところが，その中で長崎での被爆者はわずか79人であった。あまりにも長崎被爆者が少ないのではないかという疑問があった。原爆当時，長崎県下には7万人の朝鮮人がいたと言われている。そのうち，長崎市とその周辺には3万人程度が存在し，被爆者2万人，爆死者約1万人，帰国者（南北へ）約1万人と言われている（長崎在日朝鮮人の人権を守る会推計）。そのことから，もっと韓国には被爆者，とりわけ長崎の被爆者が存在するはずだと考えた。そして，それらの被爆者の実態はどうなっているのか。それらの疑問を解決することを目的に，長崎の被爆二世を中心として訪韓調査をおこなった。1987年以降，第16次調査まで行った。調査のための訪韓はのべ約100回に及んだ。その結果，長崎被爆者は79人から200人程度までになった。

　長崎の被爆者は，①徴用工が多くいること，とりわけ1944年頃から三菱長崎造船所などに特定年齢徴用により来崎した徴用工が多いこと，②そのため，長崎の被爆者は男性が，また，同じ年代が多いこと，③徴用が朝鮮全土にわたって行われたために，被爆者同士の関係が浅く，このことが韓国原爆被害者協会の存在を知らないことなどにつながっていること，④爆心地から4〜5kmの地点での被爆者が多く，ケロイドなどのある被爆者は少ないこと，⑤長崎にいた期間が比較的短いため，土地勘などがなく，被爆の状況が十分に把握できないこと，などが判明した。

4　長崎における支援活動の内容

　わたしたちは，このような調査の結果をもとに，次のような韓国の被爆者に対する取り組みを行った。

　①　困窮被爆者・被爆二世の生活支援活動。調査で判明した被爆者に対する支援活動。

　②　韓国の被爆者の実態を知らせる取り組み。日本における写真展など。

256

③　渡日治療の支援（1986 年の日韓両政府による在韓被爆者渡日治療打ち切
　り以降の状況を踏まえ，長崎友愛病院の支援協力を得て，治療の必要な韓国
　の被爆者の来日を支援し，以来，今日まで 300 人の被爆者の治療を実現した）。

④　1992 年 8 月 4 日に韓国の原爆被害者を救援する市民の会・長崎支部
　を結成し，裁判支援など韓国の原爆被害者を救援する活動に力を入れる
　ようになった。その後，市民の会長崎支部を母体に在外被爆者支援連絡
　会が結成され，在韓被爆者以外の在外被爆者問題にも取り組むように
　なった。

5　金順吉（キム・スンギル）徴用日記の存在と金順吉裁判

　1992 年に韓国原爆被害者協会釜山支部で，長崎被爆者・金順吉と会い，
徴用工日記の存在を知った。長崎に強制連行，労働させられ被爆した韓国の
金順吉が未払い賃金の支払いと損害賠償を求めて提訴。金順吉裁判に取り組
むこととなった。

　戦時中，三菱重工業長崎造船所に強制連行され，過酷な労働を強いられた
あげく，被爆者となった金順吉は，192 ページもの「徴用時の秘密日記」を
記していた。

　1992 年 7 月 31 日，金は，「強制連行され，虐待的な労働に従事させられ
た挙句，原爆にまで遭った多くの仲間の代表として，三菱の戦争責任を問い
たい」と国と三菱重工業を相手取り，強制連行，強制労働，被爆に対する慰
謝料と未払い賃金の返還を求める損害賠償訴訟を，長崎地裁に起こした。

　在外被爆者が日本政府を相手取って訴訟を起こした初期の段階では，訴え
は在外被爆者への援護拡充より，戦後補償に重点が置かれていた。

　したがって金の闘いは，戦時中の強制連行，強制労働に対する国，企業
（金が働いていた三菱重工業）の責任を問う点に軸足が置かれた。そのため，
戦時中の徴用，賃金未払い遅延や不払いの企業責任，「戦後，未払い賃金を
法務局に供託した」という三菱側の主張，金の手帳に記されていた「国民貯
金」の行方を追及した。

　1997 年 12 月 2 日の長崎地裁判決は，日本国の徴用行為の違法性を認め，

第3編　在外被爆者支援と裁判

三菱重工業は「徴用当時の旧三菱には不法行為があり，未払い賃金の支払い
義務がある」と，金の主張を認めた。しかし，法的責任については，「当時
の大日本帝国憲法下では国の違法行為は問えない」という，いわゆる「国家
無問責」の論理で切り捨てた。さらに企業の責任については，「戦前の旧会
社の責任であり，現在の三菱重工業とは無関係」という「別会社」論で，金
の損害賠償請求と未払い賃金の支払い請求を棄却した。

　「徴用は国家総動員法による強制的動員であり，徴用の是非は国家の問題
で企業の責任ではない」「当時の資料はない」「供託金の名簿はない」「国民
貯金の原簿もない」と，いずれも「戦時中」を理由に，金が真実を知る道は
閉ざされたのである。

　金は裁判前，肺がんを患い，釜山の病院で判決を聞いた。12月8日，福
岡高裁に控訴したが，年が明けた1998年2月20日，裁判の結果を見届ける
ことなく死去した。

　訴訟はその後，遺族が引き継いだが，福岡高裁は1999年10月，一審判決
を支持，最高裁も2003年3月，金の主張を退け，敗訴が確定した。戦時中
の強制連行，強制労働の違法性は認めながらも，旧憲法下での法律上の請求
権は認めない，といった流れはこの後も続くことになる。

　金順吉裁判は，その後の在外被爆者裁判に大きな影響を与え，これまでの
在外被爆者の権利回復の運動に「司法による解決」という手段を取り入れる
きっかけとなった。

6　その後の長崎における裁判の取り組み

(1)　李寧康（イ・ガンニョン）裁判

　韓国・釜山市在住の被爆者，李康寧は1999年5月，大阪地裁に提訴した
郭貴勲と同様の裁判を長崎地裁に起こした。李は，長崎市の三菱兵器製作所
大橋工場に徴用され，魚雷を作る作業に従事させられていた。北九州に生ま
れた李は，日本語が堪能であったために最重要機密の兵器工場で働くように
なった。原爆当日，夜勤明けの李は宿舎だった長崎駅前近くの寺で被爆した。
天井が落ちてきて危うく大けがをするところだったという。戦後，韓国に帰

国した李は，渡日治療で長崎友愛病院に3カ月間滞在した。その時に長崎市長より被爆者健康手帳を取得し，健康管理手当も受給することとなった。しかし，3カ月後に韓国に帰国すると手当は打ち切られていた。

　李は「同じ被爆者なのになぜ，日本を出国すると手当が打ち切られるのか」と，健康管理手当の支給打ち切りを不服として，長崎県に審査請求（不服申立て）を行った。審査は2年半に及んだが，請求は棄却された。そこで李は日本を出国したために打ち切られた健康管理手当の支給を求める裁判を起こした。郭貴勲裁判の大阪地裁判決【5】から半年たった2001（平成13）年12月26日の長崎地裁判決【6】は，郭に対する判決と同様に，在外被爆者を援護法の適用外とする根拠がないとし，李に対する健康管理手当の打ち切りは違法として，日本出国により打ち切られた手当の支給を「国」に命じた（被告の長崎市に対する請求は棄却）。

（2）　廣瀬方人裁判

　李康寧裁判のなかで，国は「被爆者援護法は，社会保障法であり，日本社会の構成員でもなく，税金も払っていない在外被爆者には適用されない」と主張していた。

　そこで，日本語教師として中国に滞在中に健康管理手当を打ち切られていた日本人被爆者の廣瀬方人が「日本の社会構成員ではない在外被爆者は援護の対象外」と主張した国の根拠を突き崩そうとして，長崎地裁に提訴した。2001年9月11日のことであった。廣瀬は「日本にある住居の固定資産税も納税している私が，日本を出国したことで手当が打ち切られた。郭貴勲さんや李康寧さんは日本社会の構成員でないから手当を支給されないという国の主張は矛盾している」と主張した。2003（平成15）年3月の長崎地裁判決【9】は，国の時効（5年）の主張を退け，「国の違法な通達（402号通達）により手当が打ち切られたにも関わらず時効で受給権を失うのは権利の濫用」とした。その後，廣瀬裁判は手当の支給主体をめぐって最高裁まで争われることとなった。

第3編　在外被爆者支援と裁判

(3)　崔季徹（チェ・ゲチョル）裁判

郭裁判や李裁判の結果，日本で取得した手当受給の権利が出国により消滅したとされ，手当の支給が打ち切られることはなくなった。しかし，健康管理手当の受給権を得るためには，来日して健康管理手当を申請しなければならないという問題があった。

釜山市に住む崔季徹は原爆の翌日に列車で長崎に入り入市被爆した。帰国後に原因不明の腰痛に苦しみ，35歳の若さで仕事を辞めて家で寝たきりの生活をおくるようになった。そのことを知った市民団体の支援で1976年に渡日治療が実現し，崔の腰には重い金属の「人工関節」を入れるという大手術がなされた。1977年には退院し1980年に経過治療を行った後は，日本に来ることはなかった。

30年あまり苦しんできた痛みも消え，つえを使わずに歩けるまでに回復した。しかし，1990年以降には年老いてきた体と人工関節が合わなくなり，激痛が全身に走るようになり，寝たきりの生活が続いた。

崔は日本での治療を行うために来日を試みたが，寝たきりのため難しかった。2004年1月に長崎市に対し代理人による健康管理手当の申請を行ったが「来日要件」を理由に却下された。そこで，来日要件の撤廃を目的とする裁判（健康管理手当支給申請却下処分取消訴訟）が提起された。また，裁判の結審後の2004年7月25日に崔は亡くなったので，遺族は国外から葬祭料の支給を求める裁判（葬祭料支給申請却下処分取消訴訟）を長崎地裁に提起した。

崔が最初に提起した健康管理手当裁判は，2004（平成16）年9月28日の長崎地裁判決【12】，2005（平成17）年9月26日の福岡高裁判決【17】で，いずれも崔の勝訴であった（福岡高裁判決で確定）。また，遺族が提訴した葬祭料裁判も，2005年3月8日の長崎地裁判決【15】，同年9月26日の福岡高裁判決【17】で勝訴し，確定した。この結果2005年11月以降，日本の在外公館を通じての手当と葬祭料の申請が可能となった。

崔はさらに，1980年の来日時に取得した健康管理手当の未支給分を争った。2005年12月20日の長崎地裁判決【19】は時効を認めず勝訴し（前述の廣瀬裁判長崎地裁と同旨），2007（平成19）年1月22日の福岡高裁判決【25】の逆転敗訴を経て，2008（平成20）年2月18日の最高裁判決【28】での勝訴（再逆転）で

第 2 章　長崎における在韓被爆者（在外被爆者）の支援活動

崔の勝訴が確定した。

（4）　鄭南壽（チョン・ナムス）裁判

　健康管理手当の受給権が出国によって失われることはなくなり，さらには，健康管理手当や葬祭料の申請も日本の在外公館を通してできるようになった。しかし，被爆者健康手帳を取得するためには日本に来なければならないという新たな「来日要件」の壁が立ちふさがった。

　鄭南壽は広島の爆心地から 2.4km の自宅で被爆した。2005 年には，広島市から被爆を証明する「被爆確認証」を取得し，さらに 2006 年 8 月，郵送で長崎県に被爆者健康手帳の交付を申請したが「来日しない」ことを理由に申請は却下された。2008(平成 20)年 11 月 10 日の長崎地裁判決【31】は「必ずしも来日する必要はない」として，長崎県に対して被爆者健康手帳の交付を命じた。長崎県は控訴したが，2008 年 12 月 15 日より，国外から被爆者健康手帳の交付申請を認める被爆者援護法の改正法が施行され，2009 年 1 月に鄭南壽に被爆者健康手帳が交付された。

（5）　被爆者健康手帳取得裁判

　2011 年 5 月，被爆の事実を証明する証人がいないために被爆者健康手帳の申請を却下された在韓被爆者が，その取消しを求める 3 件の裁判（原告は4 人）を長崎地裁に提訴した。

　2012(平成 24)年 9 月 18 日の長崎地裁判決【33】で，張令俊（チャン・ヨンジュン）が勝訴した。張は，1945 年 8 月 12 日に長崎市本河内にいた父の安否の確認のために爆心地を通って入市被爆した。判決は，張令俊の入市被爆の事実を認め，被爆者健康手帳の却下処分の取消しを命じたものであった。

　2013(平成 25)年 7 月 9 日の長崎地裁判決【34】も，同様に証人のいない金勝男（キム・スンナム）に対し，被爆者健康手帳の交付を命じた。金は，1944年 12 月 3 日に長崎市橋口町で出生し（戸籍により橋口町で出生したことは証明）同所で原爆にあった。爆心地から 700 メートルという至近距離で被爆し，奇跡的に生き残ることができた。しかし，父母はすでに死亡し，本人は幼年のために記憶がなかった。しかし，長崎地裁は，金勝男が両親から聞いた証

261

第3編　在外被爆者支援と裁判

言は「信用することができる」として，被爆者健康手帳の交付を命じた。

その一方では，2013(平成25)年10月29日の長崎地裁判決【36】では，郭福南（カク・ポンナン）・郭豊子（カク・プンジャ）姉妹の被爆者健康手帳の申請却下処分取消訴訟について，証言は信用できないとされ，郭姉妹は敗訴した。郭姉妹は北九州・門司に居住していたが，空襲を恐れて疎開したのが長崎であった。おぼえている地名も「長崎市立山町」というだけである。なお，控訴審の福岡高裁2014(平成26)年2月27日判決【38】も敗訴であった。

現在でも，証人がいないために被爆者健康手帳を取得できない在外被爆者が多くいる。在外被爆者問題の残された課題でもある。

(6)　医療費訴訟

大阪での在韓被爆者の医療費訴訟の取り組みに呼応して，長崎地裁で在韓被爆者3人が原告となって（被告は長崎県），在外被爆者医療費訴訟がたたかわれた。2014(平成26)年3月25日の長崎地裁判決【39】は，被爆者援護法に基づく一般疾病医療費支給申請及び医療費支給申請の却下処分の取消しを求める訴えを棄却した。

2013年10月24日の大阪地裁判決【35】では，海外に住んでいるというだけで被爆者援護法の適用を阻み，在外被爆者を不当に差別してきた被爆者援護行政を厳しく断罪する司法判断が下された。大阪地裁判決では「被爆者援護法の趣旨に照らし在外被爆者を排除する特別の理由はない。」として原告が大阪府知事に申請した一般疾病医療費支給申請の却下処分を取り消した。被告の大阪府が控訴したが，2014年6月，大阪高裁はこれを棄却した【40】。ところが，長崎地裁判決は「被爆者援護法の適用は国内の被爆に限定される」という驚くべき判断をおこない，原告の在韓被爆者を敗訴させたのである。

3人の原告は直ちに控訴し福岡高裁の審理が行われているさなか，2015(平成27)年9月8日，大阪高裁判決の上告審で最高裁が上告を棄却した（原告の在韓被爆者が勝訴，【42】）。これを受けて長崎県は，申請却下処分を行い，原告3人に医療費を支給した。こうして，長崎訴訟は終結した。被告の長崎県は訪韓し，遺族に謝罪した。

262

(7) 被爆者健康手帳取得に二重の壁

　全羅南道宝城（ポソン）郡の朴正圭（パク・チョンギュ）は1944年夏に徴用され長崎市の南部の香焼島にあった川南造船所で働かされた。当時，香焼島には約5,500人もの朝鮮人がいたと言われている（長崎在日朝鮮人の人権を守る会推計）。川南造船所は1980年に倒産したために当時の記録は残っていない。このような川南造船所の元徴用工の実態が明らかでない上に，朴の手帳取得には被爆地の是正という問題がある。朴が被爆者健康手帳を受けるには二重の壁がある。

　長崎の「被爆地域」は南北約12km，東西約7kmの細長い形になっている。当時の長崎市の区域をもとに被爆区域が決められたために，爆心地から12km以内にいた人であっても「被爆者」と認められていない。

　そこで，被爆地未指定地域の人たちが被爆者健康手帳の交付を求めて，集団訴訟（いわゆる「被爆体験者訴訟」）を行っている。香焼島は爆心地から8km～12kmの範囲にあるが，当時，長崎市でなかったために被爆地域には含まれていない。朴は被爆体験者訴訟の一陣（第1次提訴グループ）の原告であるが，長崎地裁2012(平成24)年6月25日判決，福岡高裁2016(平成28)年5月23日判決ともに敗訴であった。

　また，この地域では朝鮮人だけでなく，アメリカ人・オランダ人・オーストラリア人・イギリス人などの捕虜の人たちも被爆しており，被爆体験者訴訟の行方が注目されている。

7　台湾の被爆者

　朝鮮と同じように日本の植民地であった台湾の人も広島や長崎で被爆した，しかし，情報が乏しく，台湾の被爆者については実態が明らかではなかった。
　厚生労働省が2005年9月1日に実施した在外被爆者調査は被爆者手帳および被爆確認証交付者3,058人のうち，死亡，長期不在及び所在不明の事実が判明したものを除いた3,039人に対し，調査票を郵送して調査を実施した」もので，回答のあった者は，2,499人となっている（回答率82.2%）。この調査報告で判明した台湾の被爆者の14人について，支援団体が訪台調査

第3編　在外被爆者支援と裁判

を行った。14人の被爆地をみると，広島6人，長崎8人ということで広島で被爆した台湾人被爆者も多くいることが判明した。

　訪台調査で次のことがわかった。①勉学のために日本に来た人が多い。特に長崎は長崎医科大学関係者がほとんどだった。②経済状態は，医学関係，学校関係者が多く比較的裕福に感じた。しかし，「援護が十分でなく苦しい」という人もいて一様ではない。③健康状態は高齢のために厳しい状況にある。④日本の被爆者援護については情報が行き届いていなく，被爆者健康手帳の取得が遅れた人が多い。対照的に日本との行き来があった人は早い時期に手帳を取得している。402号通達のために被爆者健康手帳を取得しても意味がないと思い，手帳の申請が遅れた人もいた。⑤被爆者団体や支援団体がなく，支援体制がない。行政の支援もほとんどない。

　このような実態を踏まえ，台湾の被爆者組織の結成や支援体制の確立に取り組んでいる。

8　捕虜の被爆者たち（オランダ・オーストラリア）

　第2次世界大戦中，長崎には福岡捕虜収容所第14分所と第2分所の2つの収容所があった。第14分所は原爆爆心地から1.7kmの長崎市幸町にあり，オランダ・イギリス・オーストラリアなどの捕虜約480人が収容されていたが，福岡の炭鉱への移転や病死などにより，原爆当時は195人になっていた。国別の収容者は，オーストラリア人24人，オランダ人152人，イギリス人19人である。また，収容中の死亡は，オーストラリア人11人，オランダ人97人，イギリス人5人の113人である。これらの人は戦後，連合軍の船でそれぞれ帰国している。その後，長崎を訪れた少数の被爆者が被爆者健康手帳を取得したが402号通達により援護は阻まれていた。約70人あまりの被爆者がオランダにいると言われているが，高齢化している被爆者の生存者の数は不明である。

　現在，生存が確認されている被爆者は，ショルテとブッヘルの2人である。ロナルド・ショルテは，次のように証言している。

264

第2章　長崎における在韓被爆者（在外被爆者）の支援活動

　「インドネシアで日本軍の捕虜となり，福岡捕虜収容所第 14 分所に収容されていて，原爆当日は，収容所近くで防空壕掘りの作業中をしていた。誰かがパラシュートだと叫ぶ声が聞こえたかと思うと，太陽がどこにあるか分からないほどの光が目に飛び込んできて 3 メートルほど吹き飛ばされた。しばらくして気付いたら周囲の建物は崩れ収容所も破壊されていた。捕虜の 7 人が死んだ。イギリス人も 2 人死んだ。無事だった捕虜と日本兵と共に丘の上に逃げた。」

　ブッヘルも同様の経験を持ち，この 2 人はハーグの日本領事館を通して被爆者健康手帳を申請し交付された。また，ブッヘルは，402 号通達によって在外被爆者が被爆者援護法の適用を受けられなかったことに対し損害賠償請求訴訟（国賠訴訟）を提起し，国との和解が実現した。

　オーストラリアの元捕虜の被爆者の情報については，1974 年 7 月と 1975 年に，メルボルンの癌研究所によって，元捕虜に対する原爆の影響に関する調査がおこなわれた。その報告書では，第 14 分所の 24 人中 19 人の生存が確認されている。さらに 1983 年にはオーストラリア在郷軍人局において 24 人中 13 人の生存が確認されている。

　その後 30 年近くの年月がたち，彼らの状況についてはまったく消息が不明となっていた。わたしたちは，この 24 人のオーストラリアの元捕虜の被爆者および遺族の消息を調査し，原爆被爆者としての援護と補償に関する支援につなげるといった目的で，現地の支援者を通して調査を始めた。

　2012 年 3 月，オーストラリア南東部の小さな町，ヘイフィールドに 1 人の元捕虜の被爆者のアラン・チックの生存が確認された。

　面会時に 93 歳の高齢でチックの記憶は断片的であったが，原爆の記憶については「周りが真っ暗になった。そのまま立っていると，少しずつ明るくなった」「曹長が来て捕虜が集められた。川の方に行ったが渡れずくぼんだ所で寝た」などの証言があった。チックらは，1942 年，ティモールで捕虜となり，日本に移送中に 1944 年 6 月 24 日，米潜水艦の攻撃を受け長崎沖で沈没。助かったチックら豪捕虜 72 人は長崎の収容所に送られたという。被爆後の 1945 年 10 月にチックはタスマニアに帰った。情報もないなかチックも被爆者への援護策を全く知らなかったという。

　チックの被爆者健康手帳の申請書類は，ようやくオーストラリアの支援者

265

第3編　在外被爆者支援と裁判

を通して在メルボルン日本総領事館に提出することが出来，手帳の交付に結びつけることができた。

（以上につき，『長崎原爆被爆五〇年史』『長崎原爆戦災誌』を参考にした）

9　おわりに

　長崎における韓国の被爆者をはじめとした在外被爆者の問題は，まだ解決したわけではない。多くの課題が残っている。また，被爆者の高齢化に伴い，来日治療の需要も高まっている。長崎の徴用工被爆者の補償の問題も未解決である。また，被爆区域として認められていない香焼島などの被爆者などの問題も存在している。山積する問題の解決のために努力していかなければならない。

（平野伸人）

266

第3章　三菱重工広島・元徴用工被爆者裁判支援活動

1　裁判提訴と支援する会の結成

　第2次大戦末期の1944年，日本の労働力不足を補うために，日本政府は植民地であった朝鮮で「国民徴用令」を発令した。同年3月～10月にかけて，京畿道平澤郡周辺の21歳になる青年たちは，「徴用令書」という1枚の紙切れで広島にある三菱重工に強制連行され，過酷の労働を強いられた。翌年8月6日に被爆。その数，約2,800人余り。命からがら祖国に向かって自力で帰った人。帰国途中で遭難した人。祖国にたどり着いても，その後の生活は原爆の後遺症などによって苦しめられてきた。

　当時，三菱徴用工の指導員でもあった深川宗俊は，広島駅で見送った徴用工246人が祖国にたどり着いていないことを知り，1970年代の軍事独裁政権下の韓国に渡った。遺族や生存者とともに，行方不明者の消息をたずねるとともに，三菱や日本政府に対して，遺骨の返還，未払い賃金などの支払い，生存者や死者への補償交渉を行っていった。元徴用工らは，1990年に日弁連に「人権救済申し立て」も行ってきたが，日本政府や三菱も責任回避に終始し，具体的な進展は見られなかった[1]。

　1995年12月11日，ついに元徴用工被爆者6人（のちに46人）が原告となって，日本政府と三菱を相手に「強制連行・強制労働・被爆後の放置と援護差別・未払い賃金」に対する損害賠償を求め，広島地裁に提訴するに至った。広島の足立弁護士，大阪で戦後補償裁判に取り組む在間弁護士を中心とした弁護団が，この歴史的裁判をになうこととなった。また，元徴用工と共に歩んできた韓国の原爆被爆者を救援する市民の会や三菱労組広船分会のメンバーを中心として，「三菱広島・元徴用工被爆者裁判を支援する会」が結

---

(1)　この経過は，支援する会が作成した資料『三菱は未払い賃金を支払え！──イギジャ──』や写真集『恨』に詳しく記載されている。

267

第3編　在外被爆者支援と裁判

成された。

　代表の1人となった故石田明全国教職員の会会長は，支援する会結成にあたって，この裁判の意義を次のように述べている。「植民地支配がいかに人間の尊厳を侵してきたか，日本の侵略そのものを告発し，その責任を真正面から法廷で問うものなのです。元徴用工らは，強制連行と強制労働，そして被爆という二重三重の苦しみを受けながら，十分な治療も援助もされないまま放置されてきました。被爆者援護法においても，このような差別が今日も生き続けているのです。この裁判の意味を日本人自身が問い，支援の輪を広げ，誤った歴史認識を露呈する政府を乗り越えていかなければならないのです。そのことが，アジア隣国との友好の上に成り立つ未来を築いていく営みなのです。」

2　地裁での闘いと支援運動

　私自身，在韓被爆者の支援をしてきたわけでもなく，裁判の専門的な知識があるわけでもなかったが，縁あって事務局の一員としてこの裁判のスタートから関わることになった。裁判支援と一言で言っても，何をどうしていけばいいのか，とまどいばかりであった。「通常の民事事件の常識では，99％裁判では勝てない。しかし，どんな困難であっても，やらなければならない裁判なのだ。弁護士として今までの法律の壁を打ち破る覚悟であるから，支援の側も運動の力で解決する努力をお願いしたい。」最初の弁護団会議での話に，この裁判を支援する重みをひしひしと感じさせられた。

　地域段階での支援運動をまとめると，まず第1に，原告の思いを受けとめ，支援の輪を広げることが最も大切にしてきたことである。「戦後，私たちは失望と怒りを繰り返してきた。50年を過ぎたというのに，三菱は謝罪や補償どころか，未払い賃金さえ払おうともしない。被爆者援護法でも一番被害を受けた韓国人犠牲者はスッパリ切り捨ててしまった。私たちは歳をとり，残された時間はない。もはや裁判しかないと決心した。生きている間に1日も早い解決を望んでいる。」そう訴えた原告団長の朴昌煥。当たり前のことではあるが，この闘いの主体は元徴用工被爆者の原告であり，我々がその思

268

第3章　三菱重工広島・元徴用工被爆者裁判支援活動

いを自分のこととして受けとめ，多くの人に支援の輪を広げ，社会的世論に
していくことが支援運動の鍵であった。

　最初に手がけたことは，脳梗塞で倒れた深川の持つ写真や資料を洗い起こ
し，裁判以前の原告たちの歴史や闘いを整理すること，訴状をまとめ裁判上
の争点を明確にすること。これが『三菱は未払い賃金を支払え！──イギ
ジャ──』という冊子にまとめられ，裁判上でも重要な資料となった。

　また，平和運動に取り組む広島県内の労働組合，宗教団体，市民運動団
体・個人を中心に支援を働きかけ，700を超える個人・団体に対しニュース
を配信し，物心両面にわたってご支援をいただくことができた。個人的には，
平和運動に取り組んでいた仲間とともに『イギジャ』という歌や劇画『イギ
ジャ』をつくり，各地・各団体の集会に顔を出し，裁判支援への共感を広げ
ていった。のちにこの歌を韓国語に翻訳していただき，原告たちにも喜んで
もらったり，釜山三菱裁判[2]でも韓国の支援者とつながることができたよう
に思う（この歌はRCC三村記者によって注目され，2001年8月6日RCCラジオ
スペシャル「イギジャ〜韓国人元徴用工被爆者裁判〜」45分番組として放送され
ている）。

　第2に，法廷闘争を支えることである。法律論そのものの議論は別の項目
にゆずり，ここでは法廷闘争をどう支援してきたかを振り返る。

　地裁の弁論で最も大切にしたのは，毎回原告本人の意見陳述を必ず行うこ
とである。それは，原告の被害事実とその苦悩や思いを直接裁判官に訴える
ことであり，傍聴に来ている支援者がその思いや闘いを受けとめるという作
業である。通常の民事裁判の弁論では，書面による主張と書証提出，次回期
日の確認であり，10分程度で終わるらしい。裁判官に対して，「この裁判は
通常の民事裁判の感覚でとらえるものではない。社会的に注目され，歴史的
な意味を持つ裁判なのだ。」と思ってもらうためにも，毎回傍聴席を埋め尽
くす必要があったし，傍聴に来ている支援者にとっても意味のある法廷にし
ていく必要があった。傍聴に参加して不満だったのが，法廷のやりとりが傍
聴席にはほとんど聞こえないことだった。裁判官と原告側・被告側弁護士が

───────────
(2)　2000年5月三菱重工業釜山営業所を相手に，元徴用工5名が韓国釜山地方法院に
　　提訴している。

269

第3編　在外被爆者支援と裁判

通常の法廷の主人公であるからだろう。「裁判長，聞こえません。もう少し大きな声でお願いします。」勇気のいることではあったが，傍聴席から何回かそうお願いした。司法改革の流れもあったのだろうか，のちにマイクが設置されるようになった。また，傍聴席が足りないので，イスを補充してくれるようにもなったり，原告にもおしぼりやお茶を提供するようになった裁判官の対応は，異例のことであった。

全国に呼びかけた公正判決を求める署名も総計10万8,107筆を第3次に渡って提出することができ，しかも相手側弁護士のいる前で裁判長に直接受け取ってもらうということも実現できた。社会的注目度を印象づけられたことは間違いないし，かなり原告側の要望を受け入れた訴訟指揮でもあった。そして，結審もせまっていた時期に，裁判長は内密に原告側・被告三菱側双方に和解の打診を行ってきたことも，原告の被害回復を願っているのではないかとも思われた。不誠実にも，三菱は和解拒否の回答を行ってきた。

提訴から3年半，13回の口頭弁論を支えるために，支援する会の会報の役割は大きかった。支援者で画家の吉野誠は，毎回法廷スケッチを描き，難しくなりがちな法廷の報告に花を添えていただいた。この会報で，多くの支援者に法廷のやりとりや活動を報告し，原告の訪日費用のカンパを訴え続けた。

1999年3月25日広島地裁判決【4】。だが，原告に優しい裁判官の対応と裏腹に，その判決は，あまりにも不当なものであった。具体的な事実認定すら行わず，国に対しては国家無答責，三菱に対しては除斥期間（不法行為から20年），被爆者援護法の不適用についても違法性はないと切り捨てた。命を削るように闘ってきた原告にとって，どれほど衝撃を受けたか，はかりしれない。弁護団も支援の側も，この判決報告のための訪韓ほど辛く，重い時はなかった。

3　高裁での闘いと支援運動

地裁の不当判決をはね返すために，闘いは新たな局面を迎えることになる。その第1は，2000年5月に韓国釜山で三菱を提訴したことである。原告

第3章 三菱重工広島・元徴用工被爆者裁判支援活動

らは，地裁判決に怒りを示し，控訴の決意を固めた。一方，韓国の崔鳳泰弁
護士が初めて原告と出会い，韓国国内での裁判提訴を提案することとなる。
原告たちは，韓国の若い弁護士が立ち上がってくれることに，驚きと喜びを
もって同意した。その場には，太平洋戦争遺族会の若い事務局長金銀植も参
加し，のちに釜山裁判の支援の要となる存在となった。これが可能になった
のは，戦後補償に取り組む日韓の弁護士の連携，企業責任を求める戦後補償
裁判の日本国内のネットワークの形成と韓国市民との連携が強まってきたこ
とによる。のちに，この釜山三菱裁判は，日韓条約に関する文書を公開させ，
三菱をはじめとした日本企業への賠償命令を認める韓国大審院判決につな
がっていった。

　第2は，高裁に対し，事実認定の重要性を求める法廷の組み立てである。
特に，供託名簿の提出を拒む国に対して文書提出命令を勝ち取り，供託の存
在を日本の法廷で初めて明らかにした。そのことによって，三菱重工が未払
い賃金を本人にも通知せず，住所も雇用期間も曖昧な供託を法務局に行い，
法務局はそれを「受理」したという事実が明らかとなり，「供託が無効で
あった」ことが白日の下にさらされた。高裁は，時効・除籍によって国と三
菱の賠償責任は否定したのだが，これら一連の原告の被害事実を重く受けと
め，その救済の必要性を感じ取ったのではないかと思われる。

　第3は，2002年12月郭貴勲裁判の大阪高裁で勝利判決を勝ち取ったこと
である。この判決は，被爆者援護法の海外在住者へ適用を認め，それまでの
日本政府の在外被爆者政策を断罪した。この判決によって，広島地裁判決の
誤りは明白となった。

　そして2005年1月19日，広島高裁は地裁判決を覆し，原告全員への慰謝
料請求を認めた逆転（一部）勝利判決【14】へとつながっていった[3]。

---

(3)　広島高裁での判決内容の詳細については弁護団の項にゆずるが，簡単に紹介する。
　　広島高裁判決の画期的な内容は，在韓被爆者に対する日本政府の援護施策を重大な過
　　ちとして断罪し，被告一人あたり各120万円の損害賠償を命じたこと。また，強制連
　　行や強制労働については，その事実を認定し，不法行為の存在を認めたこと。「国家
　　無答責」論という国の論理を退けたこと。供託は無効とされ，「未払い金は供託に
　　よって終了している」という三菱の主張を退けたこと。だが，「時効・除斥」により，
　　国と三菱の強制連行に対する損害賠償責任は免罪された。その意味で，「一部勝訴」

271

第3編　在外被爆者支援と裁判

4　国と三菱を解決に向かわせること

　原告たちの思いは，三菱重工への怒りの気持ちが強かったことである。家族を残して広島に連行されて，厳しい労働環境の中で働かされ，被爆させられた。「賃金の半分を家族に送る」という約束を反故にされ，未払い賃金や預貯金は未だ支払われていない。異国の地で被爆後も放置され，帰国途中になくなった被害者もいるし，生存者も被爆の後遺症で苦しい生活を送ってきた。「元徴用工たちの声を真正面から受けとめ，誠意ある対応をしてほしい。」三菱に対する怒りは，この一点である。

　提訴以後，三菱は「すべて裁判の場で行う」として，原告と会うことすらも拒絶しつづけた。しかし，裁判はこの問題の解決のための一つの方法であって，判決が出たとしても被害者と加害者が同じテーブルについて話し合わなければ，最終的な解決はできない。三菱に解決を迫れるのかが支援の側にも問われた。この問題を解決しなければ，三菱にとっても都合が悪いと思わせられるか，そのような社会的包囲網や世論をどこまで作れるか，支援する会としてできることを模索した。

　第1に，直接的な雇用場所であった三菱重工広島造船所への行動だ。地裁での弁論が行われる日には，毎回1日行動を行った。三菱広船の出勤時間に門前での情宣や解決への申し入れを行うこと，三菱社宅へのビラ入れ，三菱重工中国支社や金曜会（旧三菱財閥系の組織）に属する三菱銀行，三菱信託銀行などへ要請行動も継続した。いくら大企業であっても，その企業を動かすのも人間。そこを信じてあきらめずに原告の思いをぶつけていく覚悟であった。しかし，簡単ではなかった。三菱広船総務課との事前アポでも，「原告が来ても会わない。要請書も受け取らない。守衛所に置いておけ。」という冷徹な対応であった。原告たちは「座り込みでも行いたい」という気持ちであったが，高齢でもあり体調を心配する家族からの反対を押し切っての来日でもあったため，無理をさせることは困難であった。実際，原告の李根

という評価を行っている。

272

第3章　三菱重工広島・元徴用工被爆者裁判支援活動

睦や鄭昌喜が構内に入ろうとすると，彼らの上にシャッターを降ろしてしめ
だす始末であった。鄭昌喜は心臓の発作を起こす危険にさらされた。

　第2に，三菱重工本社攻めである。1996年12月，日本鋼管・新日鉄・鹿
島・三菱長崎・三菱広島など，裁判支援団体が結集し，「強制連行・企業責
任追及裁判全国ネットワーク」が結成された。各地で取り組んでいる強制連
行の企業責任を追及する裁判は，法的にも運動的にも共通の課題に直面して
おり，弁護士も支援団体も連携を取りながら解決への道を探っていこうとい
う営みの開始であった。「地方の支社や支店が解決できる内容ではない。本
社判断である。」という認識の元，企業本社攻めを共同で取り組むことと
なった。全国ネット・長崎・広島が交渉団[4]として何度となく三菱重工本社
を訪れ，総務部・国内法規担当グループ主査を窓口として，直接顔の見える
形で申し入れが可能となった。最初のころは，受付で内線で「要請文がある
なら置いておけ」というような対応でしかなかった。3回目になると，部屋
を準備しコーヒーを提供する対応に変化した。「交渉ではない。ただし，要
請は聞く。」という姿勢は変わらなかったのだが[5]。

　そのような中で，被害者と企業との間で和解が実現できた実例が報告され
ていった。1997年日鉄釜石訴訟で自主交渉による解決を皮切りに，1999年
日本鋼管と金景錫との和解，2000年7月不二越訴訟最高裁における和解，
同年11月中国人強制連行・花岡事件で，東京高裁における鹿島建設との和
解。広島でも，2009年には西松建設訴訟での和解が実現できている。

　国や三菱という大きな相手に，無力感におそわれることも少なからずあった
が，全国ネットの取り組みが支えになっていたことは確かである。ドイツの
戦後補償の実際から学んだり，日韓市民運動の連携やILOへの提訴という

---

(4)　1999年3月，三菱重工名古屋航空機製作所朝鮮女子挺身隊訴訟が始まると，長崎
　　金順吉裁判・広島・名古屋の3つの支援する会が連携し，全国ネットとともに交渉団
　　となっていく。

(5)　担当者とも顔見知りになることによって，三菱側の考えも垣間見ることもできた
　　場面もあった。「解決しないのではなく，一企業では解決できないと考えている。そ
　　れは，あまりにも難しいファクターが多すぎるからだ。株主の理解もえられるか。」
　　日韓条約との関係，日本政府や株主との関係を示唆しているように推測できた。また，
　　「窓口を開けているのだから，社長宅訪問はやめてほしい。」という言葉も聞くことが
　　できた。

273

第3編　在外被爆者支援と裁判

国際的な取り組みも展望となり，前述の釜山三菱裁判へもつながっていった。

5　最高裁判決とその後

　2007年の最高裁判決【27】は，日本政府に対して在韓被爆者の訴えを認め，原告全員に対し国家賠償を命じる画期的な内容であった。その成果は，すべての在外被爆者に広がっている。一方，強制連行に対する日本政府と三菱の賠償責任は，日韓請求権協定を理由に認めなかった。三菱の戦争犯罪を日本の裁判では断罪することはできず，原告元徴用工の恨を解くことは道半ばとなった。だが，強制連行・強制労働・未払い賃金・原爆被害の放置という被害事実は，最高裁でも全面的に認定されている。三菱は，日本の法律の枠組みによって法的責任から免れることはできたが，自らが行った戦争犯罪の事実から逃げることはできないのである。提訴当時46人だった原告は，最高裁判決の時には生存者15人であり，文字通り命をけずりながらの闘いであった。原告の闘いを支援するといっても，私自身が原告46人全員と会うこともできず，言葉の壁も大きかった。はたして，原告の思いをしっかり受けとめることができたのであろうか，自問自答の日々でもあった。写真集『恨』は，原告元徴用工たちの思いや闘いを記録に残し，韓国の生存者・遺族に届けるとともに，日本の記憶とし未来に届けたいという願いで2010年に出版した。

（夏原信幸）

第4章　在ブラジル・在アメリカ被爆者裁判支援活動

1　はじめに

　広島では，2002年3月提訴の在ブラジル被爆者裁判，2003年12月提訴の在アメリカ被爆者裁判，2006年7月提訴の在ブラジル被爆者被爆者健康手帳交付請求裁判および2012年3月提訴の在米被爆者医療費裁判を広島地裁に提訴してたたかった。このほかに，1995年12月提訴の三菱重工広島・元徴用工被爆者裁判がたたかわれたが，これについては第3編第3章でとりあげている。また，2005年6月提訴の在韓被爆者による被爆者健康手帳交付申請却下処分取消訴訟もたたかわれた。

　広島では，早くから韓国の原爆被害者を救援する市民の会（以下「市民の会」という）や在韓被爆者渡日治療広島委員会などによる在韓被爆者支援活動が行われていた。このような活動を背景にしながら，三菱広島重工・元徴用工被爆者裁判が提起されているが，同じころ，治療目的で渡日した在韓被爆者が，帰国すると被爆者援護法による被爆者手当の支給が打ち切られる問題に関心が寄せられ，原爆二法研究会を中心にした検討が行われていたこと，沈載烈が審査請求を提起していたことは（1996-97年），第1編第2章に述べられている。

　そのころ広島で被爆した米国原爆被爆者協会の倉本寛司（名誉会長），友沢光男（会長），そして在ブラジル原爆被爆者協会の森田隆（会長），森田綾子（事務局長）が，あいついで広島を訪ね，原爆二法研究会（以下「二法研」という）や「市民の会」のメンバーと会い，アメリカやブラジルに在住する被爆者の状況を紹介し，無援護のまま放置されているので，何とかしてほしいと訴えた。二法研のメンバーは，まずは日本を出国すると打ち切られる被爆者手当の継続的な受給を追求してはどうか，支給打ち切りの根拠とされる402号通達は法的根拠に乏しいので，改めるよう日本政府・厚生省に働きか

第3編　在外被爆者支援と裁判

けるべきであるなどと提起した。1998年10月に在韓被爆者の郭貴勲が，帰国後も被爆者援護法の被爆者の地位は失われないこと，健康管理手当支給打ち切りは違法であり，未払い分の支払い請求する訴えを大阪地裁に提訴した（この裁判については第1編第2章，第2編第1章参照）。倉本や森田は，当面，郭貴勲裁判を支援することに努め，1999年11月には大阪地裁の証言台に立ち，勝訴に貢献している。

　2001年6月，大阪地裁は郭の勝訴判決を出した【5】。これに衝撃を受けた厚生労働省は，「在外被爆者に関する検討会」を設置し，今後の在外被爆者の援護の在り方を検討することにした。同年10月，倉本や森田は同省に招かれて来日し，検討会の席上でるる訴えた。このとき2人は広島に足を延ばし，支援グループと面談した。支援者は，厚労省の在外被爆者に対する姿勢を変更させるには，郭と同じような裁判を提起するべきであると訴えた。この時森田は苦しそうな表情を浮かべ，「国を出た者が『お国』を訴えるのは生易しいことでない」旨を述べ，検討会の結論に一縷の望みを託しているようだった。同年12月10日，検討会は「報告書」を出したが，森田はこれに失望した。

　森田が提訴を決意したという情報は，マスコミを通じて届いた（『中国新聞』2002年1月18日付）。

2　在ブラジル被爆者裁判（健康管理手当）の提起

　2002年3月1日，森田隆を原告として，ブラジルに帰ったことに伴い打ち切られた健康管理手当の支給を求める裁判が，広島地裁に提起された（その後原告は増加し，最終的には10人となった）。弁護団は二法研のメンバーの弁護士を中心に組織され，弁護団長は二國則明弁護士が，足立弁護士が事務的な処理を担うことになった。支援運動組織として，同日，「在ブラジル被爆者裁判を支援する会」（後に「在ブラジル・在アメリカ被爆者裁判を支援する会」に改称）が結成され，筆者が代表となった。

　提訴の直前，森田が心筋梗塞で倒れたとの知らせが駆け巡った。森田提訴には，在ブラジル原爆被爆者協会内に抵抗があり，会長が提訴したことを理

第4章　在ブラジル・在アメリカ被爆者裁判支援活動

由に脱会した者もいたという。高齢の森田の心労がどれほどだったか，想像にかたくない。

　森田提訴を機に，足立弁護士と筆者はブラジルを訪ね，じかに被爆者と接し，おかれている状態や希望していることを把握することにした。関空から発ってサンフランシスコ，シカゴ経由で2晩を機内で過ごし，サンパウロに到着した。帰路にはロサンゼルスとサンフランシスコを訪問し，在米の被爆者の話を聞いた。それぞれの地で，郭貴勲裁判一審勝訴を知らせ，また，森田提訴の意義を訴え，在ブラジル被爆者裁判を支援する会の活動を支えていただくようお願いした。帰国後，足立と筆者は，ブラジルやアメリカの被爆者は現地（居住地）で医療援護を受けられるようになることを強く求めでいると訴えた。なお，翌年以降，足立弁護士は，ほぼ毎年ブラジルおよびアメリカを訪問し，現地の被爆者と交流し，援護の在り方などの相談にのるとともに，裁判の原告の発掘に努めている。

　広島での被爆者による裁判は久しぶりであり，しかも外国に居住する被爆者が提訴したということで，在ブラジル被爆者裁判は，大きな注目を浴びた。この年，『中国新聞』はブラジル，アメリカ，韓国に記者を派遣し，長く「放置」されていた在外被爆者の実態をつぶさに報道した。また，在ブラジル被爆者裁判を支援する会は2002年8月に開かれる原水禁大会や各種の平和集会で，この裁判について訴えていただくため，ブラジルから被爆者1人を招いた。以後，同「支援する会」による，在米または在ブラジルの被爆者の招致は恒例となった。

　大阪高裁で争われていた郭貴勲裁判が，2002年12月5日の判決【7】で郭の勝訴で確定した。これに伴って被告の広島県は，原告が日本を出国したことにより支給が打ち切られていた健康管理手当を支払ったので，訴えを取り下げることにしたが，5年以上前の未払い手当は消滅時効が成立しているとして，支払を拒んだため，3人の原告は裁判を継続した。

　この頃の出来事で記録しておくべきことがある。郭貴勲裁判の大阪地裁判決【5】で敗訴した政府・厚生労働省が「在外被爆者渡日支援等事業」を法外で行うことにしたことに対し，韓国，ブラジルおよびアメリカの被爆者団体が強く反発し，この事業への協力を拒否したが（第1編第2章），これが波紋

第 3 編　在外被爆者支援と裁判

を引き起こした。『広島県医師会速報』1821 号（2003 年 2 月 5 日）に掲載された「座談会・在外被爆者支援事業」で，座談会出席者は，広島県医師会が前年に行った「北米健診」「南米健診」に現地の被爆者組織が協力しなかったと，強い調子で（口を極めて）非難していた。これは放置できないと考え在ブラジル被爆者裁判を支援する会は，医師会に会見を申し込み，掲載された座談会記事は「在外被爆者裁判の意義を理解していない，あるいは，偏見を抱いているのではないか」などと指摘した。これに対し医師会長は，「発言には大変不適切なものがあったので，座談出席者に指摘して反省していきたい」旨を述べた（『在ブラジル・在アメリカ被爆者裁判支援ニュース』8 号，2004 年 1 月）。

　裁判を継続した 3 人の在ブラジル被爆者に対する広島地裁 2004（平成 16）年 10 月 14 日判決【13】は消滅時効の成立を認め，請求を棄却した。その後，控訴審の広島高裁 2006（平成 18）年 2 月 8 日判決【20】で原告の逆転勝訴となり，2007（平成 19）年 2 月 6 日の見事な最高裁判決【26】になることは，第 2 編 3 章に述べられている。

3　在アメリカ被爆者裁判（国外からの手当等支給申請）

　在アメリカの被爆者および被爆者の遺族各 1 名が，居住地から健康管理手当または葬祭料の支給申請を行ったところ，広島市長は国外からの申請を理由にこれを却下した。そこで，2003 年 12 月，この 2 人は，却下処分取消訴訟を広島地裁に提起した（その後，さらに 2 人が提訴し，原告は合計 4 名）。在ブラジル・在アメリカ被爆者裁判を支援する会は，2003 年と 2004 年は，在米被爆者を招待し，各種の集会でアピールしていただいた。

　広島地裁 2005（平成 17）年 5 月 10 日判決【16】は，原告勝訴だった。すでに同じ論点で争われた崔李澈（チェ・ゲチョル）裁判で長崎地裁が原告勝訴判決を出していたが（2004 年 9 月 28 日，【12】），被告の広島市長は厚労省の指示に従い，広島高裁に控訴した。在ブラジル・在アメリカ被爆者裁判を支援する会は「広島市長の控訴に抗議し，その取下げを求める」声明を発表し，「判決のどこに，どのような問題があるとして控訴したのか……理由をまっ

278

第4章　在ブラジル・在アメリカ被爆者裁判支援活動

たく説明しないままでの控訴は，公僕として不誠実の極みである」と抗議した。

同年9月の福岡高裁判決【17】により崔李澈裁判が決着し，厚労省は国外からの在外被爆者による手当等の申請を認めるようになったこと（第1編第3章，第2編第4章）を受けて，広島市長は控訴を取り下げ，広島地裁判決が確定した。

4　在ブラジル被爆者件被爆者健康手帳交付請求裁判

続いて広島では，2人の在ブラジル被爆者を原告とする被爆者健康手帳交付申請却下処分取消訴訟に取り組んだ（2006年7月提訴）。

国外からの被爆者健康手帳の交付申請は被爆者援護法上認められないという厚労省の法解釈を打ち破るたたかいであり，すでに広島地裁には在韓被爆者を原告とする同様の裁判が提訴されていたが，裁判の途中で原告が長崎市に来て手帳の交付を受けたため，この裁判は訴えの利益消滅により敗訴していた（2006年9月26日判決，【24】。第1編第6章，第2編第5章）。

在ブラジル被爆者を原告とする被爆者健康手帳交付を求める裁判は，いわば仕切り直し的なものでもあった。原告の2名は，ブラジルを訪れた足立弁護士が「発掘」したが，提訴時には1名が死亡していた。また，もう一人の原告も提訴後まもなく亡くなられた。

この頃，被爆者健康手帳交付を求める裁判は，長崎地裁および大阪地裁でも提訴されていた。また，第1編第6章に述べられているように，国会内では議員立法により被爆者援護法を改正し国外から被爆者健康手帳交付申請ができるようにしようとしていた。裁判と法改正は，ほぼ同時並行的に追求され，両者ともによい結末となったことは，前述のとおりである。

5　国家賠償請求・和解の取組み

三菱広島重工・元徴用工被爆者裁判の最高裁2007年11月1日判決【27】の結果，同裁判の原告と同様の状態にあったと認められる在外被爆者に対し，

第3編　在外被爆者支援と裁判

日本政府は国家賠償を支払うことになった。賠償金の支払いは，国家賠償請求裁判の提起・和解という手順によるとされた（第1編第5章，第2編第2章）。

広島では主として在米被爆者および在ブラジル被爆者の国家賠償請求を担当することになり，2008年以降提訴が行われる。そのような中で，2009年6月，カナダ在住の被爆者とロサンゼルス在住の被爆者の提訴を促すため，2人の弁護士と1人の被爆者相談員がカナダとロサンゼルスを訪ね，説明会などを行った。

広島地裁への国家賠償請求裁判の提起を経て和解に至った件数（被爆者数）は，アメリカ370件，カナダ15件，そしてブラジル126件である。

6　在米被爆者医療費裁判

国外に居住する被爆者に対し，被爆者援護法の医療援護に関する規定の適用を求める裁判（医療費裁判）は，在ブラジル・在アメリカ被爆者裁判を支援する会の提訴呼びかけに応える形で，大阪地裁，長崎地裁に在韓被爆者により提訴され，広島地裁には，2012年3月に在米被爆者13人が原告となって提訴された。在米被爆者医療費裁判の提訴準備のため，2011年9月，足立弁護士と池埜聡関西学院大学教授が渡米し，ロサンゼルスとサンフランシスコで説明会を開いている。

2013年10月24日に大阪地裁の在韓被爆者医療費裁判勝訴判決【35】を得た直後の10月末，足立弁護士と筆者は，大阪地裁勝訴の意義・課題の説明と広島地裁で審理が進んでいる在米被爆者裁判対策のため，サンフランシスコとロサンゼルスを訪ねた。アメリカにおける医療と被爆者の実態を広島地裁の裁判官に理解してもらうため，原告の法廷における意見陳述（本人尋問）が不可欠であると考え，原告団長の遠藤篤（米国原爆被爆者協会会長）と原告の森中照子から詳細な聞き取りを行った。そして，この2人の広島地裁での尋問が2014年11月には行われることになっていたが，その少し前の同年7月，突然，遠藤会長の訃報が伝えられた。そのため，森中だけが同地裁で陳述した。80歳を超えた森中はしっかりした口調で弁護士からの質問に答え，閉廷後，「裁判長はしっかり話を聞いてくれたと思う」と感想をもら

280

していたが，翌年6月17日の広島地裁判決【41】は，思いもかけない敗訴で
あった。

　その直後の2015年9月8日の在韓被爆者医療費裁判最高裁判決【42】の原
告勝訴により事態は一変し，在米被爆者医療費裁判も原告の勝訴的決着と
なったことは，第1編第7章で述べられている。その報告のため，足立弁護
士，池埜教授と筆者は，同年12月にロサンゼルスとサンフランシスコへ向
かった。

7　お わ り に

　アメリカ，ブラジルという遠隔地に居住する被爆者が原告となる裁判の準
備することは，想像を超えるほどの困難を伴うことであった。これを見事に
やり遂げた弁護団，とりわけその中心になり，毎年のようにアメリカとブラ
ジルを訪問して現地説明と被爆者の実態把握に努められた足立修一弁護士の
努力を，そして，広島地裁で最初に提起した在ブラジル被爆者裁判の原告と
なった森田隆ブラジル被爆者平和協会会長の見事なたたかいぶりを特記して
おきたい。森田は，自ら患った心筋梗塞について原爆症認定請求裁判の原告
となり，国内被爆者が2003年以降提起してきた原爆症認定請求の集団訴訟
の一角を担った。

　「在ブラジル・在アメリカ被爆者裁判を支援する会」そのものは細々とし
た組織であったが，これなくして広島における在外被爆者裁判はなかったで
あろう。この組織の発行する「在ブラジル・在アメリカ被爆者裁判支援
ニュース」は2015年10月までに37号を発行している。手作りニュースで
あるが，裁判とその支援のたたかいを振り返るとき，なくてはならないもの
である。

（田村和之）

補論　在外被爆者に援護法適用を実現させる議員懇談会

(1)　発　　足

　超党派の国会議員に呼び掛けた「在外被爆者に援護法適用を実現させる議員懇談会」(以下「議員懇」という)は，2001年4月19日衆参議員54名の参加を得て発足した。その中にわずか2名だったが自民党議員の名前があったのが，のちに大きな役割を果たすことになる。

　この「議員懇」の結成のきっかけとなったのは，前年の11月13日に国会内で在外被爆者組織3団体の代表者を招いて開かれた「在外被爆者問題懇談会」である。この懇談会開催の背景には，もちろんすでに始まっていた「郭貴勲裁判」があった。国会内で，超党派の議員が集まり「在外被爆者問題」の勉強会がもたれたのは，これが初めてだと言われている。この懇談会では，「来年の通常国会の早い時期に，広島選出の議員を中心に超党派の議員懇談会を作る」(中川智子衆議院議員・現宝塚市長)ことが確認され，年末年始を中心に準備を進めることとなった。

　しかし，年が明けてからもなかなか話は進まず，「通常国会の早い時期」はどんどん過ぎてしまった。その一番の原因は，誰が中心になって進めるのかが不明確だったことにある。中川議員からは，再三にわたって「金子さんが中心になって呼び掛けてください」と催促されていたが，私には二つの点から躊躇があった。その一つは，「在外被爆者の援護法適用が実現すると，国交のない在朝被爆者は取り残されるのでは」という思いがあったからである。実は，筆者は国会議員になる前は広島県原水禁事務局次長として何度か北朝鮮を訪問し「在朝被爆者問題」解決のための取り組みを進めていたので，どうしてもその思いを拭い去ることができなかったのである。二つ目は，単純に「私のような1年生議員が呼びかけても参加があるのか」と考えざるを得なかったからである。しかし，一つ目の問題は，在朝被爆者問題もあるが，高齢化する在外被爆者の問題を少しでも前進させることは待ったなしの課題

第3編　在外被爆者支援と裁判

だと考えることとし，二つ目の課題は，何人かの人に「きちんと応援するから」と強く説得され，事務局長を担うことになった。

「議員懇」は，結成時から複数の呼びかけ人を作り，最終的には8人の世話人を選び，会を運営することとなった。こうして各党から世話人を選んだことが，その後の「議員懇」活動で大いに役立つこととなった。そして結果的には，私が事務局長を務めることとなった。

何度も何度も市民団体の人たちから要請をされての結成だったが，2001年4月19日は，郭貴勲裁判第一審判決【5】（同年6月1日）を考えると，ぎりぎりの時期であったと言える。

(2)　郭貴勲裁判

「議員懇」の最初の仕事は，2001年6月1日の郭貴勲裁判大阪地裁判決後の「控訴断念」の取り組みとなった。判決日を目前にした5月28日，結成後初めての「議員懇勉強会」を開催し，郭貴勲さんの話を聞くとともに，その後の対応を協議した。「市民の会」の市場さんからは電話で「6月1日の判決日，ぜひ『議員懇』から誰か参加してください。判決が厳しいものとなっても『議員懇』が頑張るからと激励してください」と何度も要請があり，私が参加することになった。そんな電話をもらっていただけに，法廷内で判決を聞いた時は，勝訴の理解を得ることができなかった。

「議員懇」は当日，事務局長名で「被爆者は高齢化しており，国は控訴を断念すべきだ」とするコメントを発表するとともに，6月5日に緊急の世話人会を開催し，①議員懇総会の開催，②政府への申し入れ，③各党への働きかけを決め，具体的な行動を開始した。政府への申し入れは，原告である郭貴勲さんとともに森山真弓法務大臣，坂口力厚生労働大臣に直接手渡すことができた。各党への働きかけは，野党の全党首には会うことができたが，残念ながら与党党首との会談は実現できず，国側の控訴を断念させることができなかった。しかし，「議員懇」のメンバーの多くが，厚生労働委員会に所属していたため，委員会質疑の冒頭で各委員が，この問題を取り上げたことは，その後に大きな影響を持つこととなった。

国の控訴を受け，「議員懇」は「①厚生労働大臣が設置する『在外被爆者

補論　在外被爆者に援護法適用を実現させる議員懇談会

問題に関する検討会』（以下「検討会」という）の在り方への要望，②在外被爆者の実態調査のため代表団を10月に韓国に派遣する」ことなどを決め，具体的に実施した。「検討会」については，出来るだけメンバーの傍聴を呼びかけるとともに，第3回「検討会」出席のため来日された在外被爆者3団体代表との懇談会を開き，在外被爆者問題の理解を深める努力を行うとともに，実態調査を踏まえた申入れも行った。また，2001年12月26日に出された李康寧裁判長崎地裁判決についても，国会休会中ではあったが申入れを行った。

(3)　被爆者援護法の改正問題

2002年1月24日に開催した「議員懇」では，①「在外被爆者への援護法適用」への道を閉ざす法整備（法改正）を行わせないこと，②「法改正」をも含めた新たな取り組みを進めること」を決めた。「法改正」については，11月27日の「議員懇」の集まりに，メンバーの1人から検討素材として「援護法の一部改正案の概要」が出されたが，筆者の在任中には進展しなかった。その理由は，①現行法でも「援護法適用」は可能であり，それを裁判所も認めていること，②現状では，与党の協力を得て「法改正」までの理解を得ることは難しく，むしろ裁判対策上からも不利になる（結果として国の言い分を認めることになる）」という思いがあったことと，③高齢化する被爆者の現状を考えると，1人でも多くの被爆者に対する生存中の「援護法適用」を実現させることに，当面「議員懇」は力を入れるべきだと考えていたからである。

(4)　郭貴勲裁判の上告阻止

その後も「議員懇」として様々な取り組みを行ってきたが，特に郭貴勲裁判の大阪高裁判決が出された2002年12月5日以降の取り組みについて述べておきたい。

判決を受け，翌日「議員懇」は世話人会を開催し，「上告断念」への取り組みを最大限行うことを確認し，首相，法務・厚労両大臣への申し入れ，「上告断念を求める決起集会」，各党への要請，「上告断念を求める議員署

第3編　在外被爆者支援と裁判

名」（98名が賛同）などを決め，それぞれが分担しながら実行していった。そんな取り組みをすすめながらも私は，地裁判決後「控訴断念」を実現できなかった反省から「何としても与党を動かさないと『上告断念』を実現させるのは難しい」と考えていた。そんな時に合わせるように，12月9日衆議院憲法調査会福岡公聴会が実施され，私は自民党の保岡興治議員と同行することとなった。公聴会から空港へ移動するバスの中で，「どうせ難しいだろう」と思いつつ，藁にもすがる思いで保岡議員にお願いしてみた。保岡議員は，法務大臣の経験者で，当時確か自民党山崎派の事務長を務められておられたと記憶している。当時の自民党幹事長は山崎拓議員だったので，「ひょっとする」との思いがあった。保岡議員は，すぐに動いてくださった。福岡空港で時間待ちの間に，法務省に電話で問い合わされたようである。「戦後補償裁判とはどうなるのかね」との問いかけに私は，「被爆者問題は『援護法』という法律を適用するかどうかの問題だから別です」と答えたことを思い出す。

　翌日から具体的に動き始めた。実際に動き始めてから保岡議員からもう一つ言われたことがある。「『議員懇』には自民党の議員はいますか。その人も前に出してくださいね」と。超党派の「議員懇」を作っていて本当に良かったとつくづく思った。保岡議員と郭さんとの面談。自民党議員との打ち合わせ。そして12月12日には，待望した与党3党幹事長と郭貴勲さんとの初めての面談が実現した。わずかに5分余りの面談であったが，私はこれで「ひょっとすると断念実現か」と希望を持った。国会閉会日前日のことである。そして政府はついに12月18日「上告」を断念した。

　綱渡りのような「議員懇」の活動であったが，何とか「上告断念」を勝ち取ることができた。もし「議員懇」が結成されていなければ，実現は困難だったかもしれない。そのことは，政府の上告断念の理由の中に「在外被爆者の問題に対する関心が高まりつつある中で」とあることにも示されている。

(5)　お わ り に

　在外被爆者裁判が，日本の被爆者に与えた大きな貢献について触れておきたい。それは，「健康管理手当」の期限撤廃の問題である。大阪高裁判決を

補論　在外被爆者に援護法適用を実現させる議員懇談会

受け入れた政府に，私は様々な申請も海外からできるようにすべきだと委員会審議を通じて求めてきた。その質疑の中で「一度は日本に来て」という坂口厚生労働大臣の答弁に対し，最後の切り札として迫ったのが5年ごとに行う「健康管理手当の再申請」の問題であった。困った政府が，検討した結果として出てきたのが，「健康管理手当の期限撤廃」である。私としては，「在外からの申請手続きの実現」を願っていたので複雑な気持ちであるが，「期限撤廃」は，長年，日本被団協が要望してきたことだけに，被爆者にとってもよい制度改正といえる。

　「議員懇」は，その後も在外被爆者組織との連携を強め，裁判闘争を支援しながら，政府への橋渡し役を務め，「在外被爆者に援護法適用」を実現させてきた。

（金子哲夫）

おわりに──残された問題

　在外被爆者裁判がめざしたものは，被爆者の居住地が日本国内であるか国外であるかにかかわらず，原爆二法そして現行法である被爆者援護法をすべての被爆者にひとしく適用させることであった。多くの裁判をたたかい，長い年月がかかったが，原告の在外被爆者が勝訴し，日本政府が頑強にとり続けてきた，原爆二法・被爆者援護法の国外居住者への不適用は打ち破られた。しかし，問題がすべて解決したわけではない。

　ここでは，残されている問題のいくつかを指摘し，その解決の方向をさぐってみたい。なお，医療費支給の今後の問題点については，第1編第7章で検討しているので，ここでは述べない。

(1)　在朝鮮被爆者に対する援護

　「在朝鮮被爆者」という語は，一般には使われていないが，「北朝鮮」（朝鮮民主主義人民共和国）に在住する広島・長崎の原爆被爆者のことである。現在この国に，どのくらいの被爆者がいるのか，正確な数はわからないが，第3編第1章で市場は「2006年に朝鮮被爆者協会が行った実態調査では，登録被爆者1,911人中生存被爆者は392人にしかならなかった」と述べている，この数字は，現在は，さらに小さくなっているであろう。

　「被爆者はどこにいても被爆者」であるという立場にたてば，在朝鮮被爆者にも被爆者援護法が適用され，この法律による援護が行われなければならない。日本と朝鮮の間に国交がないのは確かであるが，同じ条件に置かれている台湾在住の被爆者に対しては，まがりなりにも同法による援護は届いている。難問ではあるが，解決する方途を見つけ出す必要がある。

(2)　被爆者健康手帳交付

　現在，在外被爆者は，その居住地から被爆者健康手帳の交付申請を行うことができる（第1編第5章）。

おわりに――残された問題

　原爆被爆後70年余りたった現在も，被爆者健康手帳の交付申請件数は，決して少なくない。『毎日新聞』（2016年7月31日付）によれば，2015年8月以降の1年間の申請件数は303件にのぼり，そのうち交付は68件にとどまり，他は，却下100件，審査中129件，取り下げなど6件である（全国）。この数字から，被爆者健康手帳の交付申請を行っても，容易には認められないことがうかがわれる。その理由を一言でいえば，長い年月の経過により被爆の事実を証明することが困難になっているからである。このような困難は，日本を離れて長い時間がたった国外居住の在外被爆者の場合，格段に大きくなる。

　この数年の間に，在韓被爆者が原告となった被爆者健康手帳交付申請却下処分取消訴訟が3件，長崎地裁に提訴され（第3編第2章）たもので，そのうち2件は1審勝訴（1件は確定。他の1件は控訴審で原告逆転敗訴），1件は1審敗訴（控訴審も敗訴）である。また，2016年9月には，2人の在韓被爆者による新たな被爆者健康手帳交付請求裁判が長崎地裁に提起されている[1]。

　韓国には，今なお75人の被爆者健康手帳未取得の被爆者がいるとみられている（第3編第1章）。この人たちが，どのようにして被爆者健康手帳を取得し，日本政府による援護を受けられるようにするかは，なお課題として残されている。

　被爆者でありながら，被爆者健康手帳を取得できないことはあってはならない。また，被爆者健康手帳の誤った交付はあってはならない。この「二律背反」の解決は，国内居住の被爆者・国外居住の被爆者に共通の問題であるが，あえて言えばそれは在外被爆者の場合，より困難である。どのような被爆の「証明」が必要であるか，知恵を絞らなければならない。

(3)　在外被爆者に対して未適用の規定

　被爆者援護法の規定する被爆者に対する援護のうち，未だ在外被爆者に対して実施されていないのは，健康診断（7条），医療の給付（10条），福祉事業（37条‐39条）および介護手当の支給（31条）である。

---

(1)　『毎日新聞』2016年9月27日付。

おわりに——残された問題

　前三者は現物給付であり，これを実施しようとすれば，国外に存在する健診機関・医療機関などに事務委託をすることになると思われるが，そこにどのような問題と課題があるかは，今後の検討課題である。

　たとえば，いわゆる原爆症を患っている被爆者が，緊急その他やむを得ない理由により，指定医療機関以外の者から医療を受けた場合，厚生労働大臣は医療費の支給を行う（被爆者援護法17条1項）。現在のところ国外に指定医療機関がおかれていないため，在外被爆者はこの医療費の支給を受けることになる。この場合，被爆者（在外被爆者）は医療を受けた後に医療費の支給申請を行う（事後払い。同法施行規則22条）。言い換えれば，被爆者はいったんは医療費を自己負担して医療機関に支払わなければならないのである。これでは，資力の乏しい者は医療を受けることを抑制することになりかねない。

　最高裁2015年9月8日判決により，在外被爆者に対しても医療費が支給されるようになったが，もう一歩進めて，被爆者健康手帳10条1項の定める医療の給付を行うことが求められる（この場合，被爆者は医療費を負担する必要はない）。医療の給付は指定医療機関に委託して行うから（同条3項），国外に指定医療機関がおかれなければならない。しかし，これには諸種の難問があり，一般には難しいと考えられている。この問題をどのように解決するかが課題である[2]。

---

(2)　被爆者援護法16条1項によれば，厚生労働大臣は「指定医療機関の診療内容及び診療報酬を随時審査」することができ，「（この）審査のために必要があるときは，指定医療機関の管理者に対して必要な報告を求め，または当該職員をして指定医療機関についてその管理者の同意を得て，実地に診療録その他の帳簿書類……を検査させることができる。」一般には，国外でこのような権限（いわゆる行政監督権限）を行使することは，「国家主権に由来する対他国家不干渉義務」に抵触し，国外の医療機関に対しては行うことができないから，国外に指定医療機関をおくことはできない，とされているようである。しかし，この規定が定める「報告」は非権力的な手法であり，また，「検査」は「管理者の同意を得て」行うものであるから，権力的な手法ではないといえなくもない。言い換えれば，指定により成立する厚生労働大臣（国）と指定医療機関の法的関係は，契約により形成されたものであるとうことである。このように考えると，国外に指定医療機関をおくことは妨げられないのではないだろうか。

　なお，被爆者健康手帳18条1項本文の被爆者一般疾病医療機関の国外設置についても，同じように考えることができる。したがって，在外被爆者が，その居住地に設置されている被爆者一般疾病医療機関で診療を受けたとき，一般疾病医療費は当該医療機関に支払われるので（同条3項・4項），被爆者自身は医療機関に医療費支払う

おわりに──残された問題

　健康診断は都道府県知事・広島・長崎市長が行うが，これを外国の健診機関に委託して行うことについて，何らかの制約があると読める規定は，被爆者援護法に定められていない。

　福祉事業も都道府県知事・広島・長崎市長が行うが，これを外国の事業者に委託して行うことを妨げる規定は，被爆者援護法に定められていない。

　在外被爆者に対する介護手当の支給について，厚労省は被爆者援護法43条に都道府県（広島市・長崎市）の費用負担が定められていることを挙げて難色を示している（第7章）。確かにこのような費用負担の仕組みは，同法の規定する他の手当等（費用全額を国が負担する）と異なる。そこには，この制度の住民福祉的な側面を読み取ることが可能であるかも知れない。しかし，被爆者の居住地に国内・国外の違いがあっても，高齢化した被爆者に介護を必要とするものが多くなっていることに変わりはない。国内外の被爆者に分け隔てなく援護は実施されるべきであるとすれば，在外被爆者に対しても介護手当は支給されなければならない。費用の一部を都道府県が負担することをもって，在外被爆者に対する介護手当支給そのものを否定するのは，本末転倒である。

(4)　国外適用規定の整備

　日本政府・厚生労働省からいえば，もともと原爆二法および被爆者援護法の国外適用は想定外であったのかも知れない。確かにこれらの法律には，国外に居住する被爆者を想定した規定は定められていない（2008年法律78号による同法改正による被爆者健康手帳交付申請手続を除く）。

　在外被爆者裁判を提起してたたかった側は，被爆者援護法の法文解釈を争ったのだから，法律の想定外であるという主張（しばしば立法者意思であるという主張となった）は，言い訳，言い逃れにしかすぎないとして，厳しく批判してきた。また，ほとんどの裁判所は，立法者意思論を退けた。

　しかし，国外に居住する被爆者に被爆者援護法を円滑に適用しようとすれば，これを支える手続規定の整備は不可欠である。たとえば，在外被爆者に

───────────────

　必要はない。

対して上述の被爆者援護法 10 条の医療の給付を行おうとすれば，指定医療機関の国外設置がスムーズに行えるようにするために，法規定の整備がなされることが望ましいと考える。在外被爆者に対する一般疾病医療費の支給，在外被爆者の健康診断の実施，介護手当の支給，福祉事業の実施なども，同じように考えられる[3]。

(田村和之)

---

(3)　たとえば，一般疾病医療費の在外被爆者への支給は，最高裁 2015 年 9 月 8 日判決の結果，ゴーサインが出たが，第 1 編第 7 章で述べたように，アメリカやブラジルの医療の現状を考えると，民間医療保険の購入費用を医療費として扱わないと，被爆者に対する医療援護の意味をなさないことになってしまう。この問題の解決には，法律に明文規定をおくことが望まれる。

あ と が き

　在外被爆者裁判をここまでたたかえた力は，どこにあったのかと思うことがある。放置され差別されてきた在外被爆者の悲壮な思い・願いと怒りが根底にあったことは言うまでもない。だが，それだけで裁判をたたかい続けることができたわけではない。支援グループと弁護士グループの献身的な努力が裁判を支えたのである。

　1998 年の郭貴勲裁判の提訴は，民間レベルで行われていた渡日治療で来日した在韓被爆者の帰国に伴う手当支給の打ち切りが契機となっている（第1編第1章）。在韓被爆者の渡日治療の取組みがなければ，この裁判の提起はなかったであろう。この意味で，市民レベルの国境を越えた交流・支援活動が果たした役割は大きい。

　裁判の審理過程で，被告側の国・厚生労働省から，思いもかけない（想定外の）主張がなされることがあった。これまでに聞いたことのない「裁判のための主張・理屈」である。突然そのような「新理論」に遭遇し，驚き，たじろいだことを思い出す。被告側が，裁判勝利のために必死に考え，編み出した「理論」である。たとえば，被爆者健康手帳交付申請の審査にあたっては，交付要件に該当するかどうかについて，直接本人と面談して被爆の事実を確認することが欠かせない，だから国内居住は必須の要件であると言われれば，そんなものかと思ってしまう。この類いの主張は，行政実務に即したものであるため，もっともらしく聞こえる。これに対して，原告弁護団は，一つ一つていねいに，説得的に反論し，裁判所を納得させた。このような弁護団の努力なくして在外被爆者の勝利はあり得なかった。

　国外からの健康管理手当支給申請裁判で，被告側から「提出される国外の医師・医療機関の診断書は『類型的な信用性があるとはいえ』ない」旨の驚くべき主張（準備書面）にも出くわした。こんな発言が「公の場」でなされたとすれば，外交上の問題に発展しかねないと思うが，法廷では堂々とされるのだから，不思議である。

　ところで，本書は，信山社の今井貴社長と稲葉文子さんから出版を持ち掛

295

あ と が き

けられたことに端を発している。そのときは，私一人で執筆するつもりでいたが，あれこれ構想をねっているうちに，各裁判の担当弁護士が当該事件にどのように取り組んだのか，また，支援グループはどのようにたたかったのかなどのレポートがあったほうが，在外被爆者裁判の全体像を浮かび上がらせることができるのではないかと考えるようになった。そこで，関係の弁護士や支援運動のリーダーに寄稿を依頼したところ，快く引き受けていただいた。こうしてできたのが本書である。このねらいが成功しているかどうかは，読者の判断にゆだねるほかない。

　ここで，ともに在外被爆者裁判の支援活動に取り組んできた人のうち何人かが，今は故人となってしまったことを記させていただきたい。その中から中島竜美さん，倉本寛司さん，森田綾子さんのお名前をあげておきたい。フリージャーナリストであった中島さんは，早くから在韓被爆者の支援に取り組んでこられた。その著書『朝鮮人被爆者孫振斗裁判の記録』は本書の執筆にあたっても，しばしば参照させていただいた。ハワイ生まれの倉本さんは，広島で被爆後アメリカに帰り，在米被爆者の組織を立ち上げ，在米被爆者に対する援護の実現を目指し，日米両国政府を相手に獅子奮迅の活躍をされた。森田さんは，今もブラジルで大活躍されている夫の森田隆さんとともに在ブラジル原爆被爆者協会を結成し，長くその事務局長を務め，日本政府に対する要請活動を精力的に行われた。これらの方々に 2015 年 9 月 8 日の在韓被爆者医療費裁判最高裁判決【42】をお知らせできないのは，残念でならない。

　信山社には，大変お世話になった。感謝申し上げるとともに，本書に続き『在外被爆者裁判資料集』の編纂，刊行に取り組むつもりなので，よろしくお願いしたい。

　　2016 年 11 月

　　　　　　　　　　　　　　　　　　　　　　田 村 和 之

【執筆者紹介】（執筆順）

田村 和之（たむら かずゆき）　広島大学名誉教授【編者】

永嶋 靖久（ながしま やすひさ）　在韓被爆者・郭貴勲裁判弁護団，在韓被爆者医療費裁判弁護団弁護士（大阪弁護士会）

在間 秀和（ざいま ひでかず）　三菱重工広島・元徴用工被爆者裁判弁護団弁護士（大阪弁護士会）

足立 修一（あだち しゅういち）　在外被爆者裁判弁護団弁護士（広島弁護士会）

中鋪 美香（なかしき みか）　在外被爆者裁判弁護団弁護士（長崎県弁護士会）

市場 淳子（いちば じゅんこ）　韓国の原爆被害者を救援する市民の会会長

平野 伸人（ひらの のぶと）　在外被爆者支援連絡会：平和活動支援センター所長

夏原 信幸（なつはら のぶゆき）　三菱広島・元徴用工被爆者裁判を支援する会（事務局）

金子 哲夫（かねこ てつお）　原水爆禁止広島県協議会代表委員，元衆議院議員

在外被爆者裁判

2016年（平成28年）11月30日　第1版第1刷発行
3183-01011：P312　¥2800E 012-080-020

編　者　田　村　和　之
発行者　今井　貴　稲葉文子
発行所　株式会社　信山社
〒113-0033　東京都文京区本郷 6-2-9-102
Tel 03-3818-1019　Fax 03-3818-0344
info@shinzansha.co.jp
笠間才木支店　〒309-1600　茨城県笠間市才木 515-3
笠間来栖支店　〒309-1625　茨城県笠間市来栖 2345-1
Tel 0296-71-0215　Fax 0296-72-5410
出版契約2016-3183-0-01011　Printed in Japan

©田村和之, 2016　印刷・製本／ワイズ書籍 Miya・渋谷文泉閣
ISBN978-4-7972-3183-0 C3332　分類 50-323-910-C10

JCOPY　《(社)出版者著作権管理機構委託出版物》

本書の無断複写は著作権法上での例外を除き禁じられています。複写される場合は，
そのつど事前に，(社)出版者著作権管理機構（電話03-3513-6969，FAX03-3513-6979，
e-mail：info@jcopy.or.jp）の許諾を得てください。また，本書を代行業者等の第三者に
依頼してスキャニング等の行為によりデジタル化することは，個人や家庭内利用で
あっても，一切認められておりません。

法律学の森シリーズ

変化の激しい時代に向けた独創的体系書

大村敦志　フランス民法

潮見佳男　債権総論 I〔第 2 版〕

潮見佳男　債権総論 II〔第 3 版〕

小野秀誠　債権総論

潮見佳男　契約各論 I

潮見佳男　不法行為法 I〔第 2 版〕

潮見佳男　不法行為法 II〔第 2 版〕

藤原正則　不当利得法

青竹正一　新会社法〔第 4 版〕

泉田栄一　会社法論

小宮文人　イギリス労働法

新　正幸　憲法訴訟論〔第 2 版〕

高　翔龍　韓国法〔第 3 版〕

豊永晋輔　原子力損害賠償法

難民勝訴判決20選─行政判断と司法判断の比較分析
全国難民弁護団連絡会議 監修・渡邉彰悟・杉本大輔 編集代表

ブラジル知的財産法概説　ヒサオ・アリタ=二宮正人 著

国際私法年報　1 〜　国際私法学会 編

信山社

大村敦志 解題
穂積重遠 法教育著作集 〔全3巻〕
われらの法

来栖三郎著作集 〔全3巻〕

我妻洋・唄孝一 編
我妻栄先生の人と足跡

安全保障関連法
—変わる安保体制—
読売新聞政治部 編著

軍縮辞典
日本軍縮学会 編

◆ 国際法原理論
ハンス・ケルゼン 著／長谷川正国 訳

◆ 民主主義と政治的無知
イリヤ・ソミン 著／森村 進 訳

―― 信山社 ――

保育判例ハンドブック
田村和之・古畑淳・倉田賀世・小泉広子 著

子ども・子育て支援ハンドブック
田村和之・古畑淳 著

保育六法（第3版）
田村和之 編集代表

社会保障法・福祉と労働法の新展開
　――佐藤進先生追悼
荒木誠之・桑原洋子 編

保育所の廃止
田村和之 著

保育所の民営化
田村和之 著

―――

国際人権法（第2版）
申惠丰 著

国際人権を生きる
阿部浩己 著

市民社会向けハンドブック――国連人権プログラムを活用する
国連人権高等弁務官事務所 著・ヒューマンライツ・ナウ 編訳

信山社